L'année du déclic

Charlotte Savreux

L'ANNÉE DU DÉCLIC

50 personnalités
ouvrent le champ des possibles
à 66 millions de Français

Balland

ISBN 978-2-94055-664-9

Ce livre s'adresse à... vous, à eux, à moi, à nous, à nous tous, à 66 millions de Français.

Naturellement...

Aux audacieux. À ceux qui ont des projets, des envies, aux fougueux créatifs, aux exaspérés d'une France où le pessimisme est un sport national, aux agacés du système administratif franco-français du « ça va pas être possible » quand l'Amérique s'auto-persuade avec un « Yes we can ».

Ce livre va vous porter, vous accompagner avec conviction au cœur de vos actions. Envers et contre tout.

Mais aussi...

Aux écorchés vifs. À ceux qui ont essayé, qui ont échoué et qui peinent à se relever, à ceux qui ont perdu leurs espoirs sur le champ des désillusions, à ceux qui n'y croient plus, qui ne croient pas plus en eux, en la nature humaine, en la société et en la vie dans ce qu'elle a de merveilleux, d'inattendu et d'extraordinaire.

Ce livre va vous redonner chaleureusement l'élan du mouvement, la dynamique de l'espoir et les perspectives d'un renouveau.

Et surtout...

Aux inquiets. Aux craintifs, aux angoissés, aux anxieux qui aimeraient bien, mais qui n'osent pas. À ceux que la peur de l'inconnu, de l'avenir ou de l'échec paralyse, à ceux pour qui la peur reste plus forte que l'envie.

Ce livre va vous rassurer et vous guider avec bienveillance de l'intention à l'action.

Enfin...

Aux oiseaux de mauvais augure qui manient la sinistrose du « noir c'est noir ». Aux lâches, aux toxiques, aux « flippés de la vie » qui contaminent généreusement et déloyalement leur entourage, à ceux qui reprochent aux autres l'audace qu'ils n'ont pas, aux « A quoi bonistes » qui croient avec facilité à la fatalité du destin, à ceux qui freinent l'élan de l'enthousiasme, de l'action et de l'espérance, aux suspicieux du possible...

Si vous tenez actuellement ce livre entre vos mains, vous n'appartenez pas à cette dernière catégorie. En revanche, si vous reconnaissez les contours d'une personne de votre entourage, et si d'aventure elle croisait le chemin de ce livre et avait pour idée de le parcourir, il sera pour elle une bombe à retardement, un tsunami susceptible d'emporter sa négativité et de renverser ses clichés. Il lui faudra désapprendre pour réapprendre, détruire pour mieux reconstruire. Il y aura un avant et un après, avec au bout du chemin une métamorphose, nouvelle et belle, audacieuse et ambitieuse. Je la lui souhaite de tout cœur.

En attendant, vous, n'oubliez jamais : tout reste toujours possible. Jusqu'au dernier souffle...

« Les Portes de l'avenir sont ouvertes à ceux qui savent les pousser »
Coluche (1944-1986)

Bienvenue !

Sommaire

Introduction

Voyez comme nous sommes tous différents… Différents dans notre manière d'appréhender la vie, les circonstances, les événements et nos relations. Mais ce qui nous rapproche, c'est que tous nous avons une raison d'être, une quête, un projet, une ambition, un désir enfoui ou conscient.

Au moins un…

C'est cette perspective qui vous anime quand vous y pensez, qui illumine le chemin de votre vie quand vous vous projetez, qui réchauffe votre corps, votre cœur, et saura vous exalter quand vous la réaliserez; car là est l'ultime dessein de notre existence : faire éclore nos envies et ainsi notre vie. Une vie pour se réaliser. Une vie pour être bien dans son histoire. Ici et maintenant.

Pourtant, les études se suivent et se ressemblent, avec toujours un même constat affligeant et effrayant : la France championne du monde du pessimisme. Encore et toujours. Un sondage IFOP datant du mois de janvier 2015 révèle même que 71 % des Français ont une vision pessimiste de leur avenir.

Mais comment se fait-il alors que la France, pays de l'art de vivre, première destination touristique, soit aussi championne du monde du pessimisme ? Comment expliquer que les Français, dont le revenu a bondi de 50 % depuis 1980 et qui ont gagné cinq ans d'espérance de vie, soient en tête du classement des peuples les moins optimistes ? Comment peut-on être parmi les plus privilégiés et les plus pessimistes du monde ?

Tout le monde semble s'être habitué au moral en berne des Français, les Français eux-mêmes, les Européens aussi, et même nous, les journalistes. Chaque année, à chaque quotidien ou magazine, son titre, sa une : *« les Français décrochent la palme du pessimisme »* – Le Figaro (23 décembre 2011), *« Docteur, la France déprime »* – L'Express (5 janvier 2012), *« Le moral des Français au plus bas »* – Le JDD (1er septembre 2012), *« Rien ne va plus, la France broie du noir »* – Slate.fr (26 janvier 2013), *« Les Français se noient dans le pessimisme »* – Le Point (30 décembre 2014), *« Les Français toujours champions du monde du pessimisme »* – Challenges (24 juillet 2015). Le sujet est désormais devenu ce qu'on appelle dans le jargon journalistique un « marronnier », un classique, un basique, une fatalité devenue banalité.

Pessimisme, défiance, mon pays la France a peur. De tout. Peur des étrangers, peur du chômage, peur de perdre ses acquis, peur de l'avenir. Mon pays déprime et je ne veux pas sombrer avec lui.

Comme « *ce n'est pas un signe de bonne santé mentale d'être bien adapté à une société malade* » pour reprendre l'expression de Jiddu Krishnamurti, philosophe d'origine indienne, j'ai décidé en écrivant ce livre d'apporter ma pierre à l'édifice d'une société audacieuse, optimiste, réaliste, et ainsi d'accompagner la dynamique vertueuse de ceux qui ont choisi de relever le défi d'une époque et d'enchanter leur vie. Envers et contre tout. Mon pays sombre dans l'attente. J'ai décidé d'être active. Mon pays sombre dans la dépendance. J'ai décidé d'être responsable. Mon pays sombre dans le pessimisme. J'ai décidé d'être positive parce que j'ai décidé d'honorer la vie en dépit de l'actualité.

Eric-Emmanuel Schmitt, auteur aux multiples facettes, dont les romans sont traduits dans plus de 40 langues dit : « *Un homme est fait de choix et de circonstances. Personne n'a de pouvoir sur les circonstances, mais chacun en a sur ses choix* ».

« *C'est la crise* » nous répète-t-on, comme pour justifier de l'impossibilité à..., comme pour accepter le renoncement à..., comme pour excuser le défaut de... Fille de soixante-huitards, une génération dite « gâtée » qui n'a pas connu la guerre, le chômage, le sida, je n'ai pas hérité du goût du sacrifice, ni de la posture de soumission qui consisterait à laisser sa vie se déliter sous l'emprise des circonstances. Si individuellement nous n'avons pas de pouvoir sur le terrorisme, l'économie, l'individualisme, nous avons en revanche toujours le choix de nous résigner ou de nous transcender pour ne pas sacrifier notre vie sur l'autel des peurs collectives.

Personne n'est programmé pour une vie linéaire, en demi-mesure, en revanche nous sommes tous bien disposés à accueillir les contrastes. C'est d'ailleurs sur cette alternance d'état que reposent tous les bénéfices des bains scandinaves et des exercices de cardio-training. En apprenant à gérer l'alternance des phases d'effort et de récupération, notre corps stimule tous nos organes, notamment notre rythme cardiaque, et nous renforce physiquement, mentalement, nous habituant ainsi à l'effort et à l'endurance.

Il en est de même pour notre existence. Si la linéarité a pour vertu, un temps, d'être apaisante et reposante, continue, elle en vient à atrophier nos fonctions vitales et notre éveil à la vie. Gare alors au risque d'endormissement. Comme on s'endort au volant d'une voiture sur une route ennuyeuse, on somnole aussi au volant de sa vie. Et le réveil est lui toujours brutal, impromptu, douloureux.

C'est la crise ? Tant mieux !

Nous sommes des millions au pied du mur, à craindre ou à éprouver les secousses sismiques d'une société en perte de repères et en quête de justesse. Mais quand l'insatisfaction est trop grande et la soif de vie plus forte, c'est aussi à cet instant qu'on ose alors tout, qu'on ose partir à la conquête de son idéal, décrocher sa victoire, relever ses plus grands défis… et remporter ses plus belles victoires.

Mahatma Gandhi disait : « *Sois le changement que tu veux voir dans le monde* ». Dans une société anxiogène, paralysée par la peur, je fais de cette citation l'élément déclencheur de ce livre, et relève le défi de réhabiliter le goût du « tout est possible » auprès des 66 millions d'hommes et de femmes liés par un destin commun, co-acteurs d'un pays, la France, en voie de désillusion et de désaffection.

I have a dream…

Voilà bien un des plus célèbres discours prononcé par le révérend Martin Luther King le 28 août 1963 sur les marches du Lincoln Memorial à Washington, et qui passera les frontières des États-Unis pour émouvoir le monde entier. Lui aussi a cru un jour en son rêve : l'espoir d'une paix, l'espoir de voir les noirs et les blancs coexister harmonieusement et vivre égaux.

Autre époque, autres combats, autres rêves, mais son discours garde plus de cinquante ans après, une sorte d'intemporalité car il a d'actualité tout l'espoir qu'il porte et cette ferveur à ne jamais laisser gagner le doute et le découragement. En devenant en 1964 le plus jeune lauréat du prix Nobel de la paix pour sa lutte non-violente contre la ségrégation raciale, Martin Luther King et son désormais célèbre *« I have a dream »* sont incontestablement une belle illustration du « Tout est Possible », tout comme *« Yes we can »* de Barack Obama ou *« Just do it »* de la marque de sport Nike. Trois signatures qui ont marqué l'inconscient collectif par l'impulsion qu'elles portent en elles, et prouvent à l'unisson que si le pessimisme est contagieux, l'audace, l'espoir et la positivité le sont tout autant, mais eux facteurs de succès.

« Yes we can », trois mots qui ont enflammé l'Amérique. Un slogan devenu réalité, qui a changé le cours de l'Histoire le 4 novembre 2008, faisant de Barack Obama le 44e président des États-Unis et le premier président métis.

« Yes we can », « Oui, nous pouvons », une devise volontariste empreinte d'optimisme qui a redonné aux Américains la conviction d'un avenir meilleur et qui est, pour beaucoup d'observateurs, une des clés du succès de Barack Obama. Une clé rhétorique utilisée comme un message ultime d'espérance, et trouvée au cœur d'une bataille perdue.

Nous sommes le 8 janvier 2008, il est près de 23 heures, Barack Obama, dans la course à l'investiture démocrate, vient de perdre l'état du New Hampshire de deux points contre Hillary Clinton, le candidat se lance alors dans un discours appelant ses partisans au sursaut et prononce avec ferveur au cœur de son plaidoyer ce désormais illustre *« Yes we can »*. La suite appartient à l'Histoire. Reprise par tous ses sympathisants, la formule emmènera Barack Obama jusqu'à la Maison Blanche.

Autre slogan, celui de la marque Nike, « *Just do it* », un des plus connus de l'histoire du marketing et une parfaite illustration du succès généré par l'engagement. « *Just do it* », c'est non seulement un slogan mais c'est aussi une promesse. La promesse du possible et du réalisable.

« *Just do it* », en français « *Fais-le* », et même davantage car le mot « *just* » renforce le passage à l'action, ce qu'on pourrait traduire littéralement par « *cesse de parler, d'en rêver. N'aie pas peur. Fais-le !* ». Avec ce slogan, Nike ne se positionne plus seulement comme une entreprise spécialisée dans les tee-shirts, les sacs et les chaussures de sport, mais comme une marque qui véhicule un état d'esprit, une attitude, des valeurs, celles du courage, de la détermination et de la persévérance. Des valeurs auxquelles chacun souhaite s'identifier.

Si l'espoir fait vivre, l'espoir fait aussi vendre : grâce à ce slogan créé par Dan Wieden de l'agence de communication Wieden and Kennedy, Nike a augmenté ses ventes de 18 à 43 % entre 1988 et 1998.

Enfin, plus récemment, autre message d'espoir mobilisateur et facteur de succès, celui porté par le parti de gauche espagnol « Podemos » qui avec ce slogan : « *c'est quand la dernière fois que vous avez voté avec espoir ?* », a recueilli plus de 20 % des voix aux élections législatives espagnoles du 20 décembre 2015, se plaçant en troisième position, juste derrière les deux partis traditionnels, seulement deux ans après sa création.

D'espoir, non seulement nous en avons besoin aujourd'hui, mais nous avons aussi toutes les raisons d'espérer et d'agir.

Comment ça, tout est possible ?

Difficile pourtant d'y croire, tant les informations qui nous sont délivrées quotidiennement témoignent du contraire. À moins d'être un ermite coupé du monde et des événements de son époque, l'idée même du *tout est possible* semble indécente. Il suffit d'ailleurs de regarder le journal télévisé pour que notre élan décline, que nos derniers espoirs s'amenuisent, que tout ce à quoi nous aspirions devienne instantanément caduc, en quarante minutes.

Pour reprendre les mots de l'historien Michel Winock, ce diagnostic a comme « *un goût de désespérance prononcé* » et laisse présager à la France un avenir orphelin de réjouissantes perspectives. Ce livre veut être un antidote au JT de 20 heures, un contre-pouvoir à la sinistrose, un gilet de survie en temps de crise, pour espérer plutôt que condamner, oser plutôt que regretter, agir plutôt que subir.

Optimisme béat ? Non. Mon optimisme est raisonnable et raisonné. Un parti pris assumé, la tête dans les étoiles, mais les pieds bien ancrés sur terre. Juriste de formation et journaliste de profession, je connais la réalité du terrain, la situation difficile de certains, les combats du quotidien. Pour réaliser ce livre, j'ai mené une enquête, interrogé les personnalités découvertes au fil de mes recherches, dont le parcours rappelle combien rien n'est jamais figé et limité. Si la vie réserve parfois son lot de mésaventures et de déconvenues, elle offre aussi de sublimes instants de grâce, même au cœur de la tourmente quand nous sommes en proie au désespoir.

Artistes, politiques, chefs d'entreprise, j'ai voulu raconter leur itinéraire inattendu vers « leur » réussite. Nous connaissons la finalité de leur succès, mais nous ignorons souvent le versant nord, le cheminement parfois complexe, tortueux, douloureux, qui a précédé leur réalisation et qui rend leur victoire d'autant plus belle et exemplaire. C'est ce processus que j'ai souhaité mettre en lumière, pour comprendre comment chacun a saisi sa chance et provoqué les circonstances de l'opportunité qui a changé le cours de sa destinée.

Des parcours qui mettent à mal nos limitations inconscientes et trompent toutes les attentes.

Cancre, orphelin, expatrié, ex-prostituée, licencié, endetté, autodidacte ou issu d'une famille modeste, certains ont connu des premiers pas dans la vie fragiles, chaotiques, d'autres au contraire étaient sur le chemin de leur consécration quand leur vie a basculé. En quête de reconnaissance, par instinct de survie ou animés par un grain de folie, ils ont osé croire en eux, en leur projet, en leur idéal, en leur bonne étoile, et ont alors réussi à réorienter leur destin et à le sublimer. En renaissant de leurs cendres, ils se sont offerts une seconde chance, celle de se réaliser et de réussir leur vie.

Leur histoire est unique, mais ils ont en commun d'avoir fait de leurs épreuves un tremplin pour rebondir plus forts, plus déterminés, avec l'audace et la soif de vie de ceux qui n'ont plus peur de rien et plus rien à perdre. « *C'est au milieu de l'hiver que j'ai découvert en moi un invincible été* », disait Albert Camus ; au cœur de l'épreuve, ils ont découvert leur potentiel et déployé leurs ailes. Difficile à croire dans une société où évoquer ouvertement ses échecs est synonyme de faiblesse, et cela dès le plus jeune âge, au gré d'un système éducatif qui ne leur laisse aucune place. Et pourtant, la vie est une école où l'on apprend tous les jours. Mais, combien sommes-nous à ne pas oser, à ne pas avoir osé, par peur de l'échec, du refus ou de l'erreur ? Combien de fois la peur de l'échec a-t-elle freiné votre action ?

Je me souviens d'une psychothérapeute, invitée de l'émission « Bien Être », émission que j'ai animée pour la chaîne Direct 8 entre 2005 et 2010, et qui avait partagé avec les téléspectateurs une précieuse anecdote. Dans l'intimité de son cabinet, elle proposait régulièrement à ses patients une mise en situation, au travers d'une question, une seule : « *Si vous aviez une baguette magique. Si vous aviez le choix, si tout était possible, qu'aimeriez-vous faire ?* ». Elle nous raconta que cette simple question, essentielle, plongeait 90 % de ses patients dans le mutisme. La panne sèche. Alors, pour les accompagner dans le cheminement de leur quête, de leur désir, et en signe d'encouragement, elle relançait ainsi l'échange : « *Allez, imaginez, tout est possible, tout est à votre portée. De quoi auriez-vous envie ? Le projet, l'ambition pour votre vie que vous aimeriez inscrire dans la réalité, ici et maintenant…* ». Une nouvelle tentative qui laissait généralement émerger une réaction commune : « *Ah ça y est, j'ai une idée. Oui mais, ça ne va pas être possible* ». Tout est dit.

Et vous ? Vous qui êtes en train d'effeuiller les pages de ce livre, quelle est la destination vers laquelle vous voulez conduire votre vie ? Quelle est la victoire personnelle que vous convoitez ? Celle qui vous fera dire le jour où vos paupières se fermeront aux rayons du jour que vous avez réussi votre vie car vous l'aurez magnifiée. Et il s'agit bien là d'une victoire, car réussir sa vie ne relève pas de la banalité et de la facilité. L'ouvrage s'ajuste au fil des années avec conscience et confiance, avec patience et courage. Si passer à côté de sa vie est très simple, la réussir se conquiert, se mérite, et quel enchantement ! Car peut-on rêver plus haute ambition pour son existence ?

Mais il va falloir oser, oser décrocher « votre » victoire car aucun succès n'arrive jamais par hasard, ni aucun échec puisqu'il contient subtilement en lui le germe du prochain succès. Alors peu importe combien de fois nous allons échouer, combien de fois vous allez manquer votre objectif, vous tromper et tomber, si vous vous relevez juste une fois de plus que vous ne tombez.

Savez-vous combien de prototypes a conçus James Dyson, le célèbre inventeur de l'aspirateur sans sac, avant d'obtenir le bon et de devenir l'homme brillant et avant-gardiste qu'il est aujourd'hui ?

5 127 prototypes. Durant 5 ans.

C'est ce qu'on appelle avoir une détermination à toute épreuve. Cette persévérance, mes « témoins du possible » l'ont aussi eue, tous sans exception, et c'est un des secrets de leur réussite. Ils avaient un projet à réaliser, une passion à satisfaire, un idéal à porter, une quête à honorer, une cause à défendre, et ils ont mis toute leur énergie à son profit. Cela peut paraître simple, mais dans une société du désir immédiat et de la satisfaction permanente, persévérer fait aujourd'hui office d'exploit.

Eux n'ont pas seulement eu un désir, l'élan d'une étincelle fugace, ils ont eu chevillé au corps le goût de l'effort, en voulant vraiment et longtemps. Tous ont choisi, en dépit des turbulences, d'investir leur vie pour lui donner la splendeur à laquelle ils aspiraient.

Savez-vous quelle est la différence entre une personne ordinaire et une personne extraordinaire ? C'est le pas supplémentaire que fait la personne extraordinaire quand les autres s'arrêtent et renoncent à leurs aspirations, sabotant alors eux-mêmes leurs propres réussites. Les gagnants eux ne lâchent jamais, ils restent ancrés, polarisés, fidèles au triptyque des 3 C. : Calme, Courage, Confiance, même dans la tourmente.

J'aurais pu écrire un livre avec des consignes, des instructions, mais elles ne vaudront jamais l'expérience de la vie et la réalité du terrain. J'ai donc pris le parti de m'intéresser à des parcours de vie et de raconter ces histoires vraies, pour deux raisons : je crois en la contagiosité dans ce qu'elle imprime en termes d'intention et d'attraction, puis en l'exemplarité dans ce qu'elle offre en termes d'impulsion et d'action. Deux polarités qui associées l'une à l'autre créent l'élan volontariste, l'émulation et la dynamique de projection, ce qu'on appelle familièrement l'effet « boule de neige ». À titre d'exemple, si une personne se met brusquement à courir dans une rue en hurlant de terreur, il est possible qu'une ou deux autres personnes se mettent à courir aussi, et il y a des chances pour que plus de personnes encore se mettent à courir. Si « *le monde attire le monde* », cela vaut aussi pour l'espoir, et pas seulement. L'espoir attire l'espoir. La réussite attire la réussite. Alors après eux, pourquoi pas vous ?

Ces portraits que je vous propose de découvrir, vont créer en vous le déclic du possible, vous encourager, vous guider et même vous déculpabiliser de vos tentatives infructueuses. Ces parcours sont pour vous une opportunité d'accéder à vos aspirations les plus profondes, mais sachez que vous n'aurez alors plus aucun alibi ni échappatoire, plus aucune excuse derrière laquelle vous retrancher. Il ne vous restera qu'une alternative, celle d'oser.

Pour vous accompagner et vous donner des clefs d'inspiration et d'action, j'ai rencontré des personnalités : artistes, chefs d'entreprise, politiques, écrivains, aventuriers qui, en ayant pour point commun d'être positivement engagées, forment ensemble *le Collectif des Possibles* de ce livre. Ensemble, ils pourraient gouverner la France, et elle en aurait de la « gueule », mais pour commencer, ils forment la ligue de ceux qui refusent de vivre dans une époque minimaliste, déprimée, fataliste et attentiste. Leur foi en la vie est exceptionnelle et leur enthousiasme communicatif. Optimistes mais réalistes, ils ne vous diront jamais que la vie est un long fleuve tranquille, mais ils ont fait le choix de l'accueillir comme une « Aventure », avec ses hauts, ses bas, ses facilités, ses fragilités. J'ai recueilli leurs témoignages et réuni les fondamentaux qui ont guidé leur parcours pour partager avec vous l'essentiel de leur expérience de vie, et ce qu'ils ont appris avec le recul de leurs succès et de leurs épreuves. Ils vous transmettent ici le relais pour vous inspirer et vous faire gagner en temps, en réactivité et en sérénité.

Tous savent que la vie est fragile donc précieuse, et pour l'honorer, ils ont appris à vivre chaque jour comme s'il était le dernier.

Et vous ? Si vous n'aviez que quelques jours à vivre...

Que feriez-vous ? Qu'oseriez-vous ?

C'est maintenant que se joue la partition de votre vie, et ce livre vous ouvre le champ des possibles.

À CHACUN SON HISTOIRE,
À CHACUN SA VICTOIRE…

Comme il y a des saisons dans la nature, il y a des saisons dans la vie.

Aujourd'hui, avec ce projet, j'écris à vos côtés un nouveau chapitre de ma vie, celui de l'écriture. Si j'ai souvent été sollicitée au fil de ma carrière pour porter les projets des autres, c'est la première fois que je m'accorde une course en solitaire pour mener à bien un projet qui est le mien, passant du rôle d'actrice d'un scénario écrit par un autre, à celui de metteur en scène de ma propre histoire.

Steve Jobs, cofondateur d'Apple disait : « *Si vous ne travaillez pas sur vos rêves, quelqu'un vous embauchera pour travailler sur les siens* ». J'ai décidé d'œuvrer sur les miens.

Dans la vie, tout est une affaire d'équation. Pendant des années, la peur est plus forte que l'envie, on évite, on s'évite, puis un jour l'équation s'inverse, l'envie devient plus puissante, et ce qui était alors envisageable devient une évidence.

Qui aurait pu croire que la femme d'action et de communication qui a cultivé pendant des années le mouvement et l'ébullition créative, saurait s'astreindre à la solitude de l'écriture des heures durant, devant son ordinateur ? Moi-même, je ne l'aurais jamais imaginé, mais la vie effeuille au gré des saisons d'une vie, des ressources insoupçonnées qui ne demandent qu'à être déployées au bon moment, au juste instant. Libre à chacun de monter dans le train, d'oser sortir de sa zone de confort pour découvrir un nouveau panorama, ou de rester sur le quai de la gare pour prolonger la réflexion et attendre le prochain. Je suis quant à moi montée dans le train, et même davantage dans la locomotive pour conduire ce projet à son terme et nourrir ma vie d'une nouvelle expérience, de nouvelles réjouissances.

On m'a souvent interrogée sur les raisons de ce livre, sur le choix du sujet. D'autant que j'ai reçu de nombreuses sollicitations de la part de maisons d'édition pour écrire des livres sur l'art de vivre, devenu officiellement un de mes sujets de prédilection pour le grand public. Mais je les ai toujours déclinées pour, le jour où je serais prête à m'engager dans cette parenthèse d'écriture, y mettre toute mon énergie.

Que représente-t-il alors pour moi, au point qu'il réussisse à m'extirper de mon conditionnement proactif originel ? À cette question, je me retranchais au début derrière la démarche humaniste et sociétale qui m'a toujours animée dans l'exercice de ma profession de journaliste : l'époque actuelle étant au défaitisme, je décidai d'œuvrer en faisant de ce projet un « porte-drapeau » d'espoir, pour redonner à la société française le sursaut de splendeur et de ferveur qui lui fait aujourd'hui tant défaut. Puis, je crois aussi que je suis une idéaliste assumée, j'ai des idéaux, des fondamentaux, une posture qui m'a valu probablement quelques désillusions mais qui m'a aussi offert mes plus belles réjouissances, mes plus grandes réussites, mes plus beaux émois. Je n'ai jamais aimé la fadeur de la médiocrité, ni voir les situations se détériorer, une vie se déliter et les personnes se résigner, même au cœur de la tourmente. J'ai viscéralement ancré en moi le goût de l'effort, dont j'ai eu à actionner les ressorts dès l'enfance, et c'est sans doute là que se trouve la source inconsciente de ma démarche.

Ceux qui connaissent l'adulte que je suis aujourd'hui, seront sans doute surpris d'apprendre que j'étais une enfant timide, au sein d'une famille qui, elle, ne l'était pas. Entre argumentation, contestation, contre-argumentation. A la maison, c'était l'assemblée nationale version familiale. Difficile alors dans ce contexte d'ébullition permanente de prendre sa place quand on est la dernière de la fratrie, ce qui m'a valu d'aller pendant deux années, chaque semaine, chez une orthophoniste. J'avais pris du retard dans la parole, mon frère aîné occupant l'espace du verbal avec aisance et présence, m'a-t-on rapporté.

De cette posture, il en découle que j'étais une petite fille émotive, contemplative, créative, mais bonne élève. J'ai développé très tôt le goût de l'effort pour m'adapter à une famille d'une nature différente de la mienne, puis à un système scolaire qui bride davantage les enfants qu'il ne les élève au meilleur d'eux-mêmes, encore davantage pour le profil d'élèves auquel j'appartenais.

Réciter une poésie sur l'estrade, jouer de la flûte face à la classe étaient pour moi des supplices. Je me souviens d'ailleurs avec émotion d'un mot découvert une fois arrivée en classe. Ma mère l'avait écrit et cousu dans le revers du rabat de mon cartable pour m'encourager à porter à haute voix la récitation que je connaissais sur le bout des doigts.

Depuis, je me suis bien rattrapée en paroles, dialectique, rhétorique et sens de la répartie, puis côté scène.

Depuis, j'ai aussi appris à respirer à pleins poumons plutôt qu'à petites bouffées, pour finalement arriver là où on ne m'attendait pas.

Journaliste, j'ai exercé jusqu'à maintenant ma profession majoritairement en télévision, à l'antenne, en animant pendant quatorze ans des émissions dont dix années en direct et parfois en public, comme ce fut le cas lorsque j'ai co-animé pour la chaîne Direct 8 le *Ribery Show* au zénith de Lille devant 4 000 personnes. Un jour, j'ai appris par l'invitée d'une émission que j'animais, auteur d'un livre sur la timidité, que l'on retrouvait beaucoup d'anciens timides en radio et en télévision. Des transcendances en puissance.

J'ai décroché là ma première victoire. Et j'ai alors compris la capacité immense qu'a l'être humain à rebattre les cartes du jeu de sa vie pour en changer la donne.

Alors que j'anime aussi aujourd'hui des conventions, des débats, des tables rondes devant des milliers de personnes, et que j'accompagne des dirigeants dans leur prise de parole en public, il m'arrive parfois, quand je regarde mon parcours en perspective, d'avoir une pensée émue pour la petite fille que j'étais. Un itinéraire inattendu, qui m'amène aujourd'hui à penser et à partager avec vous au travers de ce livre, que rien n'est jamais définitivement figé, limité, perdu ou acquis, et c'est bien là qu'est la magie de la vie. Éternellement ajustable.

« Du noir naît la lumière »

Cette phrase prend aujourd'hui tout son sens et donne à ce livre une dimension non seulement sociétale mais aussi symbolique.

Si un « dénouement » est la synthèse d'événements qui, tissés les uns aux autres, nous orientent, je dois ma mue à un homme, un professeur de français qui m'a révélée. Il m'a donné les ailes qui me manquaient, la confiance qui me faisait défaut, il a cru en moi plus que je ne croyais en moi, et c'est à lui que je dois ma première échappée belle.

Pour écrire ce livre, j'ai une nouvelle fois ajusté ma vie en prenant le risque de changer de posture, passant du langage parlé instantané au langage écrit approfondi, du travail collectif au travail solitaire, de la réactivité du direct télévisuel à la patience et à la lente maturation du temps. J'ai alors eu peur, peur de renoncer, peur aussi de ma capacité d'autosabotage via un imaginaire débordant d'ingéniosité pour trouver des alibis complices aux reports incessants. Mais toutes ces histoires découvertes au fil de mon enquête m'ont exaltée, portée, elles m'ont aussi appris qu'il n'y a pas de victoire, de grande réalisation sans une prise de risque et une mise en danger de ce qui existe, ni sans défier ses propres peurs. J'ai alors eu comme ultime dessein de finir ce livre et de partager ces histoires avec vous, au moins pour une raison : si l'une d'entre elles peut rallumer la flamme et sublimer le cours d'une seule vie, de votre vie, j'aurai réussi à honorer l'ambition de ce livre.

En donnant réalité à ce premier projet d'écriture, je décroche aussi ma deuxième victoire, celle de m'être confrontée au passage redouté et convoité, angoissant et enthousiasmant du changement, en quittant le cadre sécurisant d'un univers connu pour m'aventurer sur le chemin de l'inconnu qui seul ouvre le champ des possibles, et donne de l'oxygène, de l'amplitude à la vie. Et il est bien là le grand bénéfice du changement : il offre un bonheur à la mesure de la persévérance et de la constance révélées au cœur de la transition désirée.

Dans le milieu du petit écran dont je connais les codes. La crainte de quitter l'antenne ou la quête insatiable d'y retourner conduisent beaucoup à l'acceptation. Peu importe le programme, la posture, pourvu d'avoir l'ivresse de l'antenne et son lot de consolation. Mais de l'acceptation à la soumission, il n'y a qu'un pas…

N'ayant jamais voulu m'éteindre à petits feux, ni faire les choix de sécurité et d'opportunisme, j'ai, quand mon expérience me l'a permis, diversifié mes activités pour ne dépendre d'aucune d'elles et privilégier la liberté. Il m'a semblé très tôt que la vie était fragile et trop courte pour s'accommoder de la tiédeur. De l'intensité du direct aux reportages en immersion qui m'ont entraînée aux tréfonds d'un sous-marin nucléaire, j'ai été gâtée. Alors, quand j'entends certains de mes étudiants en école de journalisme dont la priorité est de décrocher un CDI en sortant de leur cursus, je suis inquiète de voir combien leur quête de sécurité est forte pour leur âge, au point de tuer dans l'œuf la fraîcheur de leur vigueur, l'émergence de leur talent, l'audace du « tout est possible » et la folie du « tout est permis ».

« Garde ta confiance, ta force, ton énergie, ta volonté et ta détermination dans tout ce que tu entreprends et surtout continue de regarder devant toi et fonce :-) Tu as le talent et la passion nécessaires pour surmonter et réussir tous les challenges qui s'offrent toi… Et si mon modeste soutien peut aussi te donner du courage et de la volonté, tu peux compter sur moi ». Ce message qui m'a été adressé par l'un des directeurs des magazines de France Télévisions lorsque j'ai choisi de quitter une émission, m'a beaucoup touchée, car l'audace si elle est vivifiante et force l'admiration, elle demande aussi beaucoup de courage, et il arrive qu'au cœur de l'action, celui-ci se mette en congés et nous abandonne un temps, nous laissant livrés à nous-même. La vie nous met alors à l'essai et teste notre motivation à décrocher notre victoire. Si cette dernière

est toujours visible car mise en lumière, les moyens que l'on se donne, eux s'orchestrent en coulisses, dans l'ombre et l'intimité d'un face-à-face exclusif avec soi-même.

L'acteur Gérard Lanvin disait à juste titre dans une de ses dernières interviews : « *La majorité des Français n'aime pas les gens qui réussissent, mais ils ne se rendent pas compte que réussir c'est difficile. C'est des bosseurs ceux qui ont réussi* ». Rien n'est jamais facile, pour personne. Mais la dynamique est toujours plus fluide pour ceux qui choisissent de suivre leur désir et de poser les choix justes sans céder à la peur, sans laisser aux autres le choix de leur destinée. Cela demande non seulement du courage, mais aussi l'art d'être présent à la vie.

Refuser la facilité, nourrir ses aspirations demande de l'énergie, une énergie qui est sans doute une de mes plus grandes ressources, un de mes meilleurs arguments, et j'espère que celle déployée au cœur de cet ouvrage, saura vous accompagner au cœur de votre histoire.

Puisqu'on me demande souvent si je change de vie, si la télévision, c'est désormais fini, je réponds qu'on ne change pas de vie, mais on la continue en capitalisant sur les compétences acquises et en rebattant les cartes de son existence pour s'offrir de nouvelles potentialités de jeux.

Aujourd'hui, je ne sais pas encore où ce livre va me mener, je me laisse guider au cœur de cette perspective inconnue, mais je sais déjà qu'il a ces derniers mois intensément nourri ma vie de confiance, de rencontres exceptionnelles, de surprises et de plaisir. Puis au-delà de mon propre parcours, il m'a confirmé que tout est possible, et bien plus encore, que la vie a plus d'imagination que nous. C'est cela que je partage aujourd'hui avec vous, avec infiniment de bonheur.

Chapitre 1
Les « jusqu'au-boutistes »

« Il n'y a point de génie sans grain de folie. »
Aristote

Ils avaient une idée, et une confiance inébranlable en leur projet.

Leur entourage, leurs interlocuteurs les ont pris pour des inconscients, des insouciants, pour des fous. Personne ne croyait en leur projet, sauf eux.

Envers et contre tout, envers et contre tous, ils sont allés au bout de leur intime conviction, n'accordant aucun compromis au découragement. Et parce qu'ils ont cheminé seul vers leur réussite, elle n'en est que plus belle victoire.

Les hommes et les femmes dont j'ai choisi de raconter l'histoire dans ce chapitre sont des *jusqu'au-boutistes.* Ainsi nommait-on à la fin de la première guerre mondiale ceux qui refusaient de capituler face à l'ennemi et d'accepter la défaite. Eux aussi n'ont pas baissé le pavillon, malgré les freins, les échecs, les regards désapprobateurs. Ils sont partis vaillants au combat pour soutenir leur projet, gardant intacts leurs espoirs et leur persévérance.

Tous sont, par leur ténacité, les dignes héritiers de Thomas Edison, l'inventeur de l'ampoule électrique, qui en remplaçant l'éclairage au gaz et au pétrole odorant et dangereux, révolutionnait en 1879, et pour toujours, notre façon de vivre. Pour percer le secret de l'ampoule à incandescence, Thomas Edison a fait preuve d'une rare détermination, échouant 10 000 fois avec une sérénité et une foi ultimes qui lui feront dire avec philosophie, une fois la réussite acquise : « *Je n'ai pas échoué, j'ai simplement trouvé 10 000 solutions qui ne fonctionnent pas* ».

S'il est dur de se tromper et d'échouer, c'est souvent au cœur même de l'échec que germent les plus grandes réussites. Théodore Roosevelt, devenu le 14 septembre 1901 le plus jeune président des États-Unis à 42 ans, ouvre cette première partie avec la voix de l'audace pour fermer définitivement la voie des regrets : « *c'est dur d'échouer mais c'est pire de n'avoir jamais essayé de réussir* ».

1 – JAMES DYSON
15 ans de recherche, 5 127 prototypes et le souffle d'une inspiration à la renommée internationale

L'histoire de James Dyson est celle de David contre Goliath, celle d'un homme passionné, d'un inventeur engagé qui a eu la conviction d'une idée et l'envie de la mener de l'expérimentation à la création. Sa folie : concevoir le premier aspirateur sans sac au monde.

Précurseur, James Dyson est rapidement confronté à la résistance de l'ordre établi et à la condescendance des leaders du marché. En son projet, personne ne croit, sauf lui.

Il consacre alors cinq années de sa vie à concevoir 5 127 prototypes avant d'aboutir au projet définitif, faisant aujourd'hui de lui un des ambassadeurs de l'industrie anglaise, anobli par la reine, et un symbole d'innovation, de design et de prestige.

Voici son histoire, celle d'un homme de défi qui, avant de réussir et d'être le légendaire inventeur qu'il est devenu, a vécu vingt années de dettes, de découvert, rythmées par d'interminables heures passées en solitaire à créer, rédiger des brevets et à affronter un chemin de croix jalonné de combats judiciaires pour protéger son invention contre les multinationales du secteur.

Une leçon d'audace et de persévérance qui lui a permis de transformer un petit amas de poussières en tas d'or.

James Dyson est né au nord du Norfolk, dans l'est de l'Angleterre, une terre sauvage jalonnée d'étendues vastes, de champs marécageux et de grandes dunes de sable façonnées par le vent du littoral. Une enfance sereine dans un environnement naturel, au sein d'une famille d'enseignants, son père est professeur de lettres classiques, sa mère s'occupe de ses trois enfants. James est le benjamin, le petit dernier ; une place dans la fratrie qui lui apprend à mener ses combats avec détermination, pour ne pas endosser systématiquement le rôle du « perdant » face à son frère et sa sœur plus âgés et plus forts. Un sens de la combativité fragilisé quand son père décède d'un cancer, James Dyson a 9 ans. Sans père, ni repères, sans pilier pour le guider et l'encourager, il se sent « seul au monde », « seul contre tous » dans les murs du pensionnat de Gresham où il suit une scolarité chaotique.

Parce qu'il se sent différent des autres enfants, éloigné de leurs échanges et de leurs centres d'intérêt, il cultive son excellence dans les activités en solitaire dont la course à pied qui lui permet de remporter de nombreuses compétitions et de reprendre confiance en lui, en sa capacité à réussir. Compétiteur redoutable, James Dyson est avant tout un artiste dans l'âme qui s'adonne à la peinture. Encouragé par sa maman, à une époque où l'art est considéré comme l'attribut sans issue des mauvais élèves, ses prédispositions artistiques sont saluées et ses œuvres honorées de prix.

Quand James Dyson quitte les terres de son enfance pour rejoindre Londres et intégrer une école d'art, la Byam Shaw School of Drawing and Painting, il a 19 ans, et cette année est une étape clef dans sa vie pour deux raisons : la première parce qu'il consacre désormais tout son temps exclusivement à l'art, il apprend à dessiner, à croquer, à modeler les formes et découvre le design, puis la seconde, il rencontre celle qui deviendra sa femme et son soutien le plus engagé, Deirdre.

Parce qu'il ne souhaite pas seulement peindre, mais aussi créer et inventer, James Dyson intègre en parallèle une autre école prestigieuse londonienne, le Royal College of Art, grâce à un concours d'entrée qui offre l'accès chaque année à trois étudiants non diplômés. Il fait partie des heureux élus. Au départ intimidé par les étudiants qui avaient déjà à leur actif trois années d'expérience et par les enseignants qui étaient tous de grands noms de la création et de l'innovation, James Dyson se cherche et multiplie les disciplines. De l'architecture à l'ameublement, en passant par la décoration intérieure, il s'oriente finalement vers le design industriel où il apprend à allier technique et esthétique.

Jérémy Fry, un de ses professeurs, fondateur de *Rotork*, une entreprise conceptrice de produits innovants, décèle sa singularité artistique et lui offre sa chance et la conception d'un projet, le *Sea Truck*, un bateau rapide à fond plat capable de transporter de lourdes charges. Après huit mois de recherche à faire, refaire, monter, démonter, pour finalement aboutir au prototype d'une barge sophistiquée en fibre de verre et en polyuréthane, James Dyson, encore étudiant, valide son cursus scolaire et se fait embaucher par *Rotork* pour assurer la commercialisation du *Sea Truck.*

Premier salaire, première voiture de fonction, et premier investissement immobilier dans une maison de la banlieue londonienne pour accueillir à 23 ans son premier enfant.

Pendant cinq années, pour assurer la commercialisation du *Sea Truck*, il parcourt le monde. Cinq années loin de sa famille et loin de ce qui l'enthousiasme et le fait vibrer : la création. Il décide alors de quitter Rotork, ses avantages et Jeremy Fry qui lui a donné sa chance, pour voler de ses propres ailes et renouer avec sa passion, l'innovation. En prenant cette décision, James Dyson prend un risque, pour lui, pour sa famille, mais aussi le pari de s'épanouir dans ce qui l'anime et de saisir les rênes de sa destinée avec confiance. Un changement de cap professionnel au moment où il devient papa pour la deuxième fois, obligeant alors la famille à quitter la maison de Fulham pour emménager dans une grande ferme au sud-ouest de l'Angleterre. Un joli coin de paradis vert dont James Dyson assure lui-même la rénovation, et qui va faire émerger les prémices de sa première invention : la *balbarrow*.

Après avoir endommagé la pelouse de son terrain, en laissant de longues traces de sillons dans le sol avec sa brouette, James Dyson décide de créer une brouette tout terrain en remplaçant la roue par une grosse boule orange pneumatique. Grâce à l'apport financier de son beau-frère, il lance la *balbarrow* fabriquée « à domicile » dans l'ancienne porcherie attenante à sa ferme. La vente directe permet au produit de se faire connaître, puis de rejoindre l'année suivante les rayons de la grande distribution pour conquérir 60 % du marché de la brouette. Mais, confronté au lourd remboursement de ses investissements, James Dyson décide de vendre la licence de son produit aux États-Unis ; une initiative soldée par un échec et par la trahison de son directeur commercial qui, habilité à vendre la licence, quitte l'entreprise pour rejoindre une entreprise américaine de Chicago pour laquelle il développe et commercialise sans vergogne… *la balborrow*. James Dyson porte plainte, mais perd son procès au motif que la marque commerciale n'est pas valable, le mot *balborrow* étant purement descriptif.

La situation s'envenime financièrement mais aussi sur le plan relationnel, et ses associés en désaccord avec lui, décident purement et simplement de le licencier pour céder librement l'activité et la marque. Devenu au fil des années actionnaire minoritaire, James Dyson, impuissant, se retrouve dépossédé de l'invention dont il est pourtant le créateur, et vivra cette expérience douloureusement.

Alors qu'il poursuit à ses heures perdues la rénovation de sa maison, il remarque que le sac de son aspirateur se bouche au rythme des poussières cumulées, diminuant ainsi la puissance d'aspiration de l'appareil. Il décide d'investir dans un modèle plus récent, le plus puissant du marché. Performant quand le sac est neuf, le nouvel aspirateur perd lui aussi de sa puissance d'aspiration au fur et à mesure que le sac se remplit. Furieux de constater l'inutilité de son achat et l'inefficacité des sacs en papier, l'idée lui vient alors de créer un aspirateur… sans sac. Le premier aspirateur sans sac au monde.

Avec James Dyson, tout commence par un problème à résoudre. Et c'est une scierie située près de chez lui qui utilise, le cyclone, un procédé auquel les industriels font appel pour aspirer les poussières environnantes, qui va changer le cours de sa vie.

James Dyson découvre la technologie cyclonique, une technique qui sépare l'air de la poussière et collecte la poussière sans aucune barrière, ni membrane ; le cyclone servant de filtre, en remplacement du sac.

Il décide d'adapter cette technique à l'aspirateur, et s'installe au fond du jardin dans le cabanon qui sert de remise à outils pour commencer ses expérimentations. Sans chauffage, sans gaz, ni électricité, les mains transies de froid, il construit son premier aspirateur cyclonique à partir de paquets de céréales, de ruban autocollant, et l'améliore chaque jour un peu plus jusqu'à obtenir le meilleur résultat à la fois technique et esthétique.

Déterminé, James Dyson l'est, mais sa motivation est confrontée à une limite, celle de son découvert bancaire. S'il peut compter sur le soutien moral et financier de sa femme, professeur, qui donne des cours de dessin et vend aussi quelques-unes de ses toiles, difficile pour lui de poursuivre ses essais alors que les mois passent, que le capital financier s'amenuise, et que la famille s'agrandit. Au 15e prototype, James Dyson est papa pour la troisième fois. Les fins de mois deviennent de plus en plus difficiles, les dépenses, elles, comptées au centime près, et le potager du jardin d'un grand secours pour la famille.

Pour donner l'impulsion à son ambition et à sa création, James Dyson reprend contact avec Jérémy Fry qui, séduit par le projet, accepte de lui prêter de l'argent pour lui permettre de poursuivre ses recherches. Durant cinq années de conception et d'obsession, James Dyson construit 5 127 prototypes, avant d'aboutir à la création du premier aspirateur sans sac. D'un produit de base du quotidien, il fait un concept technologique qui allie technicité, efficacité, et auquel il donne une allure design.

En manque de trésorerie, James Dyson n'est pas en mesure de produire lui-même l'aspirateur, et décide de parcourir le monde pendant trois années à la rencontre des multinationales de l'électroménager, Hoover, Electrolux, AEG, pour vendre sa licence aux leaders du secteur. Il démonte, démontre, argumente, négocie, souvent dans des conditions difficiles, en un temps limité et dans un contexte déloyal, seul face un jury d'experts qui manie la condescendance comme arme d'autodéfense pour justifier leur produit plutôt que d'accueillir l'élan de la nouveauté.

Si ses interlocuteurs sont séduits par son énergie, ils restent néanmoins réticents à sa technologie qui signifie la fin d'un marché rentable, celui des sacs d'aspirateurs, bien trop lucratifs pour introduire un appareil sans sac sur le secteur de l'électroménager.

Après trois années passées à voyager en Europe et aux États-Unis, aucune société n'a accepté d'investir dans son projet. Accablé par le poids des dettes, James Dyson craint pour lui, pour sa famille, pour son avenir. Il a peur d'échouer, de ne jamais se relever.

Combien de fois a-t-il entendu de la part de ses amis de passage : *« Mais James, lâche l'affaire, si un meilleur type d'aspirateur était possible, Hoover ou Electrolux l'auraient inventé depuis bien longtemps »*, jusqu'à ce que l'espoir renaisse, au pays du soleil levant.

Suite à la parution de son prototype dans un annuaire américain de design, James Dyson est contacté par les dirigeants d'une société japonaise, *Apex*, qui importe des montres de luxe. Séduite par l'innovation technique et le design du produit, la direction demande à le rencontrer.

Alors que l'état de ses finances est au plus bas, et sans aucune promesse d'engagement, James Dyson prend le premier vol pour le Japon, mecque de la High-Tech. Ses interlocuteurs qui perçoivent immédiatement le potentiel de l'appareil, décident d'en faire un produit de luxe, un symbole de prestige, et après sept années de tentatives soldées par des échecs, James Dyson signe là son premier contrat, avec à la clef le versement de royalties qui lui permettent de retrouver une stabilité financière.

Baptisé *G-Force* et commercialisé comme un produit de niche vendu 1 200 livres l'unité, l'équivalent de 2000 euros, l'aspirateur de James Dyson rentre en production et arrive sur le marché en 1986.

Fort de son succès au Japon, le *G-Force* remporte le prix du salon international du design à Tokyo, et James

Dyson repart alors à la conquête du marché américain avec l'espoir de faire de son innovation un produit de grande diffusion.

Mais alors qu'il commence sa campagne de prospection, il découvre que d'anciens interlocuteurs américains avec lesquels la négociation avait échoué, ont copié son brevet et lancé un produit similaire. Désemparé, sa désillusion laisse place à la colère, celle de voir un géant, *Amway*, spolier son idée et s'attribuer le crédit de l'invention à laquelle il a consacré tant d'énergie, d'argent, et pour laquelle il a mis ses biens en gage et sa famille en danger. James Dyson engage instantanément une procédure judiciaire Outre-Atlantique contre la marque pour contrefaçon, alors que s'ouvre aussi pour lui aux États-Unis la perspective d'une nouvelle opportunité avec l'entreprise américaine *Johnson*, qui lui achète la licence de sa technologie pour le marché industriel et professionnel. Dans cette dynamique vertueuse, James Dyson qui aspire à s'implanter sur le marché anglais, est sollicité par l'entreprise anglaise, *VAX*, pour concevoir un prototype d'aspirateur-brosseur. Les négociations aboutissent à un contrat et à la remise de plans de création. Mais, la décision d'entrer en production tarde et James Dyson menace de rompre le contrat et de produire lui-même le modèle sous son nom. Après de vives dissensions, le projet n'aboutit finalement pas. Une séparation et une déconvenue difficiles pour James Dyson, mais qui sont aussi une délivrance et le symbole de sa liberté retrouvée.

Parce qu'aucune entreprise anglaise n'a voulu investir dans sa technologie, il décide après ces années de combat et de persévérance, de réaliser son rêve et de créer sa propre entreprise de fabrication et de production. Entouré d'une équipe de quatre jeunes ingénieursdesigners, James Dyson commence dans la cabane de son jardin à concevoir le produit idéal pour conquérir le monde. Pour se différencier de tous les autres produits du marché, il opte pour une allure high tech et pour le jaune comme couleur de référence, faisant de son innovation un produit esthétiquement parfait, visuellement singulier, un produit techniquement irréprochable.

Le 2 mai 1992, James Dyson crée le premier aspirateur à son nom, le Dual Cyclone de Dyson, le DC01, son aspirateur le plus abouti, dont il décide de garder la propriété pour le produire en série et intégrer le marché des appareils ménagers grand public. Sans capital de départ, le procès contre l'entreprise américaine *Amway* lui ayant coûté depuis trois ans plus de 900 000 livres, James Dyson fait le choix d'abandonner la procédure judiciaire pour utiliser son argent à des fins plus productives et entrepreneuriales. Au moment où il décide de lâcher son passé pour conquérir son avenir, son avocat américain lui annonce la fin de la procédure et une issue qui lui est favorable. Reconnu par la justice co-licencié de l'appareil produit par Amway, il perçoit des royalties qui lui permettent alors de créer son entreprise *Dyson Appliances,* à Chippenham, dans le Sud-Est de l'Angleterre.

Pour lancer son projet de création et commander l'outillage nécessaire à la production, James Dyson sollicite un prêt de 750 000 livres auprès des banques, mais se heurte à une succession de refus. Les banques refusent d'accorder un crédit à un inventeur qui dirige lui-même son entreprise et à une hypothétique nouvelle technologie. James Dyson voit ses espoirs de production s'évanouir, jusqu'à ce qu'une banque lui accorde finalement un prêt de 600 000 livres en contrepartie d'une hypothèque sur sa maison. Une décision qui met une nouvelle fois sa famille en danger, mais sa femme qui a toujours été sa plus fidèle alliée, donne son accord.

Les débuts sont difficiles. James Dyson peine à se faire une place auprès des leaders de la grande distribution qui privilégient la notoriété d'une marque à l'audace de la nouveauté, mais la marque Dyson se fait repérer pour la fiabilité, l'efficacité de son appareil, et référencer par les plus grands distributeurs britanniques Curry et Comet, donnant ainsi une meilleure visibilité à son premier opus DC01.

L'accalmie est de courte durée. L'entreprise galloise qui assure l'assemblage des pièces et la fabrication des appareils, décide de doubler le prix de ses honoraires. James Dyson refuse de céder aux nouvelles conditions du contrat et rompt la collaboration, décidant alors d'assurer seul la fabrication de son aspirateur dans un hangar de 1 800 m^2 loué dans l'urgence pour permettre la poursuite de la production.

Après plusieurs mois difficiles, les ventes grimpent, faisant du Dual Cyclone l'aspirateur-brosseur le plus vendu en Grande Bretagne en seulement 22 mois, malgré un prix supérieur à celui de la concurrence. Conforté par le succès de son innovation, James Dyson décide de lancer un autre modèle, un aspirateur traîneau baptisé DC02 sur lequel il accentue le design et joue sur la transparence des couleurs. Huit mois plus tard, l'appareil est n° 1 du marché et détrône le leadership de la marque nationale historique Hoover, obligeant James Dyson à emménager dans des locaux plus spacieux à Malmesbury pour assurer la production hebdomadaire des 30 000 appareils fabriqués en interne.

Si le talent de James Dyson a séduit son pays, la Grande-Bretagne, il a aussi conquis l'Europe, le Japon, l'Australie et les États-Unis où il a créé des filiales pour représenter sa marque. Une reconnaissance internationale qui fait de Dyson la première entreprise britannique à remporter en 1997 le prix du design européen, et à faire son entrée au musée, au musée d'Art Moderne de Sans Francisco, au Centre Georges Pompidou à Paris, mais aussi au musée Victoria et Albert à Londres où son travail est désormais exposé en permanence.

Récompensé par plus de 500 prix internationaux, parmi lesquels le prix de l'Ideal Home du Daily Mail et celui du design produit de la Chartered Society of Designers, James Dyson qui a été pendant des années isolé, ignoré, déconsidéré, est devenu depuis la cible privilégiée de ses concurrents. La marque Hoover qui était jusque-là marque leader sur le marché des aspirateurs, en a fait les frais en 1999 lorsque la justice la condamne pour contrefaçon, l'obligeant à verser à Dyson la somme de cinq millions de livres sterling de dommages et intérêts.

En prenant le risque de révolutionner le monde de l'électroménager, James Dyson a fait de son groupe une entreprise rentable avec 60 millions d'aspirateurs vendus chaque année dans 70 pays, pour un chiffre d'affaires de 1,3 milliard de livres sterling. Et malgré sa réussite désormais acquise, il continue encore aujourd'hui à animer avec ferveur la cellule recherche et développement de son entreprise aux côtés des 2000 ingénieurs designers et au rythme des 3000 brevets déposés chaque année.

Son succès, James Dyson le doit non seulement à son talent, à son audace, mais aussi à sa folie, celle d'avoir conçu un nouvel aspirateur sous prétexte que l'ancien n'aspirait pas correctement, faisant alors d'un accessoire de ménage du quotidien une œuvre d'art à laquelle il a consacré cinq années de sa vie.

Avec le recul de son expérience...
« Je n'ai pas échoué. J'ai simplement trouvé 10 000 solutions qui ne fonctionnent pas », cette phrase de Thomas Edison est ma préférée car elle me rappelle qu'il ne faut jamais abandonner. Commettre des erreurs est la chose la plus importante que vous pouvez faire, car chaque échec vous mène un peu plus vers la réussite.
Le premier aspirateur que j'ai conçu a nécessité 5 127 prototypes. Pendant de longues années, j'ai travaillé sur un aspirateur sans sac auquel personne ne croyait. Je me suis battu pour faire valoir mon idée, et cela a fini par payer. Aujourd'hui, plus de la moitié des aspirateurs vendus sur le marché sont des aspirateurs sans sac.
Il ne faut pas avoir peur d'aller contre l'avis de ceux qui vous découragent, et bien au contraire, continuer de persévérer et de croire en ses idées. C'est la raison pour laquelle j'ai créé le James Dyson Award, un concours à destination des étudiants et jeunes diplômés qui les invite à réfléchir à une idée ou un objet innovant visant à améliorer le quotidien.

2 – Parce que ça n'arrive pas qu'aux autres...

Stephane Hessel ou la reconnaissance à l'apogée d'une vie: de l'indignation au big bang éditorial mondial.

Rien ne prédestinait Stéphane Hessel, retiré de la vie publique en raison de son âge avancé, et édité par une petite maison d'édition provinciale, à vivre un big bang éditorial.

Itinéraire d'un vieil homme qui a fait de son combat pour les droits de l'homme l'étendard de sa vie, et légué aux générations futures l'une des plus précieuses synthèses de son œuvre.

Sylvie Crossman et Jean-Pierre Barou, fondateurs de la maison d'édition montpelliéraine, *Indigène éditions*, décident de publier en 2010 un livre avec la collaboration d'un homme d'expérience au parcours exemplaire, Stéphane Hessel. Ancien résistant, déporté à Buchenwald en 1944, arrêté, torturé, il parviendra à s'évader des camps de la mort. Devenu diplomate, Stéphane Hessel participera en 1946 à l'élaboration de la Déclaration universelle des droits de l'homme, et sera élevé à la dignité d'ambassadeur de France par François Mitterrand en 1981.

De son expérience des camps, Stéphane Hessel gardera tout au long de sa vie, une farouche volonté de combattre les injustices. Et dans cet ouvrage au titre provocateur, *Indignez-vous !*, le vieil homme, désormais âgé de 93 ans, reprend alors tous les combats de sa vie dont la défense des droits de l'homme, lançant un vif appel à la résistance : *« une insurrection pacifique contre les moyens de communication de masse qui ne proposent comme horizon à notre jeunesse que la consommation de masse, le mépris des plus faibles et la compétition à outrance de tous contre tous »*.

Le 20 octobre 2010, son livre, un petit opuscule de trente-deux pages, vendu au prix de 3 euros et tiré à 8 000 exemplaires, sort en librairie. Invité pour en faire la promotion sur France 3 dans l'émission de débat *Ce soir ou jamais* présentée par Frédéric Taddéï, le ton monte sur le plateau, rendant l'échange inaudible pour les téléspectateurs. Stéphane Hessel intervient alors, et d'un : « *Mes enfants taisez-vous, cessez de vous engueuler !* », permet le retour au calme et à l'apaisement. Son intervention fait l'unanimité, son parcours force l'admiration et ses engagements font échos à une société en crise et en mal de repères. Le lendemain, les ventes de son livre décollent, les 8 000 exemplaires du tirage initial sont épuisés, les librairies en rupture de stock, et les éditions Indigène doivent procéder à une série de retirages.

En moins de trois mois, le cap des 500 000 exemplaires est franchi et le mini-pamphlet édité en province devient alors le miracle éditorial de l'année 2010, éclipsant même le Goncourt.

Traduit en plus 40 langues, *Indignez-vous !* devient un best-seller mondial vendu à 4 millions d'exemplaires dont 2,5 millions dans l'Hexagone et 1,5 millions dans le reste du monde. L'engouement est international, et la renommée de Stéphane Hessel désormais mondiale à 93 ans.

Deux ans après le succès planétaire de son manifeste, Stéphane Hessel s'éteint le 27 février 2013 en ayant transmis aux nouvelles générations un héritage plein d'espoir, empreint d'une sincérité à la hauteur de sa générosité, lui qui a refusé les droits d'auteur de ses publications.

Mais derrière ce succès littéraire, c'est le destin étonnant d'un homme jamais résigné, qui met en lumière que tout reste encore et toujours possible même à 93 ans.

Le lièvre et la tortue
Rien ne sert de courir, il faut partir à point.
L'histoire de ce livre écrit par un vieil homme de 93 ans, peu connu du grand public, édité discrètement à quelques milliers d'exemplaires par une maison d'édition provinciale, puis finalement vendu à des millions d'exemplaires, prouve qu'un départ modeste et sans prétention ne préfigure en rien une issue ordinaire, et peut toujours laisser le champ libre à la prospérité.
Le cheminement qui mène à la finalité d'un projet réserve toujours son lot de surprises.

FRÉDÉRIC LOPEZ ou le mérite de l'audace et de la créativité : du divan au succès d'un concept original *Rendez-vous en terre inconnue.*

Licencié de France 2, au chômage et en pleine crise existentielle, c'est sur le divan en cherchant à être heureux, que Frédéric Lopez a fait du bonheur le fil conducteur de sa résurrection personnelle et télévisuelle, jusqu'à devenir l'animateur préféré des Français.

En 2003, France 2 décide d'arrêter la diffusion de l'émission télévisée *Comme au Cinéma* dont Frédéric Lopez était le présentateur depuis cinq ans. À la suite d'un différend avec un des conseillers du Président de France Télévisions de l'époque Marc Tessier, Frédéric Lopez est licencié, ses demandes de rendez-vous avec la direction de la chaîne avortées, et ses appels classés sans suite.

Commence alors pour lui une longue traversée du désert, ponctuée de deux années de chômage et de six années de psychanalyse. Et c'est sur le divan, en cherchant à réparer une enfance malheureuse rongée par la brutalité d'un père tyrannique, qu'il élabore sur les conseils de son psychanalyste le concept original d'un nouveau magazine. Ce dernier, constatant au fil des consultations que la rencontre des gens du bout du monde offrait à Frédéric Lopez des parenthèses de bien être au cœur de la tourmente, lui suggère alors de développer une émission sur les voyages. Frédéric Lopez commence à travailler sur un concept télévisuel qui emmènerait des célébrités à la rencontre des peuples lointains, en quête d'un bonheur exotique, simple et dépouillé. Son nom: *Rendez-vous en terre inconnue.*

L'idée ne séduit pas spontanément les chaînes de télévision. Confronté aux refus répétés de plusieurs diffuseurs, il parvient, à force de persévérance, à convaincre France 5 en 2004, et pour pouvoir produire son projet, crée sa société de production, *Adenium Productions*, et hypothèque sa maison.

Après quatre années de combat pour faire valoir le potentiel du programme et lui offrir une plus grande visibilité sur une chaîne à l'audience plus large, Frédéric Lopez persuade finalement France 2, qui décide en 2006 de diffuser le programme. Première diffusion, premier succès. Depuis, le magazine *Rendez-vous en terre inconnue* est devenu un événement exceptionnel et fédérateur qui rassemble jusqu'à 8 millions de téléspectateurs.

Mais la persévérance de Frédéric Lopez ne se limite pas à un concept. S'il lui a fallu quatre années pour voir aboutir son projet *Rendez-vous en Terre Inconnue,* il lui aura fallu sept ans de combat, entre conviction et frustration, pour mener à l'antenne une autre idée originale *Panique dans l'oreillette.* Un projet dont aucun diffuseur, aucun directeur de chaîne ne voulait au départ. Mais animé par une foi inébranlable en son projet, Frédéric Lopez parvient, après 7 années de plaidoyer acharné, à persuader France 2 qui diffuse pour la première fois le programme en septembre 2008.

Lors du M.I.P (le marché international des programmes) de Cannes, le concept, classé dans le Top

10 des programmes les plus innovants de l'année dans le Monde, est acheté par une dizaine de pays, de l'Allemagne au Liban en passant par l'Espagne où *Panico en le plato* est même le succès de l'été 2009 sur Antenna 3. Une reconnaissance à la fois professionnelle et personnelle pour celui qui, salué par la critique et classé parmi les animateurs préférés des Français, est élu en 2009 « personnalité télé » de l'année.

Pendant ses années de chômage, Frédéric Lopez disait à ses amis qui l'invitaient à dîner car il n'avait pas d'argent : *« Quand mon émission – Rendez-vous en Terre Inconnue – fera le tour du monde, je vous inviterai à mon tour au restaurant »*. Depuis, il apprécie la récompense de ses années d'efforts et de sacrifices, et poursuit son rêve d'éveiller et d'émouvoir les téléspectateurs en travaillant désormais à une version internationale de *Rendez-vous en terre inconnue* aux côtés de la célèbre productrice américaine Oprah Winfrey. Un clin d'œil à tous ceux qui, amusés et désabusés, l'ont incité durant des années à renoncer.

La persévérance face à la résistance

Le parcours de Frédéric Lopez rappelle celui de Raphaël Pichon, l'un des rares chefs d'orchestre gauchers, à qui on avait dit dès la première audition : *« vous ne pourrez jamais faire carrière si vous dirigez du bras gauche »*. Face aux préjugés des personnes réticentes au fait qu'il dirige de la main gauche, il a toujours fait prévaloir sa conviction et sa singularité en claquant plus d'une porte des conservatoires parisiens.

Lui qui n'a jamais accepté les limites autres que celles qu'il se concède, dirige désormais depuis l'âge de 29 ans, le célèbre ensemble Pygmalion composé d'une trentaine d'instrumentistes et autant de chanteurs.

Louise Del Busto Gomez ou la revanche d'une justicière : des vendanges au barreau à 84 ans.

Ancienne réfugiée de la guerre civile espagnole, Louise Del Gomez a fait de son enfance meurtrie par la dictature de Franco, le tremplin de son engagement militant. En quête de justice, et après avoir été vendeuse, vendangeuse, elle tient sa revanche à 84 ans en devenant avocate.

Louise Del Busto Gomez a 11 ans lorsqu'elle fuit avec ses parents la guerre civile espagnole et la dictature de Franco pour rejoindre la frontière française, et vivre pendant plusieurs années en camp de réfugiés.

La France devient sa terre d'exil, une terre d'accueil où elle doit tout réapprendre, à commencer par la langue française pour suivre une scolarité qui la mène jusqu'au certificat d'études.

Sans baccalauréat, Louise Del Busto Gomez enchaîne les petits boulots, de vendeuse à dactylo en passant par vendangeuse. Lors de vendanges, elle rencontre Victor, réfugié comme elle, qui deviendra son futur mari, l'homme de sa vie, et le père de ses deux enfants.

À sa retraite à 60 ans, alors que ses contemporaines profitent d'une pause paisible, Louise Del Busto Gomez se met à militer à la confédération syndicale des familles de Castres, une association qui œuvre pour la défense des droits des consommateurs. Militante engagée, sur les conseils de son mari, elle s'inscrit à l'université pour suivre des études de droit. Et pour régler un « compte » avec l'Espagne de Franco qui lui a volé sa jeunesse, c'est à Barcelone, la ville où elle est née, que Louise Del Busto Gomez retourne pour valider son diplôme d'avocat en espagnol, langue qu'elle avait pourtant oubliée.

De retour en France, elle qui n'a pas son baccalauréat,

passe une capacité en droit à l'université de Toulouse pour faire reconnaître son titre d'avocat, et obtient deux maîtrises, l'une de droit privé, l'autre de droit social. Après avoir fait valoir les équivalences entre les diplômes, elle passe une épreuve de déontologie qui lui permet alors, à l'âge de 84 ans, de prêter serment au barreau de Toulouse et de jurer solennellement de respecter les principes essentiels de la profession.

En devenant avocate à l'apogée de sa vie, Louise Del Busto Gomez qui a souffert enfant de la guerre civile et de la dictature, vit là un des plus grands moments de son existence, et tient sa victoire et même sa revanche, celle de porter devant la justice ses prochains combats.

Si rien ne prédestinait Louise Del Busto Gomez à exercer la profession d'avocate, elle prouve à 84 ans qu'il n'est jamais trop tard pour entreprendre, rêver et vivre encore et toujours.

Seule la mort est irréversible
Nous sommes nombreux à nous retrancher derrière l'âge pour renoncer et nous résigner. Or, il n'est jamais trop tard pour oser, vivre et décrocher sa victoire.
Le seul frein qui nous condamne de manière irréversible, est la mort. Tant que nous sommes vivants, tout reste possible. Jusqu'au dernier souffle.

THIERRY MARX ou la reconquête d'une ambition contrariée : de l'éviction de l'école hôtelière aux étoiles de la cuisine moléculaire.

Enfant rebelle, réorienté arbitrairement vers la mécanique pour finalement rejoindre l'armée, Thierry Marx a su renouer avec l'intuition d'une vocation contrariée, et s'offrir sa seconde chance, celle qui lui permet aujourd'hui de s'illustrer comme l'un des plus grands chefs étoilés de sa génération.

Issu d'une famille d'immigrés polonais, Thierry Marx grandit dans une banlieue HLM de Ménilmontant où il flirte avec la petite délinquance, dans un milieu où on ne doit sa survie qu'à son caractère et à ses poings. Affublé de son perfecto et de ses bottes de cow-boy façon santiag, il a la posture de la nonchalance et de l'insolence, et se retrouve rapidement classé par ses professeurs dans la catégorie des cancres.

En classe de 6e, il fait savoir à une conseillère d'orientation son souhait d'être réorienté vers une école hôtelière. Symbole d'élégance, de discipline, d'excellence, une voie qui l'inspire, mais qui est à l'opposé de ce qu'il donne à voir de lui, incitant alors la conseillère d'orientation à refuser son entrée en classe hôtelière, et lui assènant d'un ton cinglant : *« l'école hôtelière, ce n'est pas pour des gens comme vous »*.

Orienté vers une filière mécanique générale, Thierry Marx décide finalement à 13 ans d'intégrer les compagnons du devoir pour s'extirper de la délinquance qui le guette. Là, il rencontre l'élite du savoir-faire qui lui donne le goût de l'apprentissage, et lui ouvre les perspectives d'un avenir prometteur au rythme d'un Tour de France de cinq années. Mais après avoir obtenu la gratification d'un CAP de pâtissier, chocolatier et glacier, Thierry Marx abandonne tout, quitte la brigade des fourneaux pour celle de l'armée, et s'engage à 18 ans comme parachutiste dans l'infanterie de marine, puis comme casque bleu pendant la guerre du Liban et comme mercenaire dans les phalanges chrétiennes.

Épuisé physiquement et émotionnellement, il décide de rentrer en France et enchaîne les petits boulots, vigile, transporteur de fonds, manutentionnaire, pour finalement revenir à ses premiers amours, la cuisine, et décrocher un BEP/CAP de cuisinier.

Il intègre alors les cuisines de grands maîtres comme Joël Robuchon, puis gravit progressivement les échelons jusqu'à devenir un spécialiste reconnu de la cuisine moléculaire, déstructurée et avant-gardiste.

Son talent est reconnu en 1988, avec l'attribution d'une 1re étoile au guide Michelin pour son travail au Roc en Val à Tours, puis en 2012 comme chef exécutif au Mandarin Oriental, l'hôtel parisien cinq étoiles de la rue Saint Honoré, où il est honoré de deux étoiles au guide Michelin.

Chef étoilé, Thierry Marx est également aujourd'hui un chef médiatisé, qui met sa renommée au service des autres et notamment des jeunes en difficulté en s'engageant dans le milieu carcéral pour transmettre aux détenus sa passion de la cuisine, les former et leur permettre de retrouver une place dans la société.

En créant en 2013 un centre de formation, *Cuisine mode d'emploi(s) la Boulangerie*, où il propose des formations gratuites aux personnes en réinsertion professionnelle, Thierry Marx fait de la cuisine un vecteur social d'intégration, et confirme par ses actions qu'il a gardé de ses origines populaires et militantes un sens aigu de la fraternité, offrant désormais aux autres la seconde chance dont il a bénéficié.

Passé révolu, acquis capitalisés

Le temps investi sur les chemins empruntés sans succès, n'est jamais perdu. Nous ne perdons jamais les acquis de nos précédentes expériences. En s'accumulant les unes aux autres, elles viennent optimiser notre nouvelle trajectoire, nous permettant ainsi d'honorer l'expérience suivante et le palier supérieur, pour qui a su tirer les leçons des apprentissages antérieurs.

Durant les années où Thierry Marx a été soldat et envoyé en missions dans les pays en guerre, il a découvert la « street food », une expérience culinaire dont il s'est inspiré par la suite pour nourrir sa nouvelle trajectoire de vie.

Didier van Cauwelaert ou l'endurance romanesque : de la traversée du désert littéraire au prix Goncourt.

Durant treize ans, ces manuscrits ont été refusés et retournés par les maisons d'édition. Puis, un jour, en cherchant à romancer sa vie, Didier van Cauwelaert est passé de la fiction à la réalité en décrochant le prix Goncourt, réalisant ainsi le scénario de la vie qu'il s'était imaginée à 7 ans.

En apprenant à écrire à l'école, Didier van Cauwelaert décide à l'âge de 7 ans, sans même avoir lu le moindre auteur de renom, de devenir écrivain et de publier des romans. Il découvre non seulement la magie qu'ont les mots à raconter des histoires, mais aussi leur capacité à fédérer et à arrêter l'engrenage de la violence dont il est victime à l'école, lui le petit niçois aux origines belges et au nom flamand, perçu par ses camarades de classe comme le métèque auquel on règle son compte à la récréation.

En racontant des histoires plus invraisemblables les unes que les autres, ceux qui jusqu'alors le tapaient, viennent progressivement à l'écouter, puis à l'aimer à travers ses scénarios rocambolesques.

Didier van Cauwelaert découvre alors le plaisir de mettre en scène sa vie, de la romancer, et décide de passer de l'oral à l'écrit en rédigeant ses histoires. Son père, paralysé, devient sa première source d'inspiration, faisant de lui un héros sacrifié dans un de ses récits.

En écrivant, il transforme sa vie et la magnifie, échafaudant le scénario de devenir à l'âge de 8 ans le plus jeune écrivain du monde à être publié. Une ambition qu'il porte pour inciter son père, désespéré d'être figé dans un fauteuil roulant, à renoncer à ses menaces de suicide répétées.

Didier van Cauwelaert s'empresse alors d'écrire son premier roman, dans lequel il se met dans la peau d'un républicain anglais qui s'apprête à être pendu par erreur en 1968 pour avoir envoyé un colis piégé à la reine, un pétard à boules puantes, mais que Scotland Yard transforme en attentat terroriste. Il a 8 ans quand il met un point final à son premier manuscrit, avant de l'envoyer aux éditions Gallimard qui lui opposent un refus de publication. Didier van Cauwelaert passe alors de l'ambition à la désillusion. Mais son père, sauvé miraculeusement par la chirurgie et devenu depuis valide, lui offre l'élan d'un second souffle pour poursuivre son cheminement et nourrir l'écriture de son prochain roman.

Passionné de bandes dessinées, Didier van Cauwelaert écrit un scénario qu'il envoie au peintre Marc Chagall, le voisin de son oncle, pour lui proposer de l'illustrer, mais ce dernier refuse. Il compose aussi le livre d'un opéra pour guitare qu'il envoie à Alexandre Lagoya, et pour lequel il n'a aucun retour. Confronté aux refus successifs et aux menaces de ses parents qui le voient consacrer plus de temps à l'écriture qu'à ses devoirs d'école, Didier van Cauwelaert est sur le point de renoncer à ses ambitions d'écrivain, quand il rencontre l'actrice Greta Garbo dans un restaurant. Elle lui inspire une idée, celle d'un échange imaginaire de correspondances avec elle. Son récit, publié dans le courrier des lecteurs de Télé 7 jours, sauve alors ses ambitions d'écrivain.

Après son baccalauréat, Didier van Cauwelaert entame des études de lettres classiques, qu'il abandonne au profit de petits boulots, professeur de planche à voile, professeur de chant, acteur au théâtre, et journaliste, devenant critique littéraire enfantine sur Fr3 Côte d'Azur.

Didier van Cauwelaert écrit comme il respire, tout le temps, à chaque instant, et ses manuscrits qui lui sont retournés au rythme d'une demi-douzaine par mois ne lui font pas renoncer à sa vocation, jusqu'au jour où un éditeur s'intéresse à lui, après 13 ans de persévérance et une dizaine de romans refusés. 13 années de traversée du désert littéraire qui le mènent finalement à publier à 22 ans son premier roman *vingt ans et des poussières.* Premier roman et premier prix, puisque son ouvrage reçoit celui de la fondation Del Duca. D'autres prix viennent par la suite couronner ses ouvrages, dont le prix Goncourt qu'il obtient à 34 ans pour son livre *un aller simple.*

Didier van Cauwelaert qui avait écrit dans son premier roman : *« Je vais mourir dans quinze secondes et j'ai plein de choses à faire »*, vit désormais au rythme de ses succès littéraires, une trentaine traduits dans le monde entier et dans plus de vingt langues.

Quand un « oui » suffit à contrer les « non »

Les refus opposés par les maisons d'édition à Didier van Cauwelaert rappellent ceux adressés à d'autres auteurs devenus depuis célèbres. C'est le cas de l'écrivain Anna Gavalda, l'auteur du recueil de nouvelles, *je voudrais que quelqu'un m'attende quelque part.* Un immense best-seller vendu à des millions d'exemplaires. Et pourtant son manuscrit a été refusé par une dizaine d'éditeurs dont elle a reçu des lettres de refus types ou lui signalant que les nouvelles étaient un genre invendable. En lui donnant une suite favorable, les éditions Le Dilettante ont marqué leur différence, une différence qui les a menées vers le succès.

3 – Tout est alors Possible pour vous... Parce que les seules limites sont celles que l'on se donne.

TOUS...

Nous avons une idée, un projet, un talent potentiel, la graine d'une réalisation qui ne demande qu'à éclore, enfouie ou enracinée mais trop souvent en jachère par facilité ou par fatalité.

Et vous ? Lorsque vous laissez vagabonder le fil de votre imaginaire, quelle idée émerge instantanément, irrésistiblement dans votre cœur, dans vos tripes ? Quelle est votre quête, votre raison d'être ? Celle qui vous anime à présent, celle qui saura vous animer ces prochains mois, ces prochaines années et sublimer vos lendemains...

« Impossible n'est pas français ! » disait Napoléon qui réfutait toute résignation politique, ayons nous aussi dans nos vies le courage jusqu'au boutiste de ne jamais renoncer, de ne jamais perdre l'élan indéfectible de nos désirs pour clamer un jour victorieusement : *« Veni, Vidi, Vici », « Je suis Venu, j'ai Vu, j'ai Vaincu »*, porté par Jules César lors d'une de ses victoires, et nous pourrons même rajouter dans l'allégresse d'une vie pleinement accomplie : *« j'ai Vécu »*.

Reconnectons-nous un instant à notre âme d'enfant, lorsque nous imaginions notre avenir avec aisance et ampleur, que nous nous autorisions à rêver, à croire en un grand avenir, quand nous flirtions alors avec la folie des possibles sans restriction, sans rétention, sans gêne et sans orgueil...

La peur de l'échec : Le frein souterrain de l'inaction

Peur du vide, du manque, de l'échec ou peur de la mort, la peur est insidieusement le principal frein à notre audace et à notre action, celui que nous activons inconsciemment comme réflexe sécuritaire rassurant mais sclérosant. Or, la vie est au contraire un laboratoire où nous sommes tous des chercheurs habilités à sortir de notre zone de confort, pour tenter des expériences et nous offrir le spectre de nouvelles opportunités. C'est en osant affronter nos peurs que nous allons vers « notre » réussite, singulière et personnelle, car c'est justement derrière elles que se cache notre réalisation, votre succès.

Qu'avez-vous finalement à perdre à vous mettre en action, à essayer, à expérimenter ? Rien. Rien, si ce n'est de vous donner le privilège d'une vie réjouissante, enrichissante et gratifiante, ou a contrario l'avantage aérien de vous épargner le poids lourd des regrets et d'immanquables *« si j'avais su »* résignés.

Et si plutôt que d'avoir peur de mourir, au sens propre comme au sens figuré, ce que peut générer symboliquement le ressenti de l'échec, nous avions avant tout peur de vivre, peur de nous imprégner d'un grand souffle de vie pour oser donner du sens à notre existence ? Si la mort invite au renoncement, au détachement, à l'abandon, vivre demande en revanche du courage, de l'engagement et de l'énergie pour se mettre au monde.

La peur de l'échec est l'une des principales raisons de notre inaction. Quand elle émerge et qu'elle devient plus forte que la confiance, elle nous paralyse jusqu'à interrompre notre marche en avant, nous faisant alors renoncer trop vite à nos aspirations les plus profondes, au risque de manquer notre chance. Et parce que la perspective de l'échec nous est si effroyable, toutes les raisons sont alors bonnes et notre inconscient « élu » meilleur pourvoyeur d'alibis pour nous épargner l'éventualité d'un potentiel risque d'échec : minimisation des efforts, manque d'implication, procrastination, perfectionnisme et refus de la nouveauté pour se limiter à ce qui est maîtrisé. Nous devenons ainsi le chef d'orchestre de notre autosabotage, imaginant des obstacles infranchissables alors que nous avons tous quelque chose de grand à faire pour nous-même, pour la société, pour l'humanité. Et Christine Orban, romancière, l'a bien illustré dans son livre *Deux fois par semaine*, *« le premier ennemi à combattre est à l'intérieur de soi et c'est souvent le seul »*.

Soyons réalistes, imaginer un instant traverser la vie sans épreuves est juste improbable, et ceux qui n'éprouvent aucun échec durant leur vie vivent probablement avec tant de prudence et d'hyper-vigilance qu'ils ne vont nulle part, figés dans l'incertitude, dans le doute permanent, envisageant souvent le pire pour accepter avec passivité le présent tel qu'il est, même si celui-ci est insatisfaisant, ennuyant et soporifique, privilégiant une existence vécue en demi-teinte, sacrifiée sur l'autel d'une peur poison sclérosante, au détriment de leur réalisation personnelle et de leur épanouissement.

Une chose est sûre, la peur de l'échec attire à elle seule la survenue d'un échec, qui devient celui d'une vie. Une vie où nous avions des qualités, des capacités destinées à être exploitées, mais qui n'auront pas nourri notre vie, ni profiter à la société et à l'humanité.

Quand l'échec contient le germe de la réussite

Dans une société française qui a la culture de la sanction, dont les méthodes d'enseignement sont basées sur la pression de l'évaluation et du jugement permanents, force est d'admettre que nous ne sommes pas aidés et préparés à accueillir l'échec. Nous l'appréhendons culturellement au premier degré, d'une façon qui nous dessert, comme une cruelle désillusion qui porte en elle la sensation désagréable d'infériorité, nous faisant alors considérer nos espoirs et nos projets comme définitivement brisés.

La peur de l'échec est aujourd'hui si prégnante dans notre société, qu'elle en a même été érigée en pathologie psychique, en phobie appelée « atychiphobie », qualifiée de peur anormale, exagérée et persistante de l'échec.

C'est pourquoi, je vous propose de partir en croisade en faveur de la dédramatisation de l'erreur et de faire une lecture plus subtile de ce qu'on appelle « échec », en regardant avec lucidité au-delà de l'échec lui-même, pour enfin oser, sans craindre son jugement et celui des autres. Parmi ceux qui se sont réalisés et qui ont atteint leurs aspirations avec grandeur, et dont j'évoque les parcours dans ce livre, aucun ne croyait en l'échec, non pas parce qu'ils n'en ont pas connu, bien au contraire, mais parce que le mot ne fait pas partie de leur vocabulaire. Au terme « échec », ils préfèrent celui de « leçon », car les erreurs qu'ils ont pu commettre ont été leurs plus grandes leçons d'apprentissage pour progresser vers leur réussite.

Pour les bouddhistes aussi, l'échec n'existe pas, seuls les résultats comptent. Parfois nous arrivons au résultat escompté, d'autres fois pas. Il n'y a ni bien, ni mal, juste un aboutissement, et c'est finalement nous qui posons un jugement en qualifiant nos résultats d'échec ou de nouvelles perspectives. La langue française regorge aussi d'expressions familières qui mettent en avant toute la valeur pédagogique de l'échec : « qui ne tente rien n'a rien », « on se nourrit de ses échecs », « échouer nous aide à avancer », « on ne réussit pas toujours du premier coup ». Tout n'est donc qu'une question de perception, une perception qui dépend de qui ? De nous, individuellement et exclusivement de nous, et du regard que nous portons sur la situation.

Pour vous éviter de stériles désillusions, ne soyons pas dupes, partir décrocher sa victoire implique par essence d'accepter de se confronter à des barrières, et c'est à ce moment précis que tout se joue alors pour vous et votre vie. De la manière dont vous allez réagir face à ces derniers, dépendra la suite de votre cheminement, votre ascension ou votre régression.

Il est essentiel d'intégrer l'idée que ces soi-disant « échecs » que vous rencontrez, que vous rencontrerez sur votre chemin ne sont pas des freins et ne doivent jamais le devenir. Ils sont au contraire des paliers pour vous permettre de progresser, d'affiner votre quête et de vous rapprocher de votre objectif, de ce que vous désirez, et qui est à votre mesure.

Souvenez-vous de vos premières expériences de déséquilibre, quand vous avez appris à marcher. Vous avez trébuché, vous êtes tombé, vous avez vécu des chutes, des échecs, mais vous n'avez jamais renoncé à votre première ascension symbolique, celle de bipède, ce qui vous permet aujourd'hui de marcher avec fluidité et automatisme, sans même vous en rendre compte. De même pour l'apprentissage de la lecture, vous avez appris à lire, lettre par lettre, syllabe par syllabe, puis phrase après phrase. « L'échec » ou plutôt l'épreuve est donc davantage une expérience de vie qu'un désaveu, et fait partie intégrante de notre processus d'apprentissage et d'évolution. Rebrousser chemin face à l'obstacle reviendrait à refuser cette idée même d'évolution et à se refuser le droit de réussir. « L'échec » ne s'oppose en rien à la réussite ; l'insuccès, en contenant en lui le germe de l'évolution, prépare naturellement au succès, pour qui sait tirer les leçons de ses apprentissages avec sérénité et humilité.

L'équation gagnante : persévérance = confiance + patience

Winston Churchill, ancien premier ministre du Royaume-Uni, connu pour son humour et la pertinence de ses bons mots, aimait à dire que le succès n'est pas une question de circonstance, d'intelligence, mais de persévérance, et qu'il relève ainsi de notre responsabilité, de nos interprétations, de nos actions et de nos réactions. Je partage avec vous un de ses mots d'esprit, moteur d'espérance : *« Le succès c'est d'avancer d'échec en échec sans perdre son enthousiasme »*.

S'il devait y avoir un dénominateur commun à ces réussites hors du commun évoquées précédemment, il serait la persévérance, cette confiance inébranlable qu'ils ont eue en leur projet, en eux, et qui leur a permis de se relever malgré leurs mésaventures pour continuer d'avancer quand tout semblait aller contre eux.

Pour autant, persévérer n'induit pas de s'accommoder de l'échec et de franchir avec obscurantisme les limites de l'excès de confiance, mais de tirer les enseignements sur la base d'un raisonnement cohérent, à partir d'un objectif réaliste et adapté. Il est de bon aloi d'imaginer qu'on ne devient pas pilote d'avion avec une vision faible et des connaissances mathématiques limitées.

Être persévérant, ce n'est pas avoir une posture de performance qui relève du devoir et du mental version méthode coué « je veux, je peux », « je vais réussir, je vais réussir », « tout va bien, je vais bien », et qui inscrite dans une démarche de volonté volontariste crée de la crispation. Être persévérant, c'est avoir une conviction naturelle quant à la faisabilité de son projet, sa réussite, et notre potentiel intrinsèque pour l'accomplir. C'est aussi une conviction absolue et profonde guidée par le désir et le plaisir, telle une flamme intérieure, une force de vie qui donne l'impulsion d'entreprendre, la dynamique de continuer, et la sensation de se sentir pousser des ailes. Être persévérant, c'est enfin avoir une conviction suffisamment puissante pour se détacher du pessimisme général, et développer un système immunitaire étanche aux influences pernicieuses qui sèment les graines du doute et de la peur susceptibles de compromettre nos projets dans les moments de fébrilité. S'il peut arriver à chacun de ressentir un moment de flottement au cœur de l'ouvrage, l'obstacle ne doit en aucun cas nous décourager, vous décourager. Au contraire, il doit renforcer votre détermination.

Dans le processus qui mène à la réussite, les « échecs » que nous appellerons désormais épreuves, leçons, expériences, permettent non seulement de franchir les paliers pour rectifier le tir et mieux viser l'objectif, mais aussi de tester notre degré de motivation.

La persévérance, si elle implique la notion de confiance, engage aussi la notion de patience. Persévérer, c'est gérer le critère du temps en ayant confiance. C'est vouloir vraiment et longtemps.

Mais, dans une société kleenex de l'éphémère, de l'inconstance qui érige en modèle la culture du raccourci rapidité-efficacité-volatilité, et qui prône la gratification instantanée et la réussite sans efforts, nombreux sont ceux à abandonner, ne voyant pas venir les résultats espérés immédiatement. Et si nous apprenions à admirer l'effort déployé pour honorer notre vie ?

Le cheminement qui mène vers un objectif de vie, est toujours celui d'un marathon, d'une course de fond qui se mérite, impliquant une bonne gestion de ses efforts, de son engagement et de son impatience. L'écrivain Jules Renard prône cette idée de progression qui associe subtilement l'art de la patience et de la persévérance : *« le projet est le brouillon de l'avenir, parfois il faut à l'avenir des centaines de brouillons »*. Acceptons les brouillons, accueillons les apprentissages avec perspicacité, car ce sont eux qui nous permettent de progresser et de nous mener avec justesse à notre œuvre finale.

Et pour ne pas perdre le fil de notre trajectoire au cœur de l'ouvrage, le meilleur antidote au découragement repose sur notre capacité à nous projeter et à visualiser notre avenir, en gardant à l'esprit les raisons qui nous ont incités à entreprendre cette voie, jusqu'à imaginer très concrètement comment sera notre vie après avoir atteint l'objectif tant convoité.

La patience n'est donc pas une perte de temps, ni une inutilité contraignante, elle accompagne progressivement la maturation du projet et celle de son initiateur, puis offre le privilège de découvrir que le plus fascinant, le plus captivant, le plus enrichissant n'est pas tant le résultat, mais le processus pour y parvenir. Et quelle aventure !

Chapitre 2
Les « ressorts insubmersibles »

« Au milieu, de l'hiver, j'ai su que j'avais en moi
un invincible été. » Albert Camus

Ils ont connu un revers de la vie, ce qu'on appelle un « accident de parcours », quand l'incompréhensible fait soudain irruption, tel un grain de sable qui vient enrayer la mécanique et faire vaciller nos points d'appui essentiels.

Qu'il s'agisse d'un deuil, d'un accident, d'un licenciement ou d'une séparation, ces hommes et ces femmes dont je vais vous raconter l'histoire, ceux que j'appelle les *ressorts insubmersibles,* ont vécu cet instant de vie où tout vole en éclats. Quand le temps est suspendu et le cheminement interrompu. Ce que Nietzsche appelle le « chaos ».

Mais le chaos n'est pas une fin en soi, il est bien plus, il est le ressort de la métamorphose, et Nietzsche l'a imagé avec beaucoup de poésie : *« Il faut avoir du chaos en soi pour pouvoir enfanter une étoile qui danse ».*

Eux en sont la merveilleuse incarnation, car de ce tremblement de terre intérieur, ils ont fait leur déclic, leur raison d'être pour renaître autrement, avec comme talent, celui d'avoir transformé l'épreuve de vie en expérience de vie.

1 – Nicole Castioni
Politicienne, juge, et ex-prostituée: Le grain de sable personnel

L'histoire de Nicole Castioni est celle d'une battante qui a vécu plusieurs vies au cours de son existence, celle d'une enfance abusée et d'une jeunesse dans l'engrenage du sexe, de la drogue et de la violence.

À 22 ans, par innocence, par amour, elle devient Gilda, prostituée toxicomane, rue Saint-Denis à Paris. Cinq années pendant lesquelles, elle vit la peur au ventre, la peur du vol, du viol, la peur des hommes.

Son sursaut de vie, Nicole Castioni le doit à une maladie, une hépatite B contractée pour ne pas s'être protégée. Amaigrie, affaiblie, elle n'a plus que la peau sur les os et décide de fuir l'enfer, la dépendance affective et celle des paradis artificiels pour ne pas mourir. Portée par la rage de vivre, elle se bat pour se reconstruire et se donner la chance d'un nouvel avenir. Un long chemin qui la mène jusqu'au Tribunal Criminel de Genève, où elle devient juge assesseur, et sur les bancs du Parlement de Genève, comme députée, en attendant peut-être un jour de revenir à Paris, la ville où elle a connu ses années d'errance, pour arpenter les couloirs du Palais Bourbon.

Prostituée hier, juge aujourd'hui, voici son histoire, pleine de résilience et d'humanité, celle d'une femme qui est allée chercher sa victoire après sa chute, et qui a trouvé depuis le soleil au bout de la nuit.

Nicole Castioni est née en Suisse, à Genève, où elle grandit avec ses parents et ses deux frères aînés dans un appartement cossu d'un des quartiers résidentiels du centre de la ville. Une famille sans histoire, son père est ingénieur, sa mère ne travaille pas et consacre son temps à sa famille.

Mais son âme s'assombrit quand un membre de sa famille commet l'irréparable et vole son enfance, son innocence en abusant sexuellement d'elle. La première fois, Nicole Castioni a 8 ans, elle doit se laisser faire, ne pas crier, ne rien dire, elle n'ose pas parler, pas même à Gabrielle, sa complice et meilleure amie. Cela durera cinq ans, jusqu'à ce qu'elle comprenne que ce qu'elle vit et subit, n'arrive pas à toutes les petites filles et qu'elle réussisse à dire non. Elle a alors 13 ans, et n'est déjà plus une petite fille, si ce n'est dans le regard de ses parents, qui de ces cinq années d'emprise, de souffrance, de silence, n'ont rien vu, n'ont jamais rien su.

À 18 ans, Nicole Castioni est une jeune fille pleine d'envies, d'ambitions et de rêves, elle rêve de strass, de paillettes, de showbiz, de gloire, et sa beauté complimentée l'encourage à croire en sa chance et à miser sur sa silhouette pour viser les plus hautes marches du succès.

Portée par l'insolence de la jeunesse, elle décide d'arrêter ses études après son baccalauréat et intègre l'agence de mannequin Mona Currat. Le succès est immédiat, elle enchaîne les défilés, les campagnes de publicité, puis décroche le titre de dauphine lors de l'élection de Miss Suisse. Elle suit aussi des cours de théâtre au conservatoire et commence la « figuration lumière » pour remplacer les comédiens lors des réglages de lumière, un moyen pense-t-elle de se faire repérer dans un milieu réputé cloisonné et fermé. Et ça marche. Nicole Castioni passe du théâtre au cinéma, où elle fait ses premiers pas avec le réalisateur Jean-Luc Godard qui lui offre un petit rôle dans son film *Sauve-qui-peut la vie*, aux côtés de deux comédiens français de talent, Jacques Dutronc et Nathalie Baye. Des débuts prometteurs qui lui ouvrent la perspective d'une belle carrière et d'une mise en lumière au prochain Festival de Cannes où le film est sélectionné, et pour lequel elle a reçu une invitation. Mais elle n'ira pas. Entre-temps, sa route a croisé celle d'un homme, Jean-Michel, rencontré au club « 58 », une boîte de nuit de Genève, à l'occasion de l'anniversaire d'une de ses amies, Patricia.

Nicole Castioni est sous le charme. Il a 32 ans, elle en a 18. Il est beau, grand, brun aux yeux bleus, élégant, et a la communication facile. Parisien, il se présente comme journaliste travaillant pour le magazine de référence spécialisé dans la mode, Cosmopolitan. Nicole Castioni pense alors avoir rencontré son prince, celui dont les jeunes filles de son âge rêvent, mais aussi son mentor, celui qui va changer sa vie et la propulser dans le mannequinat. De là, naît une romance faite de cadeaux, de virées en Porsche, de voyages à Saint-Tropez, à l'île Maurice, et deux mois après leur première rencontre, elle part le rejoindre à Paris et emménage avec lui dans un appartement parisien luxueux qu'il partage avec sa mère, directrice d'une galerie d'art rue Saint-Honoré.

Appréciée et immédiatement adoptée, Nicole Castioni est de tous les vernissages, tandis que Jean-Michel, lui, voyage beaucoup. Une tornade au service de ses « affaires ». En l'accompagnant à une partie de poker auquel il participe pour tisser son réseau, Nicole Castioni voit pour la première fois de sa vie des lignes de cocaïne circuler de table en table. Elle ne consomme rien, elle observe, fascinée par l'effervescence et la présence de la « high society » parisienne. Observatrice, Nicole Castioni devient rapidement consommatrice. Sa première fois, c'est à Saint-Tropez, elle a 21 ans. Elle succombe le temps d'un été à la vie dorée dont elle a toujours rêvé. La drogue est de toutes les soirées. Impossible d'y échapper, d'y résister. Et pour partager avec Jean-Michel davantage d'émotions et de sensations, elle commence à « sniffer » ses premiers rails de « coke ». Un peu, beaucoup. Quotidiennement. Dans cet environnement où tout est surexposé, l'argent, les filles, surdimensionné, les voitures, les yachts, et surestimé, la drogue, les rails, mais les dangers, eux, sous-estimés, Nicole Castioni rentre dans l'engrenage de la dépendance. Cet été-là, à Saint-Tropez, deux personnes se suicideront en se tirant une balle dans la bouche, la cocaïne les a rendus fous. Nicole, elle aussi, est folle, folle d'amour.

Après avoir dansé tout l'été, les deux tourtereaux se trouvent fort dépourvus quand le retour à la réalité fut venu. Accros à la cocaïne, leur consommation quotidienne a augmenté et le budget des doses journalières avec, le portefeuille ne suit plus et leur train de vie s'essouffle.

Confrontée au manque et aux difficultés financières, Nicole Castioni amène Jean-Michel à lui dévoiler la vérité sur ses activités et découvre alors que tout ce qu'il lui avait dit est faux, son métier de journaliste, le magazine, la mode… Son métier, le vrai, c'est les « affaires », lui explique-t-il, et pour lui permettre de se « refaire », ils quittent ensemble Paris pour s'installer à Bruxelles pendant un mois, et y rejoindre un ami qui organise prochainement de grosses parties de poker.

Les soirées se suivent et se ressemblent, généralement dans un bar à filles. Les hommes jouent, les filles observent, le regard vague embué de fatigue et d'ennui. Nicole Castioni se lie d'amitié avec Laure, une des entraîneuses du bar qui, entre deux clients, la rejoint pour discuter de tout, de rien, et surtout pour faire passer le temps et s'extirper de cette mélancolique passivité.

Dans l'intimité d'un boudoir tapissé de velours et sur un fond d'ambiance musicale, elle lui explique son métier, son histoire, ses relations avec les clients ; un métier que Nicole Castioni perçoit comme une pièce de théâtre en 3 actes : inciter à boire, proposer de danser, et plus si affinités.

Un matin, Jean-Michel rentre à l'aurore, les jeux sont faits, rien ne va plus, il a tout perdu. Au bord du gouffre financier, elle se sent impuissante à l'aider, elle connaît peu Bruxelles, n'y a aucun réseau affectif ou professionnel. Jean-Michel la rassure en lui disant que cela n'est pas utile car Laure l'attend ce soir pour lui « expliquer ». L'explication de Laure est simple : boire et danser, rien de plus. La pièce de théâtre que Nicole Castioni avait finalement imaginée, mais en 2 actes. Pour la première fois depuis son arrivée à Bruxelles, elle se dit qu'elle ne sera plus la figurante, l'observatrice passive et transparente de la pièce, mais désormais une actrice séduisante, pétillante, et envoûtante.

Séduits par sa féminité, sa sensualité et sa ferveur à onduler son corps qui laisse entrevoir les courbes flatteuses de sa silhouette, les clients apprécient sa présence, son aisance. Ils consomment, dansent, et se rapprochent d'elle. Une proximité oppressante et des mains baladeuses insistantes qu'elle a du mal à assumer, et qui l'obligent à quatre reprises à rejoindre les toilettes pour souffler et sniffer quelques lignes de coke avant de pouvoir revenir. Droguée, alcoolisée, elle suit ce soir-là un homme chez lui, un inconnu. Il est riche, ils font l'amour, il lui donne de l'argent, beaucoup d'argent, et elle réalise alors ce qui vient de se jouer. Le 3e acte d'une pièce de théâtre sordide, avec pour metteur en scène l'homme de sa vie. Emportée par la fatigue, submergée par le chagrin, Nicole Castioni s'enferme pour vomir toute la honte que lui génère ce passage à l'acte. Sa priorité est désormais de partir, de quitter la Belgique, mais Jean-Michel parvient à la retenir, et ce qui devait être une erreur de parcours, durera encore deux semaines. Des hommes de passage, des inconnus d'un soir.

Écœurée, épuisée, elle craque un matin et repart seule à Paris. Jean-Michel la rejoint pour tenter de dédramatiser la situation, lui expliquant qu'il n'y a rien d'indécent à gagner beaucoup d'argent en peu de temps, et finalise son œuvre de persuasion et d'endormissement en lui faisant la promesse de ne plus jamais retourner à Bruxelles.

Ensemble, ils profitent de leurs retrouvailles pour voyager et flamber dans les plus beaux hôtels. Une parenthèse enchantée qui lui permet un instant d'oublier le souvenir de sa dignité sacrifiée sur l'autel de la facilité.

De retour à Paris, Nicole Castioni fait la rencontre de Fabienne, une « ex » de Jean-Michel dont il est resté très proche. Une belle femme, élégante, à la garde-robe haute couture luxueusement accessoirisée, et dont elle se rapproche amicalement. Fabienne, plus âgée, la « chaperonne », lui fait découvrir les plus belles boutiques de la capitale, et au cours d'une de leurs virées shopping, Nicole Castioni découvre l'origine de ses ressources financières et sa profession. Fabienne est prostituée. Nicole Castioni n'en croit pas ses oreilles et croit à une plaisanterie. Fabienne ? Elle ? Une femme bien loin de l'image que l'on a habituellement des prostituées.

Depuis le début, Fabienne œuvre insidieusement auprès d'elle pour lui ouvrir la perspective de cette voie enviable, et préparer le terrain ainsi à Jean-Michel. L'étau se resserre autour de Nicole Castioni, et quelques jours plus tard, ce dernier lui propose l'impensable : acheter un studio rue Saint-Denis où elle pourrait « recevoir ».

Nicole Castioni n'arrive pas à y croire et n'en dort plus la nuit, alternant somnifères, hypnotiques et cocaïne. La cocaïne encore et toujours, et plus elle en prend, plus elle se retrouve prise au piège, dépendante de Jean-Michel et de son réseau de fournisseurs. Terrifiée, Nicole Castioni lui annonce qu'elle le quitte, mais fou de rage d'imaginer qu'elle puisse lui échapper, et sous l'effet de la cocaïne, il saisit un pistolet et la menace d'une issue fatale, *« si tu pars, je te tue »*.

Pendant cinq années, Nicole Castioni devient Gilda, prostituée cocaïnomane, dans un studio de passe sordide de la rue Saint-Denis, elle a 22 ans. Pendant cinq années, elle vend son corps jour et nuit, par amour pour lui, par peur de lui, et aussi par besoin, pour se fournir grâce à lui en cocaïne. Cinq années de bruit, de violence, de frayeur et de peur, la peur du vol, la peur du viol, la peur du mac, la peur du client, la peur des « flics ». La peur de perdre sa vie, le soir venu.

Cette peur au ventre, Nicole Castioni l'a depuis qu'elle s'est faite agressée. La première fois, un viol sous la menace d'une lame de couteau, puis une seconde fois, un vol avec un pistolet braqué sur sa tempe, et enfin une troisième fois, la pire, où elle a failli périr sous les coups d'un client qui, avec haine et mépris, la frappât sauvagement au visage et aux épaules avec un nerf de bœuf. Ensanglantée, défigurée, déchirée, ces plaies sont à vif, son souffle coupé, mais elle réussira à s'échapper. De la sauvagerie gratuite, qui lui vaudra de subir le supplice de 15 points de suture à vif au service des urgences de l'Hôtel-Dieu.

Combien de fois a-t-elle pensé partir de la rue Saint-Denis et quitter Jean-Michel ? Mais elle l'aime suffisamment pour rester, elle l'aime autant qu'elle le hait. Il est à la fois son amour, son geôlier, et elle, sa proie. Même leurs retrouvailles, dans des lieux somptueux et des hôtels luxueux, passent progressivement du romantisme idyllique au surréalisme pathétique. À cause de la drogue, leur vie, au départ aventureuse, est désormais devenue dangereuse. Nicole Castioni fait deux overdoses, et le quotidien de Jean-Michel est désormais une succession d'épisodes faits d'hallucinations, de délires et autres dérives paranoïaques. Lassée, désabusée, elle lui annonce qu'elle le quitte, et sous l'emprise de la drogue, il tire à deux reprises sur elle. Le regard hagard, il manque sa cible.

Face à cet homme aux réactions meurtrières, Nicole Castioni est seule, sans appui, sans amis de confiance auxquels se rattacher, avec comme seul repère, le réseau que Jean-Michel lui a ouvert pour mieux l'encadrer et la maîtriser.

Pour trouver l'élan d'un renouveau, elle fait la démarche de consulter un psychiatre, elle ira deux fois sans plus y retourner. Quant à ses parents, ils n'ont jamais rien su, ni rien vu de son autre vie, tout leur a semblé normal, rassurés de voir leur petite Nicole bien intégrée à la vie parisienne et toujours bien habillée.

Nicole Castioni tombe malade. Elle a contracté l'hépatite B, le revers du sexe sans préservatif avec les inconnus d'un soir. Son teint est jaunâtre, ses yeux vitreux, la maladie la terrasse déjà depuis plusieurs mois. Décharnée, la peau sur les os, elle pèse désormais 45 kilos et se demande comment elle peut encore être désirable et désirée par les clients de passage. Jean-Michel, lui, continue à la désirer, pour ce qu'elle lui apporte, le « butin quotidien de putain » pour sniffer sa dose journalière. Un jour, pris dans une nouvelle dérive paranoïaque, pensant qu'elle l'a balancé aux « flics », il rentre dans une colère noire et les coups pleuvent. Le visage tuméfié, Nicole Castioni décide à 26 ans de fuir pour un autre avenir. Parce ce qu'elle ne veut pas mourir, elle épuise ses dernières forces pour enfiler un jean, un pull, et rejoindre sa famille à Genève avec les billets de ses dernières « passes ». Sans aucun bagage, elle laisse tout derrière elle, ses affaires, son passé. Mais en quittant Paris et l'horreur du trottoir, elle retrouve l'horreur de ses souvenirs d'enfance enfouis, et le silence qui les entoure. Ses parents, qui n'ont jamais voulu voir la vérité en face, décrètent instantanément qu'elle a attrapé le virus de l'hépatite B à l'île Maurice, lors d'un de ses voyages avec Jean-Michel. Commencent alors pour Nicole Castioni de longs mois de convalescence, seule face à elle-même, seule dans le silence et dans l'ignorance de son entourage, comme elle l'était déjà enfant.

Son premier combat, elle le livre contre la drogue, en allant deux fois par semaine dans un centre de désintoxication pour suivre une thérapie de sevrage. Elle connaît de nouveau la peur, la peur du manque, celle de la rechute, la peur de l'échec, celle de retourner sur le trottoir, mais aussi la douleur, celle d'un corps en sevrage avec son lot de migraines, de tremblements, de courbatures et de nausées.

À 26 ans, Nicole Castioni repart à zéro, seule face à son destin, mais désormais libérée de l'ombre et de l'emprise de Jean-Michel, décédé depuis d'une overdose. Sans diplôme, sans références, sans expérience professionnelle louable, elle enchaîne les petits boulots et trouve un travail de téléphoniste-réceptionniste dans l'hôtellerie de luxe. Un travail correct, un salaire modeste qui lui offrent la sérénité de poursuivre sa convalescence alors qu'elle est encore confrontée, un an après son départ de Paris, à ses deux ennemis : le manque de cocaïne et la solitude.

Pour s'alléger de ce passé lourd à assumer, elle commence une analyse qui durera six années. Six ans pour mettre en mots les maux de son passé et espérer de nouvelles perspectives. Et ce nouvel avenir, Nicole Castioni l'entrevoit grâce à la rencontre d'un homme, Dominique. Une rencontre qui va changer sa vie de femme, réparer sa féminité et la révéler comme mère.

En donnant la vie à sa première fille Judith, Nicole Castioni reprend définitivement goût à la sienne à 29 ans. Maman comblée, son couple, en revanche, se délite 3 ans après la naissance de Judith.

Sa reconstruction, Nicole Castioni la poursuit aussi sur les bancs de l'université, en décidant à 32 ans de commencer des études de droit à l'université de Genève, des cours de droit du travail et de législation immobilière, elle assure désormais la gestion du parc immobilier d'un syndicat.

Puis, elle fait la rencontre d'un homme, un autre Dominique. Présent à ses côtés pour la soutenir quand sa mère s'éteint, atteinte d'un cancer de l'utérus, puis au décès de son père, quatre ans plus tard, il est l'homme de sa vie, celui qu'elle choisit comme mari, et qui en étant français lui confère de droit la nationalité française. Épanouie, sereine, Nicole Castioni est une femme aimée, respectée, et une mère comblée par la naissance de sa deuxième fille Lisa.

Apaisée émotionnellement, elle souhaite désormais s'engager humainement, et cela passera par la politique. Prostituée dans les rues de Paris quand François Mitterrand est élu président en 1981, elle rejoint les rangs du parti socialiste en 1992 pour faire de ces années d'errance non pas une fatalité, mais un terrain propice et fertile au combat politique.

Trois années plus tard, désignée par le Parti Socialiste, elle devient juge assesseur – les magistrats sont élus en Suisse au suffrage direct ou nommés par leur parti politique. Nicole Castioni assiste désormais le président du tribunal habilité à trancher les conflits immobiliers, et décide cette même année de se présenter à l'élection municipale de sa ville, Carouge, une petite commune de 6 000 habitants traditionnellement tenue par la droite, et dont elle est élue conseillère municipale, avant de rejoindre le parlement de Genève comme députée en 1995.

Elle qui, quelques années plus tôt, foulait les trottoirs de la rue Saint-Denis, arpente désormais les bancs du parlement genevois pour défendre les droits des femmes et des enfants, puis s'engage sur le plan associatif en devenant la présidente d'Aspasie, une association fondée pour protéger les prostituées et les soutenir dans la reconnaissance d'un statut.

Sa première intervention en séance plénière au Grand Conseil, pour lutter contre l'exploitation de la prostitution, est adoptée au Parlement. Personne ne connaît alors son parcours, et les raisons pour lesquelles elle porte ce combat avec autant de ferveur, d'humanité et de conviction, mais Nicole Castioni tient là sa victoire et ne se taira plus. Chaque action, chaque engagement sera pour elle une revanche sur sa vie passée.

Mais après des années de lutte pour ne pas faillir, son corps se réveille un jour douloureusement d'avoir été tant mis à mal. Son médecin lui annonce qu'elle est atteinte de paraprotéines, une maladie du sang susceptible de provoquer une leucémie ou un cancer de la moelle osseuse. Mais pour elle, c'est l'annonce de trop, celle qui fragilise son bonheur présent et ravive les souffrances du passé.

Épuisée physiquement, fébrile psychologiquement, et parce qu'il est difficile de faire cohabiter deux vies diamétralement opposées, Nicole Castioni fait une dépression. Maintenant qu'elle est devenue une figure politique et publique, elle vit dans la peur quotidienne de voir resurgir au grand jour son parcours de prostituée, et que cet épisode soit révélé à son insu par ses adversaires politiques.

Pour rester actrice de sa vie et fidèle au récit de son histoire, puis par honnêteté et pour ne pas mentir à ses filles, Nicole Castioni décide d'écrire un livre autobiographique *Le Soleil au bout de la nuit*, dans lequel elle raconte son enfance abusée, sa jeunesse volée, la prostitution, la toxicomanie, et offre un message plein d'espoir sur la capacité de chacun à rebondir. Ce livre est un nouvel acte de courage de sa part, car en révélant ce passé, elle qui craignait les réactions de rejet, crée finalement la stupéfaction de son entourage et force le respect et l'admiration.

Nicole Castioni décide alors de poursuivre son combat politique, et se présente aux élections législatives en 2012 pour représenter et défendre les intérêts des 200 000 Français de Suisse et du Liechtenstein. Battue par la candidate UMP Claudine Schmid, elle renonce à son ambition de revenir à Paris par la grande porte, celle de l'Assemblée Nationale, mais garde malgré tout en elle l'étincelle de vie de ceux qui ont touché le fond, frôlé la mort, et qui savent désormais qu'une jeunesse perdue n'est pas une vie volée. Sa vie, elle la consacre désormais à l'écriture, auteure de livres et de scénarios, et à la justice depuis qu'elle a prêté serment en 2011, devenant ainsi juge assesseur au tribunal criminel de Genève, l'équivalent de la cour d'assise en France.

À défaut de pouvoir réécrire son histoire, Nicole Castioni a donc choisi d'accompagner les autres à écrire la leur, mais avec l'équité qui a manqué à la sienne.

Avec le recul de son expérience...
« Tout est devenu possible pour moi le jour où j'ai commencé à m'aimer et à me respecter. Cela m'a permis de reprendre possession de mon espace de vie et de passer de l'instinct de destruction, à l'époque inconscient, à l'instinct de survie et de construction.
Dans une lettre adressée à un de ses élèves, Lucilius, Sénèque écrit : "C'est là notre erreur, celle de regarder la mort devant nous, alors qu'une grande part d'elle se trouve derrière, et tout ce que nous avons déjà vécu lui appartient. Fais donc mon cher Lucilius ce que tu as écrit vouloir faire et embrasse toutes les heures, car en saisissant le présent, tu seras alors moins dépendant du lendemain". La mort n'est pas devant nous, mais derrière, et c'est la vie qui nous tend les bras. Même quand on part de loin, il ne faut jamais lâcher, mais au contraire se donner les moyens de son devenir. Rester courageux est le seul moyen d'aller décrocher la vie. »

2 – Michel Pouzol
Député et ex-RMiste : Le grain de sable professionnel

L'histoire de Michel Pouzol est celle d'un homme dont la vie a basculé à 40 ans, celle d'une vie professionnelle sans histoire, puis des lendemains qui déchantent, jusqu'à l'extrême précarité.

Contraint de quitter son appartement parisien avec sa femme et ses trois enfants, il se réfugie pendant deux années dans un cabanon de 20 m², en lisière de forêt parisienne.

Son parcours hors norme est celui d'une déchéance brutale faite de désespoir, de surendettement, de combats pour survivre, et d'une résurrection, dix ans plus tard.

Dix années pour changer la donne et entrevoir un nouvel avenir. Dix années pour ressusciter. Rmiste et surendetté en 2002, Michel Pouzol est élu député en 2012.

Voici son histoire, celle d'un homme qui revient de loin, celle d'un député qui n'a fait ni l'ENA ni Sciences-Po, mais qui a vécu une autre école, celle de la vie, celle des réussites et des épreuves.

Un parcours de vie qui révèle que même lorsqu'on ne croit plus en rien, dans les tréfonds du désespoir, il peut encore et toujours y avoir l'élan et l'espérance d'un lendemain.

Michel Pouzol est né à Clermont-Ferrand, au pied des montagnes auvergnates, sur les terres volcaniques du massif central. Il grandit dans un milieu modeste, un milieu d'ouvriers où l'on apprend jeune la valeur du travail, la lutte des classes et la pénibilité des gestes mécaniques et répétitifs.

Petit-fils d'agriculteur, fils d'ouvrier, son père travaille à l'usine Michelin, fleuron de l'industrie française, sa mère est gardienne d'immeuble, le destin de Michel Pouzol semble alors tout tracé, dans la continuité de sa lignée familiale, avec l'avantage filial d'être un « enfant-Michelin » et de voir sa candidature privilégiée. Mais Michel Pouzol, baccalauréat en poche, aspire à d'autres perspectives et à un autre avenir, il se rêve écrivain, journaliste, scénariste.

Après des études de psychologie et de sciences économiques écourtées pour rejoindre les radios libres à la fin des années 70, Michel Pouzol quitte l'Auvergne pour rejoindre Paris à 25 ans. À son arrivée dans la capitale, il multiplie les petits boulots et devient journaliste-pigiste pour la presse spécialisée. Mais son objectif, c'est le cinéma, et entre deux piges, il écrit des scénarios, prend des cours de théâtre. Sa persévérance lui donne raison, le cinéma lui offre ses premiers succès professionnels à 37 ans.

Alors qu'il n'a jamais vu une caméra de sa vie, Michel Pouzol réalise son premier court-métrage, *Barbès la nuit*, qu'il finance grâce à l'obtention d'une subvention du Centre National de Cinématographie, puis un second court-métrage, *Le Fils du Pêcheur*. Un succès immédiat, et une réputation dans le milieu du court-métrage qui lui vaut d'être recruté comme professeur par le prestigieux cours Florent. Olivier Jahan, réalisateur et programmateur de la quinzaine des réalisateurs à Cannes, fait appel à lui en 2000 pour son prochain film. Ensemble, ils co-écrivent le scénario du film *Faites comme si je n'étais pas là*. Michel Pouzol s'occupe du casting du rôle principal et dirige pendant le tournage Jérémie Rénier, à l'époque tout jeune acteur, devenu depuis le bluffant cloclo du film de Florent Emilio-Siri.

Michel Pouzol est un homme comblé et un professionnel reconnu qui poursuit son projet de long-métrage, son texte ayant été retenu parmi les finalistes du concours du scénario français. Dans cette dynamique vertueuse qui le consacre désormais comme un élément moteur du cinéma français, il décide de réaliser son premier long-métrage, mais les réalités matérielles du quotidien le rattrapent et viennent assombrir son horizon. Son projet, toujours en développement, est freiné par l'apport des fonds qui tarde à venir.

Mais, le ciel, lui, continue d'éclairer son chemin personnel. Il fait la rencontre d'Alex qui deviendra six mois plus tard sa femme. Fragilisée par la mort récente et précoce de son compagnon, décédé d'une crise cardiaque, elle est la mère de deux enfants Victoria-Rose et Sullivan qui deviennent en quelques semaines les enfants de Michel Pouzol, faisant de lui un chef de famille qui accueille avec joie sa nouvelle tribu chez lui.

Les chèques s'espacent, les ennuis commencent, et le glas sonne quand il apprend que la boîte de production avec laquelle il travaille sur son projet depuis plusieurs mois, met la clef sous la porte, avortant ainsi définitivement la réalisation de son film. Un appel lui redonne néanmoins l'espoir, lorsqu'il est sollicité pour réaliser un téléfilm produit par Arte. Celui-ci n'aboutira finalement pas. Déception, désillusion, l'étau bancaire se resserre autour de lui, mettant désormais en danger la trajectoire de vie de toute une famille.

À 40 ans, Michel Pouzol se retrouve confronté à l'urgence d'une situation qui lui échappe. Pris à la gorge, asphyxié par les dettes qui s'accumulent et par les découverts qui se creusent, la banque stoppe le carnage en « avalant » sa carte bancaire. C'est le début de l'engrenage, celui dont on se sent à l'abri puisqu'il n'arrive qu'aux autres. Michel Pouzol le pensait, aujourd'hui, il est directement concerné.

En fin d'indemnisation, Michel Pouzol se retrouve rapidement rattrapé par les intérêts des crédits à la consommation, les factures impayées et par les lettres des huissiers qui lui rappellent quotidiennement son échec et l'urgence à survivre au jour le jour, avec le poids du désespoir qui s'accumule chaque jour un peu plus.

Les mensualités du loyer sont de plus en plus difficiles à honorer, et avec l'accord de son propriétaire, il paie progressivement un loyer sur deux, puis rapidement un sur trois. La chute est amorcée, le cauchemar s'installe, et sa vie bascule.

Le 1er septembre 2002, Michel Pouzol est obligé de quitter son appartement parisien et de se réfugier avec son épouse et ses enfants dans un cabanon de 20 m^2 situé à quelques kilomètres de Paris, en lisière de forêt à Brétigny-sur-Orge dans l'Essonne. Un toit de fortune pour éviter la rue, un toit comme transition et un début de solution.

Laissée à l'abandon, dénuée de confort, la maisonnette qui appartient à son épouse, est pour l'heure inhabitable au quotidien pour une famille de quatre personnes, bientôt… cinq.

Quelques jours après avoir emménagé, Michel Pouzol apprend que son épouse est enceinte. Ils ont 40 ans et accueillent cette nouvelle comme un cadeau au cœur de la tourmente, un cadeau qui n'était pas programmé mais qui devient pour eux une raison supplémentaire de mener leur combat et de ne pas sombrer.

Pour rendre le cabanon habitable, Michel Pouzol, aidé financièrement par la belle-sœur de son épouse, investit dans du matériel pour isoler le lieu et rendre salubres la douche et les toilettes de fortune. Mais, une nuit d'hiver, alors que le convecteur électrique d'appoint qui sert à réchauffer le cabanon tombe en panne, la température de l'abri est au réveil celle d'un réfrigérateur. Il fait 4 degrés. La couette de Sullivan a gelé. Pétris de froid, les enfants rechignent à se lever pour aller à l'école, mais Michel Pouzol les y oblige. Il sait que là-bas, ils seront au chaud.

Ce jour-là, à bout de souffle, incapable de protéger ceux qu'il aime, impuissant face à l'exclusion sociale, puis amicale, comme si la précarité était une maladie contagieuse dont il faut se méfier, Michel Pouzol songe à mettre fin à ses jours. Mais parce qu'il craint de voir ses enfants placés par l'assistance publique en raison des conditions de vie difficiles, il trouve les ressorts pour retourner au combat. Il veut leur offrir un avenir, puis il y a ce bébé à venir, il est pour lui un espoir, un cap pour éviter la dérive.

Michel Pouzol s'inscrit dans plusieurs agences d'intérim, répond à toutes les annonces, accepte toutes les propositions, revendeur de matériels high-tech, magasinier, et travaille même le dimanche. En parallèle de ses recherches d'emploi, il découvre les méandres du système des aides sociales et le tempo d'une administration lente et déshumanisée où être pauvre est un emploi à plein-temps fait de paperasserie pour faire valoir son droit à la survie, et où il faut attendre au moins cinq années pour espérer accéder à une HLM quand le temps d'une famille, lui, est à l'urgence. Michel Pouzol découvre aussi la honte, l'humiliation, celle de quémander en pleurant le radeau de sauvetage du RMI à la C.A.F. Ce jour-là, il a le sentiment de perdre une part de sa dignité au profit d'une sécurité, celle d'une rentrée mensuelle régulière, 700 euros pour 4 et bientôt 5.

C'est leur premier hiver dans le cabanon. Sous le poids de la pluie, quelques semaines avant l'accouchement, le toit se fissure et commence à céder. Il pleut désormais dans le cabanon et sur le lit prêt à accueillir prochainement son enfant, une petite fille. Elle naît le 7 mai 2003 à la maternité d'Arpajon. Elle s'appelle Athénaïs.

Malgré l'énergie déployée pour s'en sortir, Michel Pouzol comprend que face à l'adversité, on ne s'en sort pas seul, et que l'instinct de survie rencontre irrémédiablement l'humilité d'oser demander de l'aide.

Une porte s'ouvre, celle de l'association SNL – Solidarités nouvelles pour le logement –, une association qui achète des logements pour les louer à des prix modérés et faciliter la réinsertion de familles en situation d'urgence. Une maison doit justement se libérer prochainement. Mais ils ne sont pas les seuls à espérer, une autre famille postule aussi ; la précarité n'est pas exempte de la loi cruelle de la concurrence, à qui sera le plus confronté à l'urgence de sa déchéance.

Trois semaines d'attente pour connaître la sentence. Trois semaines qui deviennent une éternité alors que leur petite fille vit ses premiers mois dans le cabanon, et eux leur deuxième hiver. Le verdict tombe, leur dossier est finalement accepté. Un vrai toit, quelques jours avant Noël.

C'est une belle maison traditionnelle au sud de la région parisienne, avec un jardin, et une belle glycine qui donne le charme d'une tonnelle naturelle. Après quelques travaux, la famille Pouzol emménage dans les lieux et retrouve la joie simple mais vitale d'une maison chauffée et confortable.

Un an et demi après leur emménagement, Michel Pouzol découvre que la maison n'est pas correctement isolée lorsqu'il reçoit un rappel de surconsommation de gaz de 2 500 euros à régler. Déjà surendetté et dans l'incapacité d'assurer le règlement de la facture dans l'instantanéité, il est confronté à la venue d'un agent EDF envoyé pour réduire le débit de gaz. Ce dernier, touché par le chemin de croix de cette famille en voie de réinsertion, décidera de ne pas réduire la fourniture de gaz, tout en mentionnant l'inverse dans son rapport.

Progressivement, Michel Pouzol retrouve une stabilité financière, et se voit proposer par l'agence qui l'emploie comme démonstrateur-animateur de produits technologiques, un poste de formateur pour une grande marque japonaise, Sony. Sa mission : former les vendeurs de la marque à travers la France, avec à la clef un salaire trois fois plus élevé que celui d'animateur auquel il était jusqu'alors habitué.

Comme une bonne nouvelle n'arrive jamais seule, son dossier de surendettement accepté par la banque de France, lui permet d'épurer les impayés et de poursuivre le cercle vertueux de sa reconstruction. Michel Pouzol et sa famille quittent aussi la maison prêtée par la providence associative pour une HLM. Sa demande vient d'être validée, 4 années après le dépôt de son dossier. Il emménage alors dans un appartement de 85 mètres carrés situé dans une cité verdoyante du centre-ville de Brétigny.

Fier de ne plus être un précaire fragilisé, mais un citoyen à part entière, il souhaite désormais participer à la vie collective. La campagne présidentielle de 2007 qui oppose Ségolène Royal à Nicolas Sarkozy va lui en donner l'occasion.

À la sortie d'une réunion de parents d'élèves, Michel Pouzol croise un ami, Jean-Luc, responsable de la FCPE – Fédération de conseil de parents d'élèves –, qui lui tend un tract appuyé d'un discours bien rodé pour fédérer de nouveaux militants et faire élire la candidate du parti socialiste, Ségolène Royal. Une rencontre fortuite et un geste anodin dont il ne mesure pas encore les conséquences, mais qui va changer sa vie.

Michel Pouzol ne croit plus en la politique, et les élus auxquels il a été confronté durant ses années noires, ont achevé de conforter son postulat de défiance. Mais parce que sa femme s'est prise au jeu de l'échange vif et aiguisé avec leur ami Jean-Luc, et parce que lui, l'homme de gauche, s'est trouvé meurtri en 2002 de devoir voter pour Jacques Chirac contre Jean-Marie Le Pen, il se laisse convaincre d'assister au meeting de François Hollande à Brétigny, venu soutenir sa compagne de l'époque.

La salle est pleine, plus de 600 personnes attendent des perspectives et des propositions dans l'effervescence d'une campagne présidentielle. Michel Pouzol, perplexe, reste en retrait, jusqu'à ce que François Hollande, le plus médiatique des intervenants de cette soirée, prenne la parole. Séduit par ses propos, son engagement, sa pertinence et ses talents d'orateur, Michel Pouzol et son épouse décident d'adhérer au parti socialiste et assument ensemble leurs missions de militants en tractant, en « boitant », en posant des affiches, faisant même du porte à porte à l'approche de l'échéance électorale.

L'espoir est de courte durée, 53 à 47 pour Nicolas Sarkozy qui devient Président de la République. Mais le combat continue pour Michel Pouzol qui se lance alors avec ses alliés du parti socialiste dans la course à la revanche, avec l'ambition de priver le nouveau président d'une majorité au parlement. Nouvel échec. La vague bleue sarkozyste balaie ses espérances d'homme de gauche, et réactive en lui les années sombres de sa précarité et l'absolue nécessité de solidarité.

Au lendemain de l'élection, dans une réunion de section, il prend la parole, et c'est un homme en souffrance et en colère qui dévoile le récit de sa vie, celui de la France d'en bas, celui du surendettement et de la pauvreté, pour réanimer au sein du parti les valeurs de gauche : l'altruisme, la solidarité et le droit à une seconde chance. Clarté, sincérité, combativité, son message fort et poignant capte l'attention de l'auditoire présent ce soir-là, dont celle d'un homme qui s'approche de lui et lui lance : *« Il faut que tu me dises qui tu es parce que quand tu parles, les gens t'écoutent. Quand tu as fini de parler, je n'ai jamais rien à ajouter car je suis toujours de ton avis »*. Cet homme, c'est Benoît Hamon. Il est député européen, l'une des figures politiques de l'Essonne. L'homme qui monte, politiquement et médiatiquement. Séduit par les talents d'orateur de Michel Pouzol, par sa force de caractère et par le côté « couillu » qu'il dégage, et dont la politique manque pour retisser un lien d'authenticité et de confiance avec les citoyens, Benoît Hamon lui propose des responsabilités au sein du parti et de pousser sa candidature aux cantonales. Cela fait seulement six mois que Michel Pouzol milite au Parti Socialiste, ce milieu lui est encore étranger, mais il accepte, sans savoir tout à fait dans quoi il s'engage.

Lors des réunions de préparation fédérales, il découvre les coulisses d'un monde politique sans états d'âme, fait d'inimitié, de négociations, de transactions, de règlements de compte. Il subit lui-même avec virulence et condescendance une double discrimination, d'abord sociale liée à son histoire et à son passé de RMiste, puis physique, sa silhouette atypique avoisinant les 100 kilos, ses cheveux longs et son look de biker sont loin de faire l'unanimité auprès de ses adversaires, et jusque dans les rangs de son parti qui voit sa venue d'un mauvais œil et sa désignation avec la plus grande perplexité.

À l'occasion d'une réunion censée définir la ligne du parti et les axes de la campagne des élections cantonales, le vice-président du conseil général déclare, en l'absence de Michel Pouzol : *« jamais un intermittent du spectacle chevelu ne sera conseiller général de l'Essonne »*. D'autres voix s'élèvent aussi pour dénoncer sa candidature, dont celle du député Julien Dray qui exige que le maire de Brétigny soit candidat à sa place.

Michel Pouzol est touché par la médiocrité des attaques dont il est victime, mais les épreuves qu'il a traversées l'ont suffisamment armé pour affronter les bagarres politiciennes.

Il décide alors de « ravaler » les humiliations et de se couper les cheveux, avant d'être finalement désigné candidat pour représenter le canton de Brétigny-sur-Orge, avec une voix d'écart.

Après un travail de terrain à arpenter les rues de Brétigny-sur-Orge pour aller à la rencontre des électeurs et rattraper les grenades dégoupillées de ses adversaires qui murmurent aux oreilles des électeurs : *« vous n'allez quand même pas voter pour un quasi-sdf »*, Michel Pouzol est élu conseiller général de l'Essonne en 2008 avec 51,20 % des voix. Il remporte là son premier mandat politique. S'ensuivent quatre années de débats, de batailles politiques durant lesquelles il devient vice-président chargé de la culture, du sport, de la vie associative et de la coopération décentralisée.

Quand François Hollande est élu Président de la République en 2012, Michel Pouzol décide de mener la campagne électorale des élections législatives pour accéder à la députation, à travers les 47 communes de sa circonscription. Le 17 juin 2012, dix années après sa chute dans la précarité, cinq ans après son entrée au Parti socialiste, Michel Pouzol est élu député avec 53 % des suffrages au second tour, il a 49 ans.

Lors de son entrée dans l'hémicycle, il ne peut retenir ses larmes en pensant à sa famille, car avec lui, c'est elle qui rentre aussi ce jour-là au Palais Bourbon. Ce n'est pas seulement le militant socialiste qui est propulsé à l'Assemblée Nationale, mais c'est aussi le petit-fils de paysan, le fils d'ouvrier, l'intermittent, l'intérimaire, le chômeur, le RMiste, un homme au parcours hors norme qui a connu son lot de désillusions, les affres du désespoir, les blessures de l'humiliation, mais qui vit là sa pleine résurrection. Une consécration qui ne lui fait pas oublier d'où il vient et les péripéties qui ont émaillé le film de sa vie puisqu'il poursuivra le remboursement de ses dettes jusqu'en 2013.

Lui qui n'a fait ni l'ENA ni Sciences-Po, se trouve dès lors un nouveau combat, celui de la diversité sociale, pour que l'Assemblée Nationale soit représentative de la France dans sa diversité. Seul député à être un ancien RMiste, Michel Pouzol, sollicité par plusieurs maisons d'édition, décide de raconter son histoire dans un livre intitulé *Du RMI à l'Assemblée Nationale,* dans lequel il partage la devise qui l'a accompagnée au cœur de sa traversée du désert, une devise tirée de l'autobiographie de Franck Capra, *« Ami tu es un divin amalgame de boyaux et de poussières d'étoiles. Alors tiens bon ! Si les portes se sont ouvertes pour moi, elles peuvent s'ouvrir pour n'importe qui. »*, prouvant ainsi que les temps de galère peuvent toujours laisser place à une nouvelle ère.

De tous les scénarios qu'il a écrits, Michel Pouzol n'aurait jamais imaginé un scénario inspiré de sa propre histoire, celui d'un gamin de Clermond-Ferrand issu d'un milieu ouvrier, arrivé à Paris pour percer dans le cinéma, rattrapé par le surendettement et obligé de vivre dans un cabanon, avant de s'engager en politique et d'être élu député.

La vie prouve une nouvelle fois qu'elle a définitivement beaucoup plus d'imagination que nous.

Avec le recul de son expérience…
« Il n'y a aucune vie facile, aucun parcours tranquille. Il faut s'accrocher car chaque vie compte, et notre vie vaut autant qu'une autre. L'image qui m'accompagne encore aujourd'hui, c'est celle extraite de la fable de Jean de La Fontaine Le Chêne et Le Roseau : "le roseau plie mais ne rompt pas".
De cette période sombre de ma vie, j'ai pensé que je ne m'en remettrais jamais, car je n'avais plus aucune perspective. Depuis, j'ai appris que rien n'est déterminé, terminé, et le malheur jamais un état permanent. Je sais désormais une chose, c'est que je ne serai plus jamais mort.
Sans cette terrible traversée du désert, sans doute n'aurais-je jamais été député car cela ne me serait même pas venue à l'idée. Mais ce qui résonne en moi avec force, c'est que de tous les chemins que j'ai parcourus, le plus douloureux de mon existence est aussi celui qui m'a mené vers la chose la plus précieuse de ma vie, ma fille. »

3– Parce que ça n'arrive pas qu'aux autres...

Hervé de la Martinière ou l'épreuve du handicap : de la gifle d'un enseignant à la révélation d'une vocation.

Blessé par la gifle d'un professeur, Hervé de la Martinière dont le parcours scolaire a été contrarié par des nécessités chirurgicales post-traumatiques, a fait de son handicap physique sa force et le levier de sa vocation.

Elève dissipé, indiscipliné, Hervé de la Martinière est un enfant réfractaire au système scolaire et à l'adolescence rebelle. Une posture qui lui vaut un jour de recevoir une gifle sur l'oreille par un professeur. Un geste déplacé et malheureux, qui lui fait perdre une partie de son audition à l'âge de 12 ans, l'obligeant à subir 14 opérations à l'oreille. Dans le silence et la solitude des hôpitaux où il séjourne de longs mois allongé et la tête bandée, il découvre l'évasion par les livres et le goût de la lecture pour occuper son temps.

Malgré ces séjours à l'hôpital, Hervé de la Martinière reste sourd d'une oreille, mais cette épreuve lui ouvre l'horizon et la perspective d'une vocation, celle de travailler dans les métiers du livre. Il sera éditeur.

Sans légitimité scolaire, il n'a pas le baccalauréat, ni appuis professionnels, mais déterminé, ses opérations répétées ont forgé son caractère, Hervé de la Martinière décide de s'inventer un parcours universitaire en « gonflant » son *curriculum vitae*, avec comme références : un diplôme de l'université catholique d'Angers et une maîtrise de lettres. Sur la base de cette supercherie, il parvient à entrer chez Hachette par la petite porte en rejoignant le service réclamation, puis se forme au fil des années aux différents métiers de l'édition, de la distribution à la direction commerciale, jusqu'à devenir éditeur de littérature.

Alors qu'il n'a aucune expérience du livre illustré, Hervé de la Martinière quitte les éditions Hachette et rejoint les éditions du Chêne pour y développer la branche beaux livres du groupe, avant de diriger les éditions Nathan. Mais, c'est en créant sa maison d'édition en 1992, les éditions La Martinière, qu'Hervé de La Martinière ose le grand saut en se positionnant sur le marché du livre illustré, alors très discret dans l'univers français de l'édition en raison du coût onéreux de la mise en page. Pour faire baisser le prix de vente, il décide alors d'augmenter les tirages en développant le marché à l'international et en rachetant progressivement différentes maisons d'édition : Minerva, éditeur suisse d'ouvrages de voyages, puis Abrams, le leader américain du livre d'art, et enfin la prestigieuse maison d'édition du Seuil.

Hervé de La Martinière, qui était entouré de cinq salariés au démarrage de son projet éditorial, a depuis fait des éditions la Martinière-Le Seuil une maison d'édition de référence qui, avec 280 millions de chiffre d'affaires et quelque 800 salariés à son actif, a rejoint la 3e marche du podium des éditeurs français derrière Hachette et Editis (ex-vivendi), puis la 1re marche comme éditeur indépendant.

Entrepreneur au talent reconnu, Hervé de La Martinière reste un éditeur très investi dans le choix des livres édités, et sa passion pour le livre illustré est récompensée en 1999 lorsqu'il choisit d'éditer les photos de la terre vue du ciel prises par Yann Arthus-Bertrand. Un pari gagnant et un succès à son apogée. Programmé rentable à partir de 100 000 exemplaires vendus, le livre devient un best-seller écoulé à 3 millions d'exemplaires.

Une belle leçon de vie qui prouve qu'on se construit aussi sur ses fragilités.

Nos fragilités, le socle « bis » de notre construction
L'épreuve, si elle est un passage douloureux à traverser, est aussi féconde pour qui projette le chemin de création et de construction qui peut en découler. Il y en a toujours un, car dans les moments les plus vertigineux et les plus nus d'une vie, il se dégage une « intensité d'être » qui permet d'accéder aux profondeurs de soi-même. Comme des fleurs se mettent miraculeusement à pousser dans les décombres, un déclic puissant peut surgir, une révélation, une prise de conscience, une vocation qui participe alors à une phase de transformation importante de notre vie.
Accepter ce qui est, au rythme des événements imprévisibles qui surviennent dans notre existence, c'est accepter que la vie soit différente de ce qu'on en attend. Car de toute façon, elle l'est. Plutôt que de fuir la souffrance ou de refuser nos limites, transformons-les en positif et construisons sur la base de ce qui est, et de qui nous sommes.

Denys Chalumeau ou les montagnes russes de l'entrepreneuriat : de la dépression… à la résurrection avec « seloger.com ».

En tirant les enseignements de son revers de fortune, Denys Chalumeau, un des précurseurs du net, tombé en faillite et en dépression, a ravivé la flamme de sa reconquête entrepreneuriale pour redevenir le leader du net qu'il avait été, et bien plus encore.

Denys Chalumeau rêvait d'être pilote d'hélicoptère dans l'armée, mais au retour de son service militaire, et pour lui assurer un avenir meilleur dans une filière en devenir, sa mère l'encourage à suivre un BTS en informatique. Fort de ses apprentissages, il fait ses débuts en 1992 avec le minitel et démarre son aventure entrepreneuriale dans le local à vélo de ses parents.

À 27 ans, il crée *France Télématique Diffusion*, une société d'hébergement et de développement sur minitel qui héberge 250 sites. En développant pour un client le service *3615 Seloger*, un service de petites annonces immobilières dont il perçoit immédiatement le potentiel, Denys Chalumeau décide de le racheter puis de lancer en parallèle le service 3615 Promovacances.

Trois ans plus tard, ses développeurs lui font découvrir une toute nouvelle technologie venue des États-Unis nommée… internet, et lui proposent de mettre *Promovacances* et *Seloger* sur cette plateforme avant-gardiste censée révolutionner le système économique. Denys Chalumeau accepte de tenter cette nouvelle aventure, sans savoir que cette décision va alors changer sa vie et faire de lui un des pionniers de l'internet en France.

Avec ses associés, il restructure l'entreprise, développe une stratégie de développement, et mène les deux sociétés dans la dynamique fulgurante de l'hypercroissance. Durant l'été 2001, alors que Promovacances est en plein essor avec déjà 150 salariés, Denys Chalumeau prépare la cession de son entreprise pour 200 millions de francs, mais le tragique attentat du World Trade Center change la donne et fait voler en éclat le processus de cession de *Promovacances*.

En faisant trembler la planète, les attentats créent une psychose générale qui fait chuter instantanément l'activité touristique, et l'entreprise avec. À court de trésorerie, l'actualité internationale entraîne *Promovacances* dans une faillite inévitable et oblige Denys Chalumeau à trouver un repreneur pour sauver in extremis l'entreprise et ses emplois. Mais l'urgence de la procédure judiciaire le contraint à licencier 35 salariés sur les 80 restants, et à apporter sa contribution personnelle au plan de licenciement de 6 millions d'euros, en vendant sa maison de famille de Saint-Malo héritée de ses parents.

Lui qui était, il y a encore un mois, le vendeur d'une entreprise multimillionnaire, vit un cauchemar, contraint de céder *Promovacances* pour un euro symbolique à Christian Blanc, ex-patron d'*Air France*.

Fragilisé et humilié, le contrecoup de cette épreuve le plonge dans une profonde dépression, puis dans le travail pour compenser son aveu d'échec.

Denys Chalumeau mettra dix années à se reconstruire émotionnellement, professionnellement et financièrement, grâce au succès du site internet *seloger.com* sur lequel il concentre toute son attention et son énergie. Site de référence avec 2 millions d'offres immobilières fournies par 17 000 agences immobilières, c'est une affaire rentable avec un chiffre d'affaires de 90 millions d'euros, que Denys Chalumeau et ses actionnaires décident de vendre en 2011 au groupe allemand Axel Springer pour 650 millions d'euros.

Après avoir vécu l'ivresse de la bulle internet, puis la descente aux enfers, Denys Chalumeau, tel un phoenix qui renaît de ses cendres, a su rebondir encore plus haut que l'objectif antérieur convoité et regretté, faisant alors de l'épreuve le levier de sa réussite, au-delà d'un passé perdu et révolu.

Les « carrefours » de vie, l'opportunité de nouvelles perspectives

Si chaque parcours a un point de départ qui ouvre la voie d'une trajectoire appelée par certains le « destin », la vie n'est pour autant jamais une route linéaire, prédéfinie et définitivement actée. Elle offre des points de rupture, des intersections, des carrefours, avec à la clef son lot de nouvelles perspectives. L'occasion alors de rebattre les cartes du jeu de sa vie, et d'exprimer son libre arbitre pour mieux réorienter sa vie.

Ces carrefours de vie effraient en général plus qu'ils n'exaltent, car en plus de déconstruire certains de nos repères, ils nous confrontent à notre peur de l'inconnu. Mais ils sont en fait de formidables opportunités d'évolution qui arrivent toujours au bon moment, au moment où nous sommes prêts à les accueillir, pour qui souhaite les saisir.
En cas de « panique à bord », libre à vous de faire sereinement plusieurs fois le tour du rond-point pour vous donner le temps de la réflexion, avant de passer à l'action et de vous engager dans la nouvelle trajectoire qui saura nourrir et enrichir votre chemin.

Mireille Nègre ou l'engagement corps et âme : de l'amputation à l'Opéra Garnier.

Rien ne prédestinait Mireille Nègre, amputée au pied gauche, à rejoindre l'Opéra Garnier pour devenir l'une des plus grands danseuses étoile de sa génération. Mais, en quête de perfection, elle a fait de la danse son chemin initiatique vers la foi.

Mireille Nègre a 2 ans lorsque son pied est broyé dans la grille de l'ascenseur qui la mène à l'appartement familial. Son enfance, elle la passa dans l'atmosphère aseptisé d'un l'hôpital à alterner soins intensifs et opérations pour lui permettre de retrouver la marche. Le chirurgien, en charge de son suivi médical, réussit progressivement à reconstruire son pied gauche, mais se trouve confronté à une issue forcée, celle de devoir amputer deux de ses orteils.

S'ensuivent alors pour Mireille Nègre de longues années de rééducation, au cours desquelles son chirurgien conseille à ses parents de l'inscrire à des cours de danse classique pour faire travailler son pied et lui permettre de retrouver sa mobilité.

Malgré son handicap physique majeur, Mireille Nègre présente des prédispositions naturelles pour la danse qui relèvent du talent, du don et de l'évidence. Une révélation pour ses professeurs de danse qui l'incitent à poursuivre dans cette voie. Une vocation est née.

Enfant prodige de la danse, elle réussit le concours d'entrée à l'Opéra de Paris à 8 ans et entre à l'Opéra Garnier comme petit rat. Sa grâce et sa souplesse sont enviées, et son talent sollicité par les chorégraphes. Considérée comme l'une des plus prestigieuses danseuses de son époque, elle rejoint le corps de ballet de l'Opéra de Paris, et part en tournée internationale à l'âge de 17 ans avec les plus grands, parmi lesquels Rudolf Noureev dont elle sera la partenaire.

Au sommet de son art et de son talent, Mireille Nègre est nommée à 22 ans première danseuse de l'opéra de Paris et se produit comme étoile internationale. Mais en pleine gloire, au moment où Serge Lifar, maître de ballet de l'Opéra de Paris, s'apprête à la nommer étoile de l'Opéra de Paris, elle décide de tout quitter, la danse, la scène, les projecteurs, pour entrer au Carmel. Elle a 28 ans.

En quête de perfection, de dépassement et de sens, elle trouve dans la religion, et durant ces 10 années passées au Carmel de Limoges, cette plénitude qu'elle convoite.

Contrainte de quitter le Carmel à 38 ans pour des raisons de santé, elle renoue avec la danse et décide de vivre sa foi en tant qu'artiste. Reconnue « vierge consacrée » par le Cardinal Jean-Marie Lustiger, son nouveau statut lui permet alors de mener sa vie d'artiste tout en restant une chrétienne engagée, consacrée au Christ, mettant ses talents artistiques au service de l'église.

Chorégraphe, directrice artistique de sa propre académie de danse, représentante de l'association *Danser pour la paix*, Mireille Nègre reste encore aujourd'hui une personnalité artistique internationale qui continue à être acclamée par des milliers de spectateurs dans les églises et les salles de spectacle du monde entier, témoignant de son amour de Dieu par l'art, et de son engagement par la danse.

Un parcours de vie qui mêle quête spirituelle, pureté chorégraphique, et qui révèle que l'expression d'un talent ne connaît aucune limite.

Aucune limite sauf celle que l'on se donne

Le parcours de Mireille Nègre, amputée de deux orteils et devenue quelques années plus tard danseuse à l'Opéra de Paris, révèle combien tout est possible, au-delà même de notre imagination. Rien n'empêche la trajectoire d'une évidence, l'expression d'un talent, d'un don, et parfois un événement extérieur, fût-il négatif, peut même la précipiter.

Nous portons tous en nous un ou plusieurs dons, une énergie singulière qui permet de se distinguer et de réussir avec aisance là où les autres peinent et œuvrent difficilement, voire pas du tout.

Ne pas avoir conscience de ses dons et ne pas les exprimer, c'est comme habiter dans une hutte alors que l'on possède un palais.

Dani ou la renaissance d'une égérie déchue : des paradis artificiels à l'enseigne *Au Nom de la Rose.*

En faisant de sa passion pour la rose son antidote au désespoir, Dani, reine des podiums et des nuits parisiennes, portée à nue puis déchue, a su créer un des concepts de franchise les plus rentables et donner un nouvel élan à sa vie.

Dani, de son vrai nom Danièle Graule, quitte sa ville natale Perpignan pour suivre des cours à l'école des Beaux-Arts de Paris. Sa silhouette élancée et androgyne, lui ouvre la voie du mannequinat et attire les regards des plus grands photographes, dont Helmut Newton,

Jean-Loup Sieff qui font d'elle un des top model phares des années sixties.

Puis, son univers artistique s'élargit à la musique quand elle enregistre un succès avec *Papa vient d'épouser la bonne*, un 45 tours vendu à plus d'un million d'exemplaires, et une reconnaissance populaire qui lui ouvre la voie de la scène aux côtés de Claude François et d'Alain Chamfort.

Égérie rock des années 70, croquée par Buffet et Warhol, le cinéma lui déroule le tapis rouge. Son élégance et sa grâce inspirent les plus grands cinéastes, de Georges Lautner à Claude Chabrol, en passant par François Truffaut.

Artiste aux multiples facettes, elle rejoint le célèbre cabaret parisien *L'Alcazar* où elle interprète Mistinguett sous le regard conquis de la jet-set parisienne. Adoptée par les noctambules du Tout-Paris, elle devient un personnage incontournable baptisé : « Dani », devenant alors la grande prêtresse des nuits parisiennes.

Sur les conseils d'Alain Delon, elle prend la direction d'une discothèque, *l'Aventure*, haut lieu du show-business où elle côtoie des stars mondiales, Mick Jagger, David Bowie et bien d'autres. Mais chaque soir, Dani brûle un peu plus sa vie par les deux bouts et sombre dans la drogue. Reine de la nuit, elle devient celle de la déglingue, et son image se ternit au gré de ses démêlés avec la justice.

Maman de deux garçons, elle craint la prison, et disparaît des scènes parisiennes pour se retirer dans sa maison du Vaucluse, où commence alors pour elle une traversée du désert pour décrocher de la drogue.

Sa résurrection, Dani la doit à une passion pour une fleur : la rose. En découvrant cette fleur aux 5 000 espèces aux côtés de Jean-Claude Boucreux, propriétaire d'une roseraie près de Paris, lui vient l'idée de créer un magasin exclusivement consacré à la rose. Aidée de Jacques Séguéla, un ami d'enfance, qui la met en relation avec des financiers, Dani ouvre en 1991 le premier magasin dédié exclusivement à la rose, rue Tournon dans le 6e arrondissement, à l'enseigne désormais célèbre : *Au Nom de la Rose*.

L'aventure tourne court, et Dani se retire finalement de l'actionnariat. Les dettes fiscales s'accumulent, et les disparitions rapprochées de son père, de sa sœur et du père de ses deux fils sont l'épreuve de trop qui brise le processus de sa renaissance. Dani vit là une des périodes les plus sombres de son existence.

Un homme va lui permettre de rebondir, c'est Étienne Daho. Le chanteur la contacte pour reprendre en duo le titre *Comme un boomerang*, écrit pour elle par Serge Gainsbourg en 1975.

Plébiscité par le public, le duo inattendu Dani-Daho est rapidement en tête des hit-parades, et ce retour gagnant lui offre un retour dans la lumière avec la sortie d'une compilation de ses plus grands succès, puis un retour sur scène aux côtés de ses complices, Cali, Alain Chamfort, Miossec.

Ce succès inattendu lui permet aussi de revenir à sa passion pour les roses en créant en 2009 une nouvelle enseigne *Création ByDani*, un magasin atelier dédié à sa fleur préférée et spécialisé dans la décoration des grands événements, puis une boutique dans le prolongement de l'hôtel Costes, célèbre hôtel quatre étoiles de la rue Saint Honoré.

Après de longues années d'errance faites de déboires et d'espoirs, Danièle Graule a su dépasser ses vieux démons pour redonner de la splendeur à sa vie et du sens à son existence. Respect.

Il n'y a pas de hasard, il n'y a que des rendez-vous
Les rencontres que nous faisons ne sont jamais le fruit du hasard. Et il en suffit d'une pour changer une vie.
Si Dani doit l'élan de sa renaissance à ses rencontres avec Jean-Claude Boucreux et Étienne Daho, Fabrice Lucchini, lui, doit aussi son parcours à une rencontre et à un homme, Philippe Labro. Écrivain, journaliste, ce dernier est en repérage dans une boîte de nuit pour la réalisation de son prochain film, et remarque l'allure particulière de Fabrice Lucchini.
Fils de commerçant, élève médiocre mais passionné de littérature, il n'a pas suivi d'études secondaires, et se destine à une carrière de coiffeur. Placé comme apprenti dans un salon de coiffure par sa mère, la vie rebat les cartes du jeu de sa vie lorsque Philippe Labro lui offre le premier rôle dans son film, au titre de circonstance, *Tout peut arriver*. Fabrice Lucchini a 18 ans, et cette rencontre change la donne en amorçant le virage de sa nouvelle trajectoire de vie.

JEAN-MARIE BIGARD ou le rire comme thérapie : du drame familial au one man Show.

Pour adoucir le drame de sa vie et la mort tragique de ses parents, Jean-Marie Bigard a fait du rire sa thérapie, jusqu'à devenir le comique préféré des Français.

Malicieux, colérique, à la scolarité chaotique, Jean-Marie Bigard est le vilain petit canard de sa famille, mais aussi le petit protégé. Quatrième de la fratrie Bigard, il est le petit dernier, le plus câliné et le plus câlin des quatre. Un enfant sensible qui tisse avec sa maman un lien singulier et fusionnel.

Une enfance paisible et aimante, mais ses résultats scolaires ne sont pas à la hauteur des espérances de ses parents, et il est alors réorienté vers un lycée technique où il décroche un BEP de mécanique générale. Sa hantise étant de se retrouver à l'usine comme ses sœurs et sa mère, ouvrières dans l'industrie automobile, Jean-Marie Bigard enchaîne les petits boulots, barman, pompiste, mais c'est dans la pratique du handball qu'il se distingue en participant au championnat de deuxième division.

Sa trajectoire s'assombrit lorsque sa maman décède, emportée par un cancer du pancréas. Il a 22 ans et vit sa disparition avec beaucoup de culpabilité, quand un autre drame survient, un an plus tard. Son père, charcutier, est sauvagement assassiné dans la maison familiale à coup de hache par l'amant de sa deuxième femme. Un crime crapuleux relayé dans les rubriques faits-divers alors qu'il est encore affecté par la perte de sa mère. Sous le choc de cette nouvelle tragédie, Jean-Marie Bigard plonge dans une profonde dépression.

Mais, parce qu'il a fait la promesse à sa mère sur son lit de mort de travailler pour réussir sa vie, il devient finalement entraîneur de handball. Après six mois de formation, il obtient le statut de maître auxiliaire, puis quitte l'éducation nationale au bout de trois ans pour travailler dans une discothèque. Là, il rencontre les animateurs d'un petit théâtre du centre-ville avec lesquels il écrit ses premiers sketches et fait ses premiers pas sur scène.

Depuis qu'il est enfant, Jean-Marie Bigard a fait de son humour un appât pour être aimé; un talent confirmé plus tard dans les vestiaires des troisièmes mi-temps de handball.

De cette quête d'amour, naît sa vocation, celle qui lui donne l'élan de quitter Troyes, sa ville natale, pour « monter à la capitale », et faire valoir son talent sur les scènes parisiennes.

Sa mère disait de lui enfant qu'il était: « *le fils du soleil* », tellement il était fasciné par la lumière et attiré par le moindre rayon de soleil. C'est donc sous les feux des projecteurs que Jean-Marie Bigard entame à 31 ans une deuxième vie, faisant de son humour le levier de sa renaissance pour illuminer la noirceur de ses souvenirs.

Castings, auditions, il rêve de se faire remarquer par Philippe Bouvard pour rejoindre le « Petit théâtre de Bouvard ». Sans succès. Jean-Marie Bigard se lance alors dans l'écriture de plusieurs sketches, et entreprend avec un ami l'écriture d'un spectacle qu'il présente au Théâtre du Point Virgule. Mais le spectacle ne décolle pas, et la direction envisage de l'arrêter. Jean-Marie Bigard arrive finalement à convaincre l'équipe de le prolonger pendant un mois, et modifie entièrement la mise en scène.

Dès les premières représentations, le bouche-à-oreille fonctionne. Le succès est au rendez-vous, et l'émission *La Classe*, présentée par Fabrice sur France 3, le révèle au grand public. Son premier one-man-show, *Vous avez dit Bigard,* se joue à guichets fermés, mais c'est en 2004 qu'il vit un des temps forts de sa carrière, quand il réussit l'exploit de réunir 50 000 personnes pour l'applaudir au stade de France.

Le comique au célèbre « lâcher de salopes », autoproclamé « l'humoriste le plus vulgaire de France », est sous le vernis des apparences un homme sensible qui a bâti sa carrière sur son besoin insatiable d'amour, et plus surprenant encore, un fervent catholique qui a trouvé dans la religion de quoi surmonter les épreuves de sa vie.

La vie ne vaut rien, mais rien ne vaut la vie

Le philosophe Christian Bobin dit de la vie : « elle est parfois grave, souvent légère, jamais sérieuse ». Le drame vécu par Jean-Marie Bigard a été l'électrochoc de sa nouvelle vie, celui qui l'a incité à devenir humoriste pour rire de la tragédie de l'existence plutôt que d'en pleurer.

Un autre humoriste a également eu ce cheminement, c'est François-Xavier Demaison.

Le 11 septembre 2001, alors qu'il est fiscaliste international dans un cabinet d'avocats à New York, il assiste depuis son bureau de Manhattan au drame des attentats du World Trade Center. Ce jour-là, il comprend la fragilité de la vie et aussi qu'il s'est trompé de voie professionnelle, sacrifiant sa passion pour le théâtre et le spectacle.
À la suite de cet événement, il décide de démissionner et reprend contact avec ses anciens professeurs du cours Florent qui l'aident à mettre en scène son premier spectacle *Deuxième Acte*, financé avec ses propres économies. Après deux années de « dèche », son spectacle rebaptisé *A story pour les gens qui believe in dreams*, est un succès, joué pendant 5 mois à guichets fermés.
Les moments douloureux d'une vie, s'ils déconstruisent des repères, servent aussi à se reconstruire en redéfinissant alors ses nouvelles priorités.

ALAIN DUCASSE ou la détermination d'un survivant : du traumatisme d'un crash d'avion aux trois étoiles Michelin.

Seul survivant d'un crash d'avion, Alain Ducasse, paralysé et alité pendant plusieurs mois, s'est reconstruit durant sa convalescence pour redevenir le brillant chef étoilé qu'il était avant son accident, et au-delà même, le chef d'orchestre d'un empire culinaire.

Quand Alain Ducasse devient à 28 ans le plus jeune chef à décrocher le graal des deux étoiles Michelin, toute la profession lui prédit un avenir prometteur. Pour lui qui vise l'excellence, cette année le mène vers de grandes ambitions culinaires ; le milliardaire Sylvain Floirat, propriétaire du célèbre hôtel Byblos de Saint-Tropez, vient de le recruter comme conseiller pour son projet savoyard, *le Byblos des Neiges* à Courchevel, pour lequel Alain Ducasse doit créer la carte et recruter les équipes en cuisine.

Durant l'été, l'équipe du futur *Byblos Courchevel* quitte Saint-Tropez à bord d'un petit avion pour rejoindre Courchevel et y mener une réunion de chantier. Les conditions météorologiques sont mauvaises, les turbulences inquiétantes, et le pilote percute brutalement un flanc de montagne dans les Alpes. L'avion s'écrase dans les environs de Chambéry.

Alain Ducasse est éjecté. Etourdi par la violence du choc, le corps brisé, il gît sur une corniche durant plusieurs heures, jusqu'à ce que l'obstination d'un pilote le retrouve in extremis avant la tombée de la nuit.

Sauvé, à demi-paralysé, presque aveugle, Alain Ducasse est l'unique survivant sur les cinq passagers présents dans l'avion, le seul à survivre au crash.

Grièvement blessé et choqué, il passe une année à l'hôpital de Cannes, et subit treize opérations. Les chirurgiens doutent de sa capacité à remarcher, son pied gauche très endommagé risque même un temps l'amputation. Mais, Alain Ducasse s'accroche, et se reconstruit physiquement et mentalement, continuant à travailler de son lit d'hôpital pour faire aboutir le projet du *Byblos de Courchevel* et honorer la mémoire de ses co-passagers disparus. Il conçoit les recettes, dessine les plans de cuisine et, à force de persévérance, parvient à finaliser le projet et à être présent lors de son inauguration à Courchevel. Présent mais en chaise roulante.

Il lui faudra attendre quatre années avant de remarcher normalement. Cette immobilité forcée lui apprend à déléguer et à être simultanément le chef d'orchestre polyvalent de différents lieux, éveillant ainsi en lui l'ambition de devenir un grand chef à la renommée internationale.

Monte Carlo lui offre ce nouvel élan, et un somptueux terrain d'expression en lui confiant les cuisines du Louis XV à l'hôtel de Paris. À 33 ans, en devenant le plus jeune chef à décrocher les prestigieuses trois étoiles au Michelin, il fait aussi du palace monégasque le premier au monde à obtenir cette distinction.

Chef cuisinier, Alain Ducasse se révèle aussi pour son sens des affaires. Ambassadeur de la gastronomie française, il exporte son savoir-faire à l'international, et part à la conquête du monde en créant un groupe culinaire, le *Groupe Alain Ducasse,* qui s'étend sur plusieurs continents, comprenant plus de 20 établissements, 1 400 employés, un pôle de formation, une maison d'édition et une chaîne hôtelière « Châteaux et Hôtels Collection ». Un empire qui le classe, selon le magazine économique Forbes, 94e des 100 personnalités les plus influentes du monde.

Lui qui passe désormais sa vie dans les airs à voyager, pour veiller à la qualité des menus de ses restaurants, n'a pas développé de phobie post-traumatique en avion, et a même conjuré le mauvais sort en rencontrant sa femme Gwénaëlle dans un avion, sur un vol Paris-New York.

Triplement étoilé, trois fois trois étoiles au guide Michelin, père spirituel d'une longue lignée de cuisiniers et surnommé le « parrain » de la cuisine française, Alain Ducasse a fait de cette épreuve le moteur de son ascension, porté par la détermination et l'audace de ceux qui ont frôlé la mort.

Le sursaut de la convalescence

Comme Alain Ducasse, d'autres personnalités ont transformé l'épreuve de leur convalescence en opportunité d'apprentissage pour déployer leurs ailes. C'est le cas de Florence Arthaud qui victime d'un coma, suite à un grave accident de voiture à 17 ans, restera six mois à l'hôpital de Garches et deux ans en convalescence pour se remettre de sa paralysie. Un accident qu'elle considérera comme « la chance de sa vie », et qui lui donnera la soif de vie qu'ont ceux qui ont frôlé la mort.

Convaincue qu'il ne sert à rien d'attendre pour vivre, elle laissera à ses parents un mot sur l'oreiller: « *j'ai besoin de prendre le large* », et effectuera sa première traversée de l'Atlantique avec Jean-Claude Parisis à l'âge de 18 ans, pendant sa convalescence. Quelques années plus tard, elle deviendra la grande navigatrice que l'on connaît, battant le record de la traversée de l'Atlantique Nord détenu jusqu'alors par Bruno Peyron, et remportera également la mythique route du Rhum.

4 – Tout est alors possible pour vous... Parce que ce qui ne tue pas rend plus fort.

TOUS...

Sur le chemin de notre vie, nous allons à un moment vaciller, trébucher, tomber. Des portes vont aussi se fermer devant nous, et parfois même rester verrouillées, non pas parce que nous serions calibrés pour échouer, non pas pour nous interdire le droit au bonheur, mais parce que les épreuves font partie intégrante de l'existence et de notre apprentissage.

Aucun parcours de vie sans accident, aucune cuirasse sans fêlure.

L'épreuve, une piqûre à vif de l'ego

Dans notre société où la tendance culturelle est de considérer un « accident de parcours » comme un naufrage, difficile de garder confiance en soi au cœur de l'épreuve et de croire que le meilleur est à venir. Le flot actuel de mauvaises nouvelles allié à l'énergie pessimiste collective, vient conforter ce sentiment d'insécurité et réveiller l'enfant qui sommeille en nous, ses angoisses et ses peurs. Si toutes les épreuves majeures de l'existence nous bouleversent autant, c'est parce qu'elles renvoient justement aux peurs les plus profondes et originelles, parmi lesquelles la peur du rejet, la peur de l'abandon, la peur de l'échec, toutes ces peurs difficilement contrôlables car leurs racines sont profondément ancrées en nous, au cœur de l'estime de soi.

Lorsque nous sommes confrontés aux turbulences de la vie, ce sont donc les fondations essentielles de l'estime de soi qui tremblent, ce qui explique que nous vivions l'épreuve comme un échec personnel, comme un désaveu de nous-même qui met alors notre être en jeu et remet même toute notre vie en question. Le regard porté sur soi est brutalement obscurci, dévalorisé, avec en toile de fond une question : *Qu'est-ce que je vaux encore ?*

Un ressenti émotionnel purement subjectif qui n'est en rien conforme à la réalité, mais plutôt un effet secondaire réactionnel, celui d'une piqûre à vif de l'ego qui laisse la marque d'une blessure profonde d'amour propre, celle d'une fêlure narcissique.

Au cœur de la tourmente, le risque est de laisser les émotions, fortes et plurielles, de la tristesse à la peur en passant par la colère, nous envahir, et l'épreuve tout recouvrir sur son passage. Mais, tanguer, vaciller, échouer ne signifie pas tout remettre en cause, et surtout pas votre propre valeur.

Trop souvent, nous avons tendance à confondre « avoir » et « être », alors que nous valons beaucoup plus que nos échecs, certes blessants et humiliants, mais qui sont à vivre avec le juste recul, comme un objet extérieur à nous-même et non un élément inhérent à notre personnalité. Un problème n'est jamais aussi important que l'impact qu'il a sur nous. Nous restons toujours libres, libres d'ancrer notre échec comme la fin du monde, ou de le regarder comme une expérience d'apprentissage salutaire, comme le ressort d'un nouvel élan favorable à notre vie, ce qu'il est d'ailleurs au fil du temps.

L'art de relativiser sans nier sa souffrance

La situation aussi bouleversante et dévastatrice soit-elle dans l'immédiateté, n'est en rien figée. Elle est même amenée à évoluer en fonction de notre perception, de notre état d'esprit, de la manière dont nous l'accueillons et de ce que nous décidons d'en faire.

Certes, la déconvenue fait mal, certes, la rupture de l'équilibre est angoissante, mais raisonner avec fatalité et passivité, comme si la situation nous plongeait résolument dans une vie définitivement vouée à l'échec, est stérile, contre-productif et irréaliste.

Le fait de trébucher à un instant T signifie-t-il que nous ne soyons plus aptes à poursuivre notre route avec renouveau et splendeur ? Et cet instant de vie, quel impact aura-t-il finalement sur vous dans 5, 10 ou 15 ans ?

Relativiser l'événement n'est pas nier sa blessure narcissique, celle-ci est réelle, légitime et mérite la plus douce de nos attentions, la plus bienveillante de vos considérations, celle d'être soignée et cicatrisée. La nier reviendrait même, à l'inverse, à prendre le risque de l'immobilisme en s'enlisant doucement et sûrement dans la souffrance.

Puisque ce que nous ressentons dans la tourmente est douloureusement vivant, et ce que nous vivons péniblement actif, notre état est par essence amené à évoluer, à se transformer, comme tout ce qui est vivant dans notre environnement et dont nous faisons partie intégrante, comme la nuit fait écho au jour, comme l'hiver fait écho à l'été, comme le froid fait écho à la chaleur, ce que les bouddhistes appellent « l'impermanence », la promesse continue de changement et de progression.

Le processus d'évolution étant « naturellement » en marche, il nous appartient dès lors de l'accompagner activement pour sortir plus vite et plus fort du tunnel étroit et obscur de l'adversité, pour se relever et renouer avec la vie. Les échecs ne nous arrêtent que si et seulement si nous les laissons faire.

Face à l'épreuve, vous avez toujours le choix du type de gladiateur que vous décidez d'incarner. Deux grandes stratégies de survie s'offrent à vous : le combat ou la fuite. Soit la stratégie d'oser le combat de l'inconnu, en pagayant avec fluidité dans le sens du courant de la vie et de la transformation, soit celle de fuir, de résister et de pagayer à contre-courant, jusqu'à s'épuiser en s'accrochant aux branches du passé et à ses repères désuets.

Boris Cyrulnik, neuropsychiatre et psychothérapeute, l'a d'ailleurs très bien défini dans son livre *Un Merveilleux malheur* sous la notion de résilience. Un terme désormais familier du grand public, tombé dans le langage courant, et qu'il décrit comme « *l'art de naviguer sur les torrents* », ou imagé autrement, l'ouvrage d'un tricot que nous réajusterions tout au long de notre vie. Affronter une épreuve n'est donc pas une performance, mais l'intégration d'un « Art », l'Art de Vivre.

Du deuil au cadeau derrière l'épreuve

Cicatriser les stigmates d'une blessure narcissique demande du temps, le temps nécessaire et salutaire pour engager le processus du deuil, et accepter une situation révolue qui ne sera plus, au lieu de résister au changement.

Faire le deuil, c'est accepter mais en étant dans « l'acceptation active », en acceptant la situation telle qu'elle est, en acceptant les aspérités de l'existence et les transformations qu'elles impliquent. Faire le deuil, c'est aussi s'accepter tel que l'on est, accepter ses limites, ses peurs, accepter d'être fragilisé. C'est s'accorder le droit de faiblir et de faillir. Enfin, c'est s'accorder avec humilité le droit de vivre cette période à vide. Toute interruption de parcours laisse naturellement l'espace au vide, au sentiment douloureux de transparence, d'absence et de vide de sens. Cette période est frontale, brutale, mais aussi vitale, c'est elle qui nous permet de repartir à la reconquête de nous-même en ranimant le capital confiance malmené pour nous reconstruire et donner une nouvelle impulsion à sa vie.

Être face à soi-même ne signifie pas faire le vide autour de soi, s'isoler et s'exclure. La souffrance n'est pas une maladie contagieuse, et la résilience n'est pas une performance, ni l'exploit personnel d'une traversée qui se voudrait arbitrairement et « punitivement » solitaire. D'une épreuve majeure, on ne s'en sort pas seul, mais avec les autres, avec ceux qui nous inspirent, nous orientent parce qu'ils sont et ce qu'ils font, ceux qu'on appelle les tuteurs de résilience.

Regarder sa douleur en face et l'accueillir n'est pas pour autant un passe-droit à la plainte et à la complainte pour se lamenter sur son sort et obtenir le bénéfice secondaire d'exister par sa souffrance dans le regard de l'autre. La douleur est humainement légitime, mais la souffrance, elle, est optionnelle, et s'y enliser revient à renoncer à s'émanciper de l'épreuve et à se responsabiliser. C'est d'ailleurs dans l'étymologie même du mot « respons-able » qu'il y a un début d'élément de « réponse » à l'épreuve, et ce n'est pas un hasard.

Si traverser les méandres tortueux et douloureux d'une épreuve de vie, c'est rencontrer notre vulnérabilité, c'est aussi découvrir notre potentialité, un potentiel souvent insoupçonné dont nous n'avons pas conscience et qui se révèle à nous au cœur de l'adversité. La peur, si elle annihile, déclenche aussi pour qui sait accueillir l'épreuve, le levier suprême de l'instinct de survie qui fait alors émerger nos ressources intérieures les plus puissantes, tel un geyser en plein désert, pour surmonter les difficultés et nous transcender. C'est à cet instant précis que la magie opère, que l'épreuve de vie devient une expérience de vie, celle qui enseigne, celle qui fait bouger douloureusement les repères, mais qui ouvre aussi le champ des possibles et le panorama de nouvelles opportunités et perspectives.

Le philosophe Pierre Zaoui, auteur de *La Traversée des catastrophes*, explique avec virtuosité que subir une épreuve c'est : « *passer de l'autre côté des apparences* ». Cela revient à se repositionner pour accéder à un nouveau statut en évoluant vers l'homme, la femme que l'on est vraiment, et qui s'est progressivement révélé à nous au cœur du tsunami émotionnel.

La traversée d'une l'épreuve est toujours mouvementée, elle paraît même parfois être une éternité, mais n'oubliez jamais qu'elle est par essence évolutive et qu'elle s'inscrit dans le processus d'une reconstruction progressive expliquée avec pédagogie par la psychiatre américaine, Elisabeth Kübler-Ross, et déclinée en sept étapes :

1. Le choc – L'annonce.
2. Le déni – « c'est impossible ».
3. La colère et le marchandage – « c'est la faute des autres ».
4. La tristesse – « Que vais-je devenir ? Ma vie est foutue… ».
5. La résignation – Abandon des tentatives à revenir à la situation de vie.
6. L'acceptation – « J'accepte le changement de vie ».
7. Et enfin, la reconstruction – « je démarre un nouveau projet de vie ».

Une reconstruction qui a alors pour terreau fertile le potentiel de vie révélé au cours de l'épreuve. Et la découverte de nos ressources cachées est là notre plus belle récompense, « le cadeau derrière l'épreuve » qui change la donne d'une vie pour mieux l'enrichir.

C'est le cheminement qu'ont connu ceux et celles dont j'ai choisi de vous raconter le parcours de vie, celui d'une existence paisible qui a basculé douloureusement en un instant, jusqu'à leur renaissance investie et réussie qui a sublimé leur vie.

CHAPITRE 3
LES « PERCHISTES DE L'ASCENSEUR SOCIAL »

« Personne ne naît sous une mauvaise étoile,
il n'y a que des gens qui ne savent pas lire le ciel. »
Dalaï-Lama

Ils ne sont pas nés sous les meilleurs auspices. Ils sont nés avec la complexité de devoir gérer l'héritage d'un jeu de cartes peu favorable, celui qui dès le départ ne facilite pas un cheminement aisé dans la vie, celui qui fait de l'existence un combat inégal, déloyal et fatal. Les jeux sont faits, rien ne va plus.

Eux, ont choisi une autre voie.

Issus des quartiers populaires, des banlieues lésées, nés dans un milieu social défavorisé, et parfois même dans la misère, les hommes et les femmes dont je vais vous raconter l'histoire sont ce que j'appelle les *perchistes de l'ascenseur social*. La rage au cœur, le courage chevillé au corps, ils ont relevé le défi de changer la donne de départ pour déjouer la destinée qui leur était réservée et donner un nouvel élan à leur vie.

Dans un pays comme la France, un pays dit-on de castes où il est difficile de s'élever socialement, où l'on meurt dans le milieu social dans lequel on a grandi, ils prouvent que rien n'est immuable, pré-déterminé, et qu'il est toujours possible d'échapper au conditionnement de son héritage familial, puis de s'émanciper de son milieu social pour s'élever et écrire sa propre histoire.

Parce que leur réussite n'était pas acquise d'avance, qu'elle était même loin d'être une évidence, leur victoire est d'autant plus admirable, digne de respect et signe d'espérance.

1 – MOHED ALTRAD
Du désert syrien à la reconnaissance internationale d'un entrepreneur français

L'histoire de Mohed Altrad est celle d'un enfant du désert, un Bédouin orphelin parti de rien, aujourd'hui à la tête du plus important groupe d'échafaudages européen.

Homme d'affaires accompli, chef d'un empire du BTP qui génère un chiffre d'affaires de 870 millions d'euros par an, avec près de 80 sociétés à travers le monde, il est aussi un homme au parcours éclectique, auteur de romans et président du club de rugby de Montpellier.

Sacré entrepreneur mondial 2015, Mohed Altrad est le premier français à recevoir cette distinction qui met en lumière les personnalités d'exception du monde entrepreneurial, à travers une cinquantaine de pays.

Et pourtant, rien ne prédestinait Mohed Altrad à une telle réussite... Voici son histoire, celle d'un miraculé, orphelin du désert syrien, devenu grand patron.

Une leçon de vie émouvante qui prouve qu'il n'y a pas de limites à l'intégration, à l'ascension, et que même au cœur des déserts les plus arides, peuvent encore et toujours refleurir les graines fertiles de l'espérance et de la résilience.

Mohed Altrad est un enfant du désert. Né dans une famille de Bédouins, il passe son enfance dans les dunes du désert syrien, dans le plus grand dénuement, les pieds enveloppés de semelles de fortune pour atténuer les morsures du sable brûlant. Une vie de nomade avec peu d'eau et guère à manger, une vie rude dans des conditions précaires, dans une pauvreté absolue, aux frontières de la survie.

Quand sa maman le met au monde, elle a 15 ans. Victime d'un viol, celle qui est la deuxième épouse d'un chef de tribu bédouin, est immédiatement répudiée par son mari. Isolée au cœur de la steppe syrienne, elle accouche seule, sans assistance, et coupe le cordon ombilical avec ses dents pour donner la vie à son enfant, Mohed.

Renié par son père car fruit d'une relation illégitime, puis orphelin de sa mère qui meurt peu de temps après sa naissance, Mohed Altrad est recueilli par sa grand-mère qui l'élève sans ménagement, loin des bancs de l'école qu'elle perçoit comme un « lieu de fainéantises », et avec comme unique et utile priorité d'en faire un bon berger pour subvenir aux besoins primaires du quotidien.

Mais Mohed Altrad brave l'interdit, et observe en toute discrétion la classe par un trou dans le torchis du bâtiment ; étant un Bédouin, un nomade du désert, il est considéré comme inférieur par la société syrienne et n'a donc pas le droit d'aller à l'école.

Illégitimité familiale puis sociale, Mohed Altrad grandit dans le rejet et dans la transparence d'une famille, d'un pays. Très tôt, il comprend que l'école est sa seule issue, et le savoir un moyen pour lui de s'intégrer. Pour s'émanciper de l'image du Bédouin indigent, analphabète, Mohed Altrad veut s'éduquer, il veut s'élever pour enfin exister et décide d'aller à l'école, envers et contre tout, envers et contre tous.

Au gré des transhumances de sa tribu, il suit une scolarité chaotique, au rythme des déplacements dans le désert du Sinaï, en Irak, en Jordanie, en Turquie. Mais son assiduité transgressive guidée par sa soif d'apprendre lui gagne un jour les bonnes grâces d'un instituteur qui l'autorise à assister officiellement aux cours. Les 5 kilomètres qui le séparent de l'école ne sauront le décourager de se réveiller à l'aube pour braver le froid perçant du désert, et prendre le chemin de l'école à pieds, pour la première fois en toute légitimité.

Mohed Altrad se révèle être un élève doué et brillant. En tête de sa classe, il est envoyé au Lycée de Raqqa, une ville du centre de la Syrie située à 150 km d'Alep, et obtient son baccalauréat avec succès à 17 ans. Lui, l'enfant bédouin du désert, en exil permanent et tardivement scolarisé, s'illustre même comme major de son département, recevant ainsi du gouvernement syrien une bourse d'étude pour aller étudier à l'étranger.

La perspective de quitter la Syrie n'est pas une souffrance pour lui, y rester n'a plus aucun sens, il n'y a plus d'attache. Cette bourse est sa chance, Mohed Altrad la saisit. Il choisit la France.

Mohed Altrad ne parle pas un mot de français et ignore tout de la France, sa langue, sa culture, son climat, ses codes, ses pratiques, ses coutumes ; surpris et même choqué de voir des couples s'embrasser publiquement dans la rue. Dans ce pays dont il a rêvé avec désir et espoir, tout lui paraît soudainement étranger et hostile. Pour lui qui n'a jamais eu de télé, de radio, de journaux, c'est même un choc culturel qui rend son intégration difficile. En Syrie, il était un Bédouin indigent et ignoré, dans sa tribu, le fils illégitime et indigne d'une mère violée et répudiée. En France, il est de nouveau confronté au rejet et au racisme primaire de ses origines. Ici, il est désormais « l'Arabe ».

Enfant à part et de nulle part, Mohed Altrad qui avait rêvé de la France comme un pays semblable au paradis, déchante rapidement mais ne lâche rien et s'accroche à ce nouvel avenir. Peut-être la France ne s'offre-t-elle pas si facilement, peut-être faut-il progressivement se l'approprier pour mieux la conquérir, pense-t-il, Mohed Altrad déploiera ses ailes pour s'intégrer, pour exister, et l'université est le premier tremplin de son intégration.

Sept années d'études ponctuées d'un premier cycle en Chimie à l'université de Montpellier et d'un doctorat en informatique à l'université de Jussieu à Paris pendant lesquelles Mohed Altrad, encore étudiant, décide de rompre son contrat avec le ministère syrien de l'Éducation qui prévoyait qu'après ses études, il revienne en Syrie pour mettre à profit son apprentissage et travailler le triple du temps passé en France. L'ambassade supprime alors immédiatement sa bourse. Qu'importe, il est recruté comme ingénieur par Alcatel puis Thomson, avant de rejoindre les Emirats Arabes Unis et Abu Dhabi où il s'installe pendant quatre années pour participer à la création d'une compagnie pétrolière, l'ADNOC – Abu Dhabi National Oil Company. Une expérience professionnelle qui lui permet de gagner suffisamment d'argent pour lui assurer la sécurité d'une assise financière rassurante, lui qui a tant manqué enfant, d'eau, de nourriture et d'amour.

De retour en France, Mohed Altrad qui a gardé de ses origines bédouines le goût de la liberté, rêve d'entreprendre et de diriger sa propre entreprise. Avec un ami de l'université, il donne corps à ce projet en créant une entreprise informatique, et développe le premier ordinateur portable, un prototype qui pèse alors 25 kilos.

Ne disposant pas des fonds nécessaires pour lancer leur activité à grande échelle, ils sont contraints de mettre un terme à leurs ambitions et de revendre leur entreprise au groupe Matra. Une revente qui n'est pas un échec, mais la fin d'une première expérience entrepreneuriale qui va permettre à Mohed Altrad de se rendre disponible pour être au bon endroit, au bon moment, et entrevoir les perspectives de son prochain défi qui sera le terreau de sa réussite.

Alors que Mohed Altrad est durant l'été sur son lieu de villégiature à Florensac, petite ville de l'Hérault entre Béziers et Montpellier, il apprend qu'une entreprise du BTP spécialisée dans la fabrication d'échafaudage est à vendre. Elle est en dépôt de bilan, à la suite de disputes entre héritiers qui en faisant des mauvais choix l'ont conduit à l'endettement. Même si l'univers du BTP lui est totalement étranger, Mohed Altrad perçoit le potentiel de la société et décide de la racheter avec les fonds de la revente de sa précédente entreprise. Mais il n'est pas le seul à s'intéresser à cette entreprise en faillite, et pour finir de convaincre le tribunal de commerce et rassurer les délégués syndicaux de son engagement, il propose de réembaucher les 200 personnes de la structure et investit dans cette acquisition toutes ses économies, jusqu'à son dernier centime. Porté par l'appétence de la vie de ceux qui ont manqué de tout et n'ont rien à perdre, Mohed Altrad n'a définitivement plus peur de rien.

Le dossier est finalement remporté par Mohed Altrad, arraché à la barre du tribunal face à Usinor, un groupe sidérurgiste français qui avait pour lui la légitimité de son expérience et de son ancienneté. Désormais propriétaire d'une entreprise régionale en dépôt de bilan, susceptible de disparaître à n'importe quel moment, Mohed Altrad sait qu'il part de rien, mais ça ne lui fait pas peur, lui qui part de si loin. Partir de rien et faire grandir ce qui reste de vivant, il l'a appris depuis son plus jeune âge, et c'est désormais chez lui une seconde nature.

L'entreprise, rebaptisée Altrad, vit dans l'instabilité permanente d'une situation financière fragile, et Mohed Altrad, dans l'incertitude, entre regains de confiance et périodes de défiance, entre espoirs et désillusions.

À force d'obstination, il franchit les étapes du redressement, et finit par gagner la confiance des banquiers, au démarrage suspicieux, auxquels il fournit tous les quatre mois un arrêté de la situation comptable pour prouver sa démarche volontariste. Au fil des mois, l'entreprise régionale en dépôt de bilan devient progressivement une PME aux affaires florissantes qui se lance alors dans une politique de croissance et d'acquisitions, d'abord en France, puis à l'étranger en rachetant des sociétés italiennes, allemandes, polonaises, jusqu'à devenir aujourd'hui un grand groupe au rayonnement international avec à son actif 80 filiales, 7 000 salariés, 14 pays représentés, 8 langues parlées et un chiffre d'affaires de 800 millions d'euros. Mohed Altrad qui poursuit son ascension entrepreneuriale se prépare même en 2016 à doubler son chiffre d'affaires et son effectif, avec comme dernière acquisition en date, le rachat du néerlandais Hertel en mars 2015.

Cette réussite exceptionnelle, Mohed Altrad la doit non seulement à son audace, mais aussi à son expérience de l'immigration et à son intégration positive en France. Et sa plus grande fierté, aujourd'hui, est d'avoir réussi à intégrer et faire cohabiter les nouvelles équipes des filiales acquises à travers le monde, prouvant que le multiculturalisme est une richesse, vecteur de succès.

Que de chemin parcouru depuis l'époque où il guidait le troupeau de chèvres dans le désert syrien, à la recherche d'un point salvateur. Mais Mohed Altrad reste fidèle à ses racines et valeurs : simplicité, humilité, humanité. Chez lui, rien de clinquant, ni d'ostentatoire, Mohed Altrad garde cela de sa culture et de ses origines bédouines. Le Bédouin a besoin de peu pour vivre, de choses faciles et souples pour épouser le dos d'un chameau, et c'est ainsi qu'il gère son groupe, dans la souplesse et dans la légèreté, sans hiérarchie pesante. Pas de chauffeur, pas de communicant, juste une petite poignée de fidèles et de collaborateurs à ses côtés.

Homme d'affaires accompli, Mohed Altrad est avant tout nomade dans l'âme, toujours en exil, passant d'un univers à un autre, et de la rubrique économie à la rubrique littérature en publiant en 2002 son premier roman *Badawi,* bédouin en arabe ; une histoire autobiographique qui retrace le parcours du petit maïouf, bédouin du désert syrien mis au ban de sa tribu et qui fera son chemin seul, rompant avec son passé.

Si le monde de l'entreprise lui a offert la sécurité d'un ancrage, l'écriture, elle, lui permet de retranscrire les souffrances de l'exil et de panser les blessures de son enfance. Sa vie est un roman, et Mohed Altard, désormais un romancier et un écrivain francophone reconnu, auteur de trois romans, et intégré au programme de l'éducation nationale pour les valeurs qu'il transmet, l'ouverture au monde, la tolérance, l'aptitude à la résilience. Une belle reconnaissance pour lui qui ne parlait pas un mot de français quand il est arrivé en France.

Aujourd'hui, Mohed Altrad se sent français et aime ce pays qui l'a accueilli. Il aime la France, sa langue, son histoire, sa culture, et a même été décoré de la légion d'honneur. Il y a construit son bonheur professionnel et familial auprès de ses cinq enfants, tous nés dans le Languedoc-Roussillon. Et malgré les propositions et les tentations de décentralisation de sa holding à l'étranger ou à Paris dans une des tours en verre de la Défense, Mohed Altrad n'a jamais voulu quitter l'Hérault, sa terre d'adoption qui lui a offert tant de réjouissances, préférant maintenir le siège social du groupe à Florensac, dans le jardin de sa maison baptisée « La Bergerie ». Ici, Mohed Atrad a recréé sa tente de Bédouin et sa tribu en centralisant à la fois sa maison et son bureau, et même s'il figure aujourd'hui parmi les 500 premières fortunes françaises et qu'il trouve que les patrons français sont trop taxés, il se refuse catégoriquement à un nouvel exil, même fiscal, estimant qu'il a beaucoup à rendre à ce pays et à cette région l'Hérault.

Sa dernière folie régionale, investir 2,4 millions d'euros pour devenir l'actionnaire principal du club de rugby de Montpellier – le Montpellier Hérault Rugby. Passionné de sport depuis toujours, le rugby incarne pour lui les valeurs qui le caractérisent et qui ont jalonné son cheminement : passion, engagement, goût du défi et de l'effort.

L'exemplarité de son parcours n'est plus aujourd'hui un secret pour personne, lui qui a célébré en 2015 les 30 ans de son groupe, mais un mystère demeure, celui de sa date de naissance et de son âge. Les Bédouins n'étant pas reconnus par l'état syrien, il n'y a pas de registre d'état civil, et Mohed Altrad reste dans le flou de ce que pourrait être l'année de sa naissance, entre 1948 et 1955, mais il n'en sait pas plus.

Si s'affranchir de son héritage familial et social est toujours possible et même souhaitable, il est en revanche impossible de renier ses origines et les racines dont nous sommes par naissance imprégnés. Parce qu'il a fallu trancher, figure alors sur son passeport cette année de naissance : 1951. Quant au jour de sa naissance, ses enfants l'ont tiré au sort dans le calendrier, et le hasard a choisi le 9 mars pour honorer le jour qui a donné l'élan à son histoire. Et quelle histoire !

Qui aurait pu imaginer que lui, l'enfant du désert destiné à devenir berger dans les steppes désertiques syriennes, s'illustrerait en quelques années comme une référence entrepreneuriale mondiale ? Rien ne le laissait présager au départ. Rien ne prédestinait Mohed Altrad à une telle réussite. Et pourtant, sa réussite n'est pas le fruit du hasard, Mohed Altrad la doit à lui-même, à l'homme qu'il est, car pour construire un projet aussi grand en si peu de temps, il faut bien plus que des moyens financiers, il faut des richesses humaines, une personnalité charismatique, et les épreuves qu'il a endurées très tôt dans son enfance ont sans doute aussi forgé cette puissance de caractère qui a servi son ascension.

Une belle leçon de vie qui prouve que les seules limites sont celles que l'on se donne, et comme dans le désert, c'est dans les nuits les plus noires que se révèlent aussi les plus belles étoiles. À chacun de nous de les voir.

Avec le recul de son expérience...

« Tous, nous avons d'immenses ressources, mais nous n'utilisons malheureusement que 10 % de celles-ci. 90 % de nos moyens restent inertes, inexploités et donc gaspillés. Pour permettre à chacun de se sublimer, j'ai adopté comme devise dans mon entreprise : "la difficulté n'est pas de faire mais d'oser faire". Le moteur qui m'a porté, c'est l'audace. Je n'avais rien à perdre, j'ai alors tout osé.

J'avais une soif d'exister car on me l'avait refusée enfant, et je voulais aussi inconsciemment faire revivre ma mère au travers de mes actions. C'était un pari impossible mais cela m'a permis de tenir et de m'accrocher à la vie.

Parce que mon histoire m'y autorise, j'essaie aujourd'hui de transmettre

à chacun l'envie d'affronter la vie, et je me bats pour l'audace, dénonçant toute forme de paresse et d'assistanat. Et même si la France ne s'offre pas facilement, qu'il faut se l'approprier et la conquérir, elle rend toujours ce qu'on lui donne.
Aujourd'hui je me sens complètement français et j'aime ce pays qui m'a fait naître une seconde fois. »

2 – Parce que ça n'arrive pas qu'aux autres...

Rougui Dia ou la revanche de la perle noire : du 93 au caviar de Pétrossian.

Fille d'immigrés, issue de la banlieue du 9-3, Rougui Dia n'avait pas en soi les attributs pour intégrer le milieu de la gastronomie réputé élitiste et machiste. Pourtant, à force de persévérance, elle a conquis les palais des plus grandes tables françaises, dont le célèbre restaurant Pétrossian, haut lieu parisien du Caviar.

Issue d'une famille peule originaire du Sénégal, Rougui Dia, née à Paris, grandit en banlieue parisienne, dans une famille de sept enfants. Fille d'un père mécanicien et d'une mère femme de ménage, Rougui Dia rêve à l'adolescence d'une carrière dans l'armée ou dans la couture. Entre ces deux orientations, son cœur balance, mais sa mère Aïssata, très bonne cuisinière, va lui insuffler la perspective d'une autre voie en lui transmettant le goût de la cuisine.

Un soir, alors que sa mère lui confie la préparation du latiéré Khako pour le dîner familial, un plat africain à base de semoule aux épinards, Rougui Dia fait « gustativement » l'unanimité auprès de sa famille, et attrape à treize ans le virus de la cuisine. À l'issue de son année de cinquième, elle s'oriente vers l'enseignement professionnel, intègre l'école de formation en hôtellerie-restauration de la chaîne batifol, et passe deux CAP qu'elle obtient à 18 ans, un en cuisine, l'autre en salle. Encouragée par ses formateurs qui l'incitent à poursuivre ses études, Rougui Dia obtient un BEP à l'école hôtelière de Villepinte en Seine-Saint-Denis, et poursuit ses études jusqu'au baccalauréat professionnel.

Quand elle se lance sur le marché du travail, ses débuts dans le milieu de la gastronomie sont difficiles. Elle découvre le préjudice des préjugés, subissant une double discrimination, celle d'être une femme dans un univers d'hommes autoritaires réputés machistes, et celle d'être noire et issue de l'immigration. Mais, les remarques blessantes et les résistances primaires vont décupler sa combativité, son potentiel, et l'inciter à faire de sa double culture sa singularité et son atout.

Parce qu'elle comprend vite qu'on ne lui passera rien, Rougui Dia qui travaille deux fois plus que les autres, se fait remarquer par un virtuose des fourneaux, Sébastien Faré, chef de cuisine au restaurant *Chez Jean*. Elle le rejoint comme commis, puis intègre sa brigade quand il devient le second de Philippe Conticini au *144*, le restaurant de la maison Petrossian spécialisée dans le caviar. Le chef Philippe Conticini lui transmet alors son expérience et son talent, et lui rappelle le premier défi qui est le sien, celui d'être une femme noire dans un milieu machiste et élitiste : *« tu dois savoir que ce sera plus dur et plus long pour toi »*.

Après le départ de Philippe Conticini, Armen Petrossian, le propriétaire du restaurant, fait appel à son second Sébastien Faré, mais lorsque ce dernier quitte le restaurant, la maison Petrossain décide de miser sur Rougui Dia et de lui confier les rênes de la cuisine de son célèbre établissement.

Chef du temple parisien du caviar Petrossian, elle devient l'une des rares femmes à exercer ce métier en France dans une maison prestigieuse, et donne dès son arrivée la tonalité à sa brigade : *« ceux que ça dérange d'être dirigés par une femme, qu'ils n'hésitent pas à chercher ailleurs »*.

Après onze années passées chez Petrossian, Rougui Dia s'émancipe en rejoignant en 2013 les cuisines du nouveau lieu chic parisien *Le Vraymonde*, le restaurant du Buddha hôtel, mais projette désormais d'ouvrir son propre restaurant pour transformer sa bonne étoile en récompense étoilée au Michelin.

La joie vient de l'effort surmonté
En déployant son courage, Rougui Dia a choisi de bousculer le « statu quo » de départ, et de ne pas laisser les circonstances dominer sa vie, sa passion et son ambition.
Sans courage, il n'y a pas de héros, de grands champions, d'entrepreneurs, de résistants, de résilients et d'excellence. Sans courage, il n'y a pas de transformation possible, pas d'aspiration, pas d'éclosion.
Seul le courage mène à la victoire et à la joie car quand nous remportons une victoire, nous nous sentons non seulement accompli mais aussi vivant. La joie vient de l'effort surmonté, du dépassement de soi et de l'ordre établi.

Patrick Bourdet ou l'ascension d'un enfant de la DDASS : de l'assistance publique à la présidence d'un groupe du CAC 40.

Le parcours de Patrick Bourdet ne ressemble en rien aux entrepreneurs du CAC 40 sortis de l'École Nationale d'Administration ou de Polytechnique. Enfant de la D.D.A.S.S, devenu depuis un PDG reconnu au niveau international, il prouve à lui seul que « rien n'est joué d'avance ».

Patrick Bourdet a quatre ans quand son père se suicide en retournant le canon d'un fusil de chasse dans sa bouche. Avant de mettre fin à ses jours, ce dernier ayant demandé le retrait de la garde à son ex-épouse alcoolique, Patrick Bourdet est placé à l'orphelinat.

Cinq ans plus tard, sa mère toujours dépendante de l'alcool, arrive néanmoins à convaincre la DDASS francilienne de le récupérer. Patrick Bourdet pense alors que le pire est passé et qu'une nouvelle vie familiale commence enfin pour lui. Mais ce n'est pas sans compter qu'il est désormais un enfant sous la responsabilité d'une femme alcoolique, violente, suicidaire et sans revenu.

Patrick Bourdet grandit à ses côtés dans la misère, dans une cabane en bois isolée en pleine forêt landaise, sans eau, ni électricité, et au rythme des déboires maternels, des insultes, des cris et des coups de ses compagnons violents.

Lui qui a connu l'angoisse et l'abandon après le décès de son père, vit désormais la brutalité et l'indigence d'un quotidien humainement déstructuré. Dès qu'il peut, il fuit l'enfer de la cabane qui sert de logement familial, se levant même à l'aube pour rejoindre l'école située à six kilomètres de l'abri de fortune.

Un jour, pour oublier la maltraitance, la pauvreté et la désespérance sociale, Patrick Bourdet fugue. Il a 16 ans et rêve pour lui d'un autre avenir. Cette fugue est sa chance, le levier d'un nouveau départ.

Placé dans une famille d'accueil où il se sent aimé et en sécurité, un lieu salutaire de régénération affective, il poursuit ses études dans la sérénité, décroche un CAP de mécanicien auto, puis enchaîne les petits boulots, vendeurs d'espadrilles, de fromages et balayeur à l'arsenal de Cherbourg, avant d'être embauché à 21 ans comme ouvrier à la Hague et de signer un CDI à COGEMA qui deviendra quelques années plus tard AREVA.

Patrick Bourdet gravit progressivement les échelons, faisant en sorte de ne jamais laisser transparaître ses origines. Pour fuir la précarité et asseoir sa légitimité, il décide alors de reprendre ses études au CNED, au GRETA, en parallèle de ses activités professionnelles, et obtient à 33 ans un master en science de gestion et management, puis intègre HEC. Mais c'est son intuition doublée de son expertise qui donnent l'élan véritable à son ascension, quand il est récompensé, dans le cadre d'un challenge mondial d'innovation, pour son idée d'extraire un métal rare des procédés de l'usine AREVA de La Hague au profit d'un traitement médical contre le cancer.

Nommé président d'Areva Med, la filiale médicale du groupe nucléaire français Areva, Patrick Bourdet vit l'année 2009 comme celle de sa consécration. Et parce que les ressources en faveur du développement clinique des traitements anticancéreux sont plus importantes Outre-Atlantique, il décide de quitter la France pour s'installer à Washington, et vit là son rêve américain. Mais sa réussite ne se résume pas au seul fait d'avoir décroché le sésame d'un « statut ». Sa victoire, il la doit à sa persévérance qui l'a mené à ne jamais renoncer, conscient qu'il y a toujours un point lumineux au bout des tunnels.

L'art de transcender son enfance

Transcender, c'est dépasser, sublimer, se placer dans une posture supérieure à une situation existante et immuable.

Si enfants, nous sommes dépendants de l'atmosphère familiale dans laquelle nous évoluons, adultes, nous avons en revanche toujours une marge de manœuvre pour améliorer notre trajectoire, transcender notre futur, même sur la base d'un passif lourd.

Le choix final appartient toujours à l'adulte, celui de faire de son enfance blessée un frein, une justification au désarroi, ou au contraire un tremplin pour offrir le meilleur à son existence, et saisir au gré de son cheminement les lots de réparations et de compensations que la vie sait distiller auprès de ceux qui choisissent de s'inscrire dans une dynamique d'actions, de vie et d'envies.

Mémona Hintermann ou le combat pour la survie : de l'indigence à la présentation du JT de France 3.

Rien ne prédestinait Mémona Hintermann née dans la pauvreté la plus extrême, découvrant l'usage de la fourchette pour la première fois à l'âge de 18 ans, à devenir une des journalistes les plus respectées de la télévision française. Et pourtant, itinéraire d'une femme au parcours exemplaire qui a fait du combat sa seconde nature.

Originaire de l'île de la réunion, Mémona Hintermann, sixième d'une fratrie de onze enfants, grandit dans une famille multiculturelle. Son père est indien musulman, sa mère créole d'ascendance bretonne et catholique. Ce dernier qui refuse de l'épouser, finit par abandonner la famille qui sombre alors dans l'extrême pauvreté, avec comme lieu d'habitation une case en terre rustique, sans eau, ni électricité.

Dès l'âge de 4 ans, Mémona Hintermann commence à chaparder pour manger, à voler pour survivre et ne pas mourir comme quatre de ses frères décédés de maladies bénignes, faute de médicaments.

Grâce aux aînés de ses frères et sœurs qui travaillent pour subvenir aux besoins des plus jeunes, Mémona Hintermann échappe au naufrage de l'analphabétisme en parcourant quotidiennement les six kilomètres qui la séparent de l'école et du savoir. Là, elle connaît la honte, la honte sociale, la honte de la faim, celle des enfants qui arrivent pieds nus à l'école, le ventre creux et les mains vides. Elle devra attendre son entrée solennelle au collège pour porter des chaussures, pour la première fois de sa vie.

Assidue, Mémona Hintermann poursuit sa scolarité jusqu'au baccalauréat, et rentre sur le marché du travail où elle enchaîne les petits boulots. Mais c'est un concours organisé par l'ORTF à Saint-Denis de la

Réunion pour recruter deux journalistes réunionnais, et auquel elle est reçue, qui va alors changer sa destinée.

Première journaliste créole recrutée sur concours, elle commence, après une formation théorique, à travailler comme journaliste à la télévision réunionnaise, puis reprend en parallèle de ses missions professionnelles des études de droit validées par une maîtrise.

Après quatre années de journalisme « *intra muros* », Mémona Hintermann quitte sa terre natale, la Réunion, pour la métropole, avec comme objectif de devenir une grande journaliste. Mais à son arrivée à Paris, elle connaît de nouveau la pauvreté et déchante, car en plus d'assumer ses besoins primaires au tarif parisien, elle continue de subvenir aux besoins de sa mère et de sa plus jeune sœur restées à la Réunion.

Pleine d'ambition, Mémona Hintermann fait alors savoir au directeur de l'information de France 3 son souhait de rejoindre la rédaction de France 3 Paris. Ce dernier lui rétorque d'un ton cinglant : « *Paris ? C'est pour les grands journalistes !* », et la réoriente vers les antennes régionales de la chaîne. Elle choisit Orléans pour la proximité avec Paris, et y présente pendant deux ans le journal télévisé régional de France 3 Orléans, avant de revenir à Paris quand Jean-Marie Cavada crée le soir 3, au sein duquel elle présente le journal de la seconde partie de soirée.

Journaliste, présentatrice, Mémona Hintermann devient grand reporter au service étranger de la chaîne, sillonnant le monde pendant plus de vingt-cinq ans pour couvrir les conflits armés aux quatre coins de la planète. Unanimement reconnue par ses pairs, elle démissionne en 2013 de ses fonctions à France 3 pour rejoindre l'instance suprême du CSA, le Conseil Supérieur de l'Audiovisuel, où elle déploie sa combativité et son intégrité au service de l'éthique journalistique, fidèle au mot d'ordre maternel de son enfance : « gardez la tête haute ».

Rien à perdre, tout à gagner

Le parcours de Mémona Hintermann rappelle celui de Malamine Koné. Tous deux guidés par l'audace, ils ont réussi à s'émanciper et à se frayer un chemin dans la cour des grands.

Berger au Mali jusqu'à l'âge de 10 ans, Malamine Koné est arrivé en France sans parler un mot de français. Après avoir rattrapé son retard, il décroche un diplôme de droit dans la perspective de devenir commissaire de police. Mais la boxe s'impose à lui, une discipline où il est sacré double champion de France, jusqu'au jour où un accident de voiture le contraint à raccrocher les gants, et à subir douze opérations du genou en cinq ans. Il se lance alors le défi de concurrencer Nike, Adidas, Puma, en créant sa propre marque de vêtement de sport *Airness*, qui signifie « toujours plus haut, toujours plus fort », et avec comme logo une panthère, symbole de combativité et d'abnégation.

La marque s'implante progressivement sur le marché national, international, et rentre même dans le cercle très prisé des grands équipementiers sportifs, faisant alors de Malamine Koné le fondateur de la première marque française de sport.

Son parcours rappelle une nouvelle fois que la volonté est plus forte que la fatalité, et qu'aucune barrière n'est infranchissable, quel que soit son milieu d'origine.

Daniel Picouly ou la genèse paradoxale d'un écrivain : du squat de banlieue au prix Renaudot.

En devenant un écrivain à succès honoré de prix littéraires, Daniel Picouly, fils d'une famille ouvrière de banlieue, a transcendé le destin du môme de banlieue qu'il était, pour faire de sa vie un roman.

Fils d'une mère bourguignonne et d'un père d'origine antillaise, ouvrier chaudronnier à Air France, Daniel

Picouly est né en banlieue parisienne, à la Seine-Saint-Denis, dans une famille nombreuse de 13 enfants dont il est le 11e. Une vie de famille heureuse, mais dans des conditions matérielles difficiles. Sa famille connaît la galère des logements, la menace de l'expulsion, la difficulté à obtenir un HLM, et trouve finalement à se loger dans un minuscule pavillon de banlieue réquisitionné par son père, situé près d'Orly. Un squat délabré avec une pièce commune, deux chambres à coucher, et sans salle de bains.

Pour ne pas prendre de place, ni subir l'oppression de l'espace exigu qui sert de domicile familial, Daniel Picouly passe son enfance à jouer dans la rue. Sa scolarité en devient rapidement « fantaisiste », centrée davantage sur la récréation et ses distractions que sur les devoirs. Un jour, alors qu'il commet 26 fautes et demie à une dictée, il vit ce qui restera pour lui un grand moment d'humiliation, lorsque son instituteur déclare devant tous ses camarades de classe : *« pour faire autant d'erreurs, il faut être bête à manger du foin »*. Mais, ce qu'ignore ce dernier, c'est que Daniel Picouly n'est pas aidé à la maison par sa mère qui fait autant de fautes que lui. Et pour lui éviter de révéler à son tour ses lacunes en écrivant un mot d'excuse truffé de fautes, Daniel Picouly, même malade, ne manquera alors jamais un jour d'école.

En dépit de son orthographe médiocre, Daniel Picouly aime lire, raconter des histoires, et achète même à l'adolescence les livres de poche selon leur numéro, croyant qu'ils se lisent dans l'ordre. Lui qui aspirait à suivre des études de lettres, est finalement orienté en fin de 3e vers l'enseignement technique, et décroche un premier diplôme de comptabilité, avant de poursuivre ses études à l'université d'Assas, puis à Dauphine où il obtient une maîtrise de gestion, mais il est brutalement contraint d'abandonner son doctorat au décès de son père, pour subvenir aux besoins de sa famille.

Comme l'enseignement recrute, il devient à 24 ans maître auxiliaire dans un lycée de banlieue parisienne, puis 15 ans plus tard, professeur d'économie en classe de BTS, suite à l'obtention d'un concours.

Pendant 30 ans, en parallèle de ses heures de cours, Daniel Picouly qui n'a jamais cessé d'écrire, ni laissé son imagination se soumettre à ses lacunes en orthographe, sort en 1991 son premier livre, un roman, *La Lumière des fous*, puis *Le Champ de personne* dans lequel il raconte de manière romanesque son enfance en banlieue. Mais, c'est *L'Enfant léopard* qui lui apporte la notoriété et la reconnaissance, le propulsant au firmament du paysage littéraire français quand il reçoit le prix Renaudot en 1999.

Fort de son succès, Daniel Picouly décide de renoncer à l'enseignement pour se consacrer désormais à la littérature et à sa carrière d'écrivain. Un comble pour le dislexique qu'il était enfant, devenu depuis l'auteur d'une douzaine de romans dont plusieurs autobiographiques.

Si sa vie est un roman, Daniel Picouly a cherché à travers ses écrits à « réenchanter » son enfance de « banlieusard », une banlieue dont il a gardé la tchatche, le bagout, une communication directe, vivante, puissante, sincère, et qui a fait le succès des émissions littéraires qu'il a animées pour la télévision, dont une à son nom *Le café Picouly* sur France 5.

Une belle consécration pour celui qui a réussi une triple émancipation, celle de s'affranchir de sa lignée familiale d'ouvrier pour devenir un intellectuel reconnu, celle de dépasser sa dyslexie pour être un écrivain célébré, et enfin celle de s'extraire d'une enfance à l'ombre d'un squatt délabré pour oser aller dans la lumière, sans jamais perdre son identité.

L'auto-dérision comme thérapie
Dans une pièce de théâtre autobiographique, *La Faute d'orthographe est ma langue maternelle*, Daniel Picouly revient avec humour sur la genèse paradoxale de sa carrière d'écrivain. Il explique comment un dyslexique, collectionneur de double zéro en dictée, peut devenir écrivain, et un môme de banlieue accéder à la lecture et à l'écriture.
Daniel Picouly n'est d'ailleurs pas le seul écrivain à succès à avoir eu quelques désagréments esthétiques avec l'orthographe, et à avoir été traumatisé par l'exercice de la dictée. C'est aussi le cas de Daniel Pennac, romancier, dont les tourments orthographiques lui ont valu une prestigieuse récompense littéraire, le prix Renaudot, pour son livre « Chagrin d'école » dans lequel il raconte ses déboires scolaires, affirmant avoir mis un an pour connaître la première lettre de l'alphabet.

MALIKA BELLARIBI ou le talent d'une diva des quartiers : des bidonvilles à l'Opéra.

Cantatrice mezzo-soprano, Malika Bellaribi, née dans les bidonvilles et hospitalisée à l'âge de trois ans, a su imposer son talent dans le milieu élitiste et fermé de l'Opéra, sans jamais oublier ses origines.

Fille d'immigrés algériens, septième d'une fratrie de dix enfants, Malika Bellaribi est née à Nanterre, dans la pauvreté et l'insalubrité du bidonville des Pâquerettes, dont l'abbé Pierre avait à l'époque dénoncé l'existence. L'ambiance au sein de la pièce unique qui sert de logement familial, est houleuse et sans tendresse, à l'image de sa mère débordée et violente.

À l'âge de trois ans, Malika Bellaribi, victime d'un grave accident, se retrouve entre la vie et la mort. Renversée par un camion, ses hanches sont brisées, ses jambes fracturées et sa peau arrachée. Hospitalisée, elle subit de nombreuses interventions chirurgicales pour lui permettre de remarcher, et passe son enfance, jusqu'à l'âge de douze ans, à hôpital, en centres de rééducation et en maisons de convalescence où elle est soignée par les religieuses. Neuf années de sa vie loin de sa famille, loin des cris, des coups et des heurts, mais aux côtés de religieuses qui lui apprennent à lire, et l'initient au christianisme et au chant religieux. Un jour, alors qu'elle est emmenée à la chapelle de l'hôpital, elle entend l'Ave Verum de Mozart, le requiem est pour elle une révélation, le souffle de vie qui lui donne l'espoir, l'élan de transcender sa souffrance et de se relever physiquement pour remarcher.

Malika Bellaribi qui a grandi élevée entre deux cultures, musulmane par sa famille, chrétienne par la musique, peine à trouver sa place. Son retour dans sa famille est difficile. Lassée des humiliations maternelles, elle fugue. En représailles et pour la garder sous contrôle, sa mère décide alors de la marier de force en Algérie, mais elle résiste et parvient à revenir en France.

Pour gagner son indépendance, Malika Bellaribi travaille comme serveuse, femme de ménage, puis reprend ses études pour devenir comptable. Mais, le suicide de sa sœur aînée, Hayat, qui était sa maman de cœur, la fait sombrer dans une dépression l'obligeant à entreprendre à 22 ans une psychanalyse qui la fait alors renouer avec la musique et le chant dans lesquels elle avait retrouvé, enfant, le goût de vivre.

À 27 ans, Malika Bellaribi se lance corps et âme dans la musique, et débute l'apprentissage de l'art lyrique au sein d'écoles prestigieuses, l'école de polyphonie en cours du soir, en parallèle de son métier de comptable, puis le conservatoire international de musique de Paris, et enfin l'école normale de musique de Paris.

Quand elle se lance dans une carrière professionnelle, Malika Bellaribi a 30 ans, et dans le milieu élitiste de l'opéra, nombreux sont ceux à ne pas lui manifester grande bienveillance, et à lui reprocher de trop bouger, ou à lui conseiller de changer de nom. Mais, parce qu'elle a décidé de faire de sa passion son métier, elle se bat contre les réticences, les préjugés, et avec l'appui de son mari, psychothérapeute mélomane, se produit en soliste en démarchant les festivals et en organisant ses propres concerts.

Dotée d'un timbre rare, proche du velours et des graves des chanteuses noires américaines, son talent reconnu et sa personnalité charismatique font décoller sa carrière de cantatrice mezzo-soprano. Accueillie dans les salles françaises les plus prestigieuses, salle Pleyel, salle Gaveau ou Mogador, et sur les scènes du monde entier, Malika Bellaribi n'oublie pas d'où elle vient, et crée en 2000 son association *Voix en développement* pour démocratiser l'art lyrique dans les quartiers populaires, et prouver que l'opéra n'est pas l'apanage des privilégiés et des riches.

Surnommée la « diva des quartiers », Malika Bellaribi est une artiste accomplie, nommée en 2016 au grade de chevalier dans l'Ordre national de la Légion d'honneur, mais aussi une femme au grand cœur récompensée par le prix Clarins « Femme Dynamisante » qui gratifie l'engagement de femmes d'exception. Malika Bellaribi l'est.

De son enfance fracassée, elle a fait une force, intégrant très jeune l'idée du tout est possible. Et elle qui aurait dû être infirme, marche désormais normalement, elle que sa mère qualifiait d'idiote est depuis diplômée en comptabilité, et elle à qui les médecins avaient dit qu'elle ne pourrait jamais avoir d'enfant, est maintenant maman.

Le passage de relais
Telle une course de relais, beaucoup de ceux présents dans ce livre ont eu à cœur après s'être réalisés, de transmettre aux autres le témoin de la seconde chance qui leur a été « offerte », qu'ils se sont donnés et qu'ils ont su saisir. En redistribuant le capital de leur expérience, ils offrent désormais aux autres l'opportunité de saisir la leur.

3 – Tout est alors possible pour vous… Parce que chacun a droit à sa chance

TOUS…

Nous naissons libres et égaux en droits.

« Les hommes naissent et demeurent libres et égaux en droits. Les distinctions sociales ne peuvent être fondées que sur l'utilité commune ». Si dans l'esprit de l'article 1 de la Déclaration des droits de l'homme et du citoyen, la République érige l'égalité des chances et la mobilité sociale comme des principes fondamentaux de la démocratie sociale, il n'en reste pas moins que dans les faits, nous restons soumis à un environnement, à des facteurs extérieurs indépendants de notre volonté et qui sont un héritage que nous recevons à la naissance. Un héritage familial, un héritage social. Un héritage inégal, qu'on le veuille ou non.

Pour réussir dans la France d'aujourd'hui, mieux vaut être enfants de cadres que d'ouvriers, enfants de Français de souche que d'immigrés, et enfants des villes plutôt que de banlieues qui sont les plus discriminés. C'est une réalité du quotidien et les chiffres en témoignent : à diplôme équivalent, un enfant de cadres a quatre fois plus de chances qu'un enfant d'ouvrier de devenir cadre.

Dans une société où la reproduction sociale fonctionne à plein régime, il apparaît difficile d'échapper au déterminisme social, comme si tout était joué d'avance et le destin social de chacun conditionné et figé. Un constat qui selon la dote sociale de départ serait bienheureux pour les uns et amer pour les autres, créant aux derniers un sentiment légitime d'injustice, entre découragement et révolte.

Mais, peut-il y avoir plus belle victoire que d'arriver un jour là où on ne nous attendait pas… ?

Anesthésier ses croyances limitantes

L'ascenseur social de l'idéal démocratique censé permettre à chacun, sur la seule base de ses mérites, d'accéder aux positions sociales les plus élevées, et pour commencer supérieures à celle de ses parents, fonctionne aujourd'hui moins bien. S'élever socialement ne relève donc plus seulement du ressort social reposant sur un contexte extérieur, mais d'une dynamique individuelle sur la base de ses ressources personnelles.

À défaut de pouvoir compter sur les ressources sociales de son héritage familial, mobiliser ses ressources personnelles, c'est prendre la responsabilité de son avenir, car nous avons tous un parcours singulier à mener, des facultés intrinsèques, des talents à déployer, indépendamment de notre passé.

Vous avez en fait toujours le choix… Celui de libérer votre potentiel, en osant avancer dans une voie nouvelle et incertaine, ou celui de préférer la continuité rassurante d'une existence éprouvée, au risque de bâillonner votre trajectoire sur l'autel de peurs sclérosantes et de regrets macérés.

Vous avez toujours le choix… Celui d'être acteur de votre vie et de vous affranchir de votre héritage familial, social, pour construire votre propre voie, ou celui d'être le spectateur passif d'une vie conditionnée, étriquée dans des croyances limitantes qui voudraient qu'un avenir meilleur ne vous soit pas destiné. « Pas inné, pas mérité ».

Ces croyances limitantes, érigées en règles et distillées dès votre plus jeune âge par votre environnement, vos parents et la société, viennent progressivement et insidieusement régenter votre vie en vous faisant croire que vous n'êtes pas capables de…, que vous ne seriez pas dignes de…

Là où ces croyances sont les plus nombreuses, les plus tenaces, et surtout les plus préjudiciables, c'est quand elles font écho à notre manque d'espoir : *« ce n'est pas possible »*, à notre manque de confiance en nous : *« je ne suis pas capable »*, ou encore à notre manque de mérite : *« je ne suis pas digne »*, nous empêchant alors de nous révéler et d'accéder à notre plein potentiel.

Par fatalité, par facilité, mais aussi par fidélité, nous nous laissons alors prendre dans les lianes sournoises de croyances « racine » qui nous paralysent, nous menant à la passivité et à l'impasse, mais avec comme bénéfice secondaire sous-jacent et parfois tentant de ne prendre aucun risque.

Ne pas habiter sa vie est une « belle » stratégie de défense, mais cette protection a un prix : celui de passer à côté de son existence. Dresser les contours du devenir auquel nous aspirons pour nous-même est l'un de nos plus grands défis et même celui d'une vie. Il demande le courage de casser les barrières, les codes, et d'oser avancer avec confiance, aisance, outre l'incertitude et l'inconnu.

Dans son livre *La Fin de la plainte*, François Roustang, philosophe et psychanalyste, nous invite d'ailleurs à réfléchir à un paradoxe aussi juste que déroutant : *« il y a deux choses que les humains détestent, la liberté et le bonheur parce qu'il faut les inventer, les construire et que cela demande du courage, de la persévérance et de l'audace »*.

Passifs et contemplatifs, nous voudrions alors la joie sans la souffrance, l'intensité sans la prise de risques, puis attribuer la cause de notre impuissance et de notre inertie aux autres et aux circonstances extérieures. Mais, prendre pleinement sa vie en mains, à bras-le-corps, implique un engagement soutenu, motivé par le désir de s'émanciper et par un goût certain de l'effort pour y accéder.

Votre réussite ne dépendrait alors qu'en toute petite partie d'éléments extérieurs, et bien davantage de ce que vous avez en vous.

S'affranchir de son héritage familial

Nos pensées, parce qu'elles sont créatrices d'intentions, guident nos actions et ont autant le pouvoir de nous construire que de nous détruire, de nous renforcer que de nous fragiliser.

Trois questions se posent et s'imposent à nous, à vous : Croyez-vous que vous n'êtes pas digne d'avoir une belle vie parce que vos parents ne l'ont pas eue ? Pensez-vous que vous n'êtes pas capable de réussir parce que vos parents n'ont pas fait d'études ? Considérez-vous que le cours de votre vie suit celui de votre destin et que vous ne pouvez pas en changer le tracé ?

Ces interrogations sont importantes, et votre ressenti spontané, bien davantage, car les croyances limitantes fonctionnent comme des « virus » de la pensée et ont le même pouvoir destructeur que les virus d'ordinateur. Elles interfèrent dans nos capacités jusqu'à nous immobiliser et brider notre potentiel. Mais nous avons toujours en nous l'antidote viral pour changer nos croyances, déconstruire les mythes, et ainsi soutenir notre valeur personnelle et influencer positivement notre vie. Encore faut-il… se l'autoriser et l'assumer.

Cela peut paraître étonnant, mais cette posture est loin d'être évidente à accueillir, car réussir indépendamment des autres, et même à l'opposé des autres, quand ces derniers n'ont pas accédé à leur propre réussite, revient à se démarquer et à faire valoir sa différence au sein du clan. C'est alors rompre légitimement avec la trajectoire de sa lignée, mais aussi parfois avec culpabilité. N'oubliez jamais que la fidélité à son héritage familial et social a aussi ses limites, celles de vous priver de votre liberté individuelle à vous réaliser.

La famille, si elle est un ancrage de référence puissant, n'est en aucun cas une entreprise de clonage, et être un des maillons de cette chaîne humaine ne condamne pas à répéter irrémédiablement ce qui a été fait auparavant. Bien au contraire, la lignée familiale se veut par essence évolutive, et le modèle parental est à dépasser et même à « transcender » pour embrasser son ambition personnelle.

Se réaliser ne revient pas à rejeter ses origines, c'est les accepter tout en s'autorisant le droit à sa chance en réorientant sa destinée pour honorer sa propre trajectoire.

S'il est possible et facile de rester fidèle au passé en se limitant docilement au carcan d'un milieu social défini, il est aussi possible et même souhaitable de s'octroyer sa propre liberté pour faire de sa vie une expérience riche et constructive. Et le plus merveilleux dans cela, c'est que la volonté finale vous appartient, encore et toujours...

Exprimer son libre arbitre pour transformer son destin

Tous, nous naissons dans un pays donné, dans une famille rattachée à un niveau social déterminé. Si de notre enfance, nous ne choisissons pas grand-chose, nos expériences passées ne déterminent en rien notre avenir. Nous avons toujours le choix, et ce choix, c'est que nous appelons la liberté.

Tous, nous portons en nous une part d'hérédité qui nous conditionne, un point de départ lié à nos racines, à notre milieu familial, affectif et social, mais nous avons aussi une part de liberté qui nous singularise et qui fait de nous un être à part entière. Cette liberté qu'il nous appartient d'exprimer pour donner vie à notre individualité, est ce que nous appelons le libre arbitre.

Le libre arbitre revient à accueillir ce qui s'impose à nous, tout en sachant le transformer au fil de la vie, des envies et de notre évolution personnelle pour sortir du conditionnement originel et nous ouvrir alors au champ des possibles. En exerçant ce libre arbitre, vous devenez vous-mêmes les co-auteurs de votre trajectoire de vie, oscillant entre ce qui est puis ce que vous êtes, entre ce qui relève de l'inné donc immuable et ce qui relève de l'acquis et qui est à conquérir.

La prière dite de la sérénité dont l'origine reste encore aujourd'hui un mystère, mais que certains ont rattaché à une source religieuse du temps de l'Empereur Marc Aurèle, rappelle la nécessité à évoluer entre acceptation et action, et la sagesse de faire la différence entre le transformable et l'irrévocable : *« Donnez-moi la sérénité d'accepter les choses que je ne peux changer, le courage de changer les choses que je peux, et la sagesse d'en connaître la différence »*.

Si nous sommes soumis à des influences génétiques, familiales, sociales qui participent au déroulement de notre existence, nous jouissons en revanche toujours d'une importante marge de manœuvre pour réorienter et améliorer ce conditionnement de départ, que certains appellent le destin.

Faire du destin un déterminisme absolu, en considérant que nous n'aurions pas d'autres choix que de nous fondre docilement dans le moule impérieux de notre histoire est une alternative, mais c'est aussi un parfait alibi pour minimiser notre implication et nous exonérer de nos responsabilités, alors que nous pouvons nous offrir tellement plus, et que nous le devons non seulement à nous-même mais aussi à notre lignée pour l'élever dans ses potentialités.

Sartre, qui représente le courant philosophique de l'existentialiste faisant prévaloir l'existence à l'essence, prônait ainsi les vertus du libre arbitre et de la responsabilisation en considérant que l'homme est plus libre de pouvoir devenir ce qu'il souhaite que déterminé par sa propre nature.

Sur ce chemin au service de votre réalisation, lorsque vous choisirez de vous rendre disponibles pour vivre mieux et pour exprimer le meilleur de vous-même, sachez que vous ne serez jamais seuls ; la vie se mêle à l'ouvrage, faisant émerger des opportunités, des rencontres, des synchronicités parfois troublantes qui viendront ponctuer votre évolution pour vous accompagner dans l'élan ascensionnel de votre vie.

Chapitre 4
Les « P.D.G »
Les « Petits Devenus Grands »

*« Ils ne savaient pas que c'était impossible,
alors ils l'ont fait. »* Mark Twain

Ils n'ont pas eu un parcours scolaire exemplaire, le leur a été chaotique et ponctué d'échecs. Ils n'ont pas aimé l'école, et le système éducatif le leur a bien rendu, il n'a pas su les fédérer, valoriser leurs ressources et révéler leur potentiel.

Plutôt que de suivre la voie royale des études supérieures et d'un avenir prometteur, ils ont choisi une voie moins conventionnelle, celle de l'apprentissage sur le terrain. Ces hommes et les femmes sont ceux que j'appelle les P.D.G, les « Petits Devenus Grands ». Sans la légitimité des lauriers et des diplômes significatifs, ils ont su créer leur réussite, au-delà même de leurs espérances.

Leur parcours sinueux et atypique aurait pu être un handicap et les desservir, mais leur différence a été leur force et le tremplin de leur prospérité.

Doté du triple A, *Autodidactes – Audacieux – Ambitieux,* qui a fait leur singularité, ils démentent le dogme de la primauté du diplôme et suscitent l'admiration car en leur succès personne ne croyait, eux qui réunissaient si bien les conditions pour échouer.

Parce qu'ils n'avaient rien à perdre, ils ont eu comme les jusqu'au-boutistes, ce grain de vie et de folie revendiqué par Aristote : *« Il n'y a point de génie sans grain de folie »*, celui-là même qui a fait leur succès. Ils ont eu la folie, le talent d'oser, et ils ont tout gagné, leur reconversion et leur ascension personnelle.

1 – Guy Laliberté
De l'indifférence de la rue à la reconnaissance sur Hollywood Boulevard !

L'histoire de Guy Laliberté est celle d'un saltimbanque, artiste de rue autodidacte, jongleur, cracheur de feu, qui à 18 ans rejoint Paris avec 40 euros en poche, et transforme en quelques années le cirque bohême en une entreprise de spectacle de haut niveau acclamée aux quatre coins du monde.

Son talent : avoir fait des arts vivants de la rue une discipline artistique reconnue, et du « Cirque du Soleil » un joyau culturel et une des plus grandes entreprises mondiales de divertissement en mettant son goût de la démesure au service de son art.

Personnage hors normes, Guy Laliberté est l'homme de tous les défis et de tous les excès, un homme qui a su prendre des risques à la hauteur de ses rêves pour faire de sa passion son succès, et qui garde encore aujourd'hui, en dépit des honneurs reçus, une part d'émerveillement pour la vie, une fraîcheur originelle et un goût de l'aventure insatiable. Au firmament de sa carrière, il réalise un de ses rêves les plus fous en devenant le 7e touriste au monde à s'envoler dans l'espace.

Portrait d'un entrepreneur aux allures clownesques qui, en ayant pour ambition de réaliser ses rêves d'enfant, est passé de l'indifférence de la rue à la reconnaissance planétaire avec une étoile gravée à son nom sur Hollywood Boulevard.

Né à Québec, Guy Laliberté est encore enfant quand sa famille s'installe à Saint-Bruno, en banlieue de Montréal. Une vie de famille joyeuse, chaleureuse, bercée par l'atmosphère festive des années 70 et influencée par la proximité américaine et les mœurs de l'époque woodstock où l'on célèbre l'amour, la liberté et la paix.

À la maison, chez les Laliberté, tout est prétexte à la fête. Ses parents qui jouent plusieurs instruments de musique, ont le goût du divertissement, et l'enfance de Guy Laliberté est ainsi rythmée par la convivialité des fêtes familiales.

Enfant enjoué et entêté, au caractère bien trempé, difficile de lui imposer des désirs qui ne sont pas les siens. Ses parents en font l'expérience quand ils tentent de lui faire apprendre le piano. Sans succès. Trop théorique, trop scolaire pour l'enfant hyperactif qu'il est. Sa mère, infirmière, s'inquiète alors pour lui, le petit dernier de la fratrie qui ne tient pas en place. Son père, vice président chez Alcan, ancienne entreprise d'expertise mondiale d'aluminium, rêve en revanche pour son plus jeune fils d'une carrière d'ingénieur. Mais Guy Laliberté aspire à un autre avenir, et la télévision va lui donner dès l'âge de 10 ans, le goût de l'aventure, du voyage, et l'envie de parcourir le monde.

Alors que le Québec accueille la *Francofête*, un événement qui célèbre les arts du cirque, Guy Laliberté, fasciné par tous ces jongleurs, unicyclistes, acrobates, musiciens et chanteurs, décide de quitter le domicile familial à 14 ans pour mener une vie de saltimbanque. À l'attention de ses parents, il laissera sur la table de la cuisine, une citation de l'écrivain et poète arabe Khalil Gibran : *« Vos enfants ne sont pas vos enfants, ils sont les fils et les filles de l'appel à la vie elle-même »*.

Guy Laliberté, accordéon en bandoulière, sillonne le Québec, puis l'Europe, et apprend le métier d'artiste dans la rue, au fil ses rencontres. Il est à la fois accordéoniste, échassier, raconteur de légendes, puis cracheur de feu. C'est en France qu'il acquiert les rudiments de l'art de cracher des flammes après avoir rejoint Paris à 18 ans avec seulement 40 euros en poche, une liste d'organisateurs de festivals à contacter et l'insouciance de sa jeunesse. Là, il vit de son art, de l'aumône des passants, et dort parfois même sur les bancs de la capitale, faute de pouvoir payer un hébergement pour la nuit.

Neuf mois plus tard, au grand soulagement de ses parents, Guy Laliberté décide finalement de revenir à Montréal et de reprendre des études en génie nucléaire. Pour financer sa scolarité, il est ouvrier sur un chantier dans la région de la Baie James, mais trois jours après son arrivée, les ouvriers déclenchent une grève et le chantier est fermé. Cette grève, malencontreuse, va réorienter le cours de sa vie et lui permettre alors d'ancrer son prochain succès.

Plutôt que de retourner à l'école, il rejoint Baie-Saint-Paul, une petite ville située à 100 km à l'est de la ville de Québec, pour apprendre à monter sur des échasses, et intègre la troupe des échassiers créée par Gilles Saint-Croix. Tous deux amuseurs publics et rêveurs, ils se lient d'amitié et organisent ensemble des activités pour l'auberge de jeunesse de la ville.

Là, Guy Laliberté croise le chemin d'un ancien camarade de classe, Daniel Gauthier, devenu depuis comptable. Il a un sens inné de la gestion et devient rapidement le sage du trio, l'administrateur, le seul à l'époque à posséder un ordinateur et à savoir s'en servir.

Si Guy Laliberté a instinctivement l'âme d'un amuseur public, il n'aspire pas à une vie de misère faite de petites rétributions, sans reconnaissance artistique. Malgré son jeune âge, 22 ans, et son allure hippie aux cheveux longs, il apprend vite et exprime déjà des qualités de leadership évidentes, des talents d'habile organisateur et négociateur. Il propose alors à ses deux complices d'unir leurs qualités respectives pour organiser un grand événement, la fête foraine de la Baie de Saint-Paul, qui attire dès la première année les meilleurs artistes de rue de l'Amérique du Nord. Et le succès du spectacle de fermeture lui donne alors l'idée de créer un nouveau concept, un cirque itinérant sans animaux mais avec une troupe qui réunirait sous un même chapiteau les arts du cirque et de la rue, et qu'il décide d'appeler « le Cirque du Soleil ».

Avec ses deux amis et grâce à l'appui financier du gouvernement du Québec, il installe sa petite troupe d'artistes dans la caserne de pompiers désaffectée de Montréal, et s'implique dans la fondation de l'école nationale du Cirque dont les meilleurs éléments alimentent la compagnie.

En définissant une ligne artistique, acrobatique et esthétique unique, Guy Laliberté met à profit ses talents de créateur et d'entrepreneur visionnaire, et réinvente le cirque pour provoquer les sens, le rêve et l'émotion. Les débuts sont difficiles. Le Cirque du Soleil se produit d'abord localement dans différents lieux du Québec, puis est sollicité pour se produire lors de la célébration du 450e anniversaire de la découverte du Canada par l'explorateur Jacques Cartier en 1534. Mais le Canada devient rapidement un terrain de jeu trop limité pour son ambition. Alors, pour décrocher une participation au festival des arts de Los Angeles, la troupe du Cirque du Soleil renonce à être payée, et Guy Laliberté investit tout son argent pour réaliser le spectacle qui y sera présenté. La troupe connaît là son premier succès sur le sol américain, dans le cadre exceptionnel de la côte californienne, sous un chapiteau érigé face à l'océan.

À la fin du festival, lui et les vingt artistes de sa troupe n'ayant plus de quoi payer l'essence pour revenir au Québec, seront obligés d'emprunter à leur entourage l'argent pour financer leur retour. Mais le pari est gagné, et le Cirque du Soleil poursuit sa tournée dans tout le Canada avec un nouveau spectacle, puis séduit les États-Unis où la représentation est jouée à guichets fermés, l'Europe et enfin le Japon. L'année suivante, le Cirque du Soleil s'émancipe et sort du cadre itinérant du chapiteau pour installer ses spectacles dans l'enceinte de lieux permanents, comme à Las Vegas où Guy Laliberté signe un contrat lucratif pour se produire dans un hôtel pendant dix ans.

En élevant les arts du cirque au rang des grandes disciplines artistiques, Guy Laliberté fait du Cirque du Soleil une des entreprises québécoises les plus florissantes avec un chiffre d'affaires frôlant les 1 milliard d'euros, et devient en 2000, après le rachat des parts de ses complices du départ, l'unique actionnaire d'une des plus grandes entreprises internationales du divertissement qui déploie désormais ses réalisations sur 5 continents, au rythme de 20 spectacles présentés simultanément dans le monde, et centralisant ses activités dans 4 sièges sociaux situés à Las Vegas, Amsterdam, Singapour et Montréal.

Dans une entreprise qui compte désormais 4 000 employés, où 40 nationalités se côtoient et 25 langues sont parlées, elle est bien loin l'époque de la petite troupe de saltimbanques bohêmes qui partait en roulotte tenter sa chance sur la côte ouest des États-Unis.

Le Cirque du Soleil qui doit son succès à cette atmosphère familiale et à l'esprit de troupe, continue à cultiver cette harmonie collective, terreau de sa créativité artistique. Guy Laliberté qui a conservé son âme de nomade, y veille personnellement et œuvre pour des relations mutuellement gagnantes, et cela malgré la croissance de l'entreprise et la bureaucratie qui en découle.

Parce que faire rêver annuellement 15 millions de spectateurs à travers le monde coûte cher – il faut au moins 20 millions d'euros pour créer un spectacle à partir d'une idée –, Guy Laliberté choisit de concéder une part de sa liberté en cédant 20 % de ses parts à des investisseurs de Dubaï pour assumer la folie des grandeurs de son prochain spectacle, *Zarkana*, le plus cher de l'histoire du Cirque du Soleil, un opéra rock acrobatique dont la création est estimée à 50 millions d'euros.

Entrepreneur et créateur, Guy Laliberté est un personnage hors normes, l'homme de tous les défis, capable de tous les excès. Une extravagance audacieuse qu'il met au service de son art et qu'il exprime sans retenue, sans censure, ce qui lui a permis de marquer sa différence et de viser l'excellence.

Personnalité fantasque, adepte de la démesure, il a fait de son existence une vie extraordinaire, comme en témoignent notamment les fêtes somptueuses qu'il donne dans les jardins de sa luxueuse propriété de Saint-Bruno, sur la rive-sud de Montréal. Des festivités qui se prolongent sur plusieurs jours, jusqu'à ce que le maître des lieux ordonne à son personnel d'activer le système d'arrosage, signal que la fête est officiellement terminée. Pour accéder aux festivités qualifiées par certains invités comme *« la plus grande nuit de leur vie »*, nombreux sont ceux à se battre pour obtenir le précieux sésame, car outre ces qualités d'organisateur, Guy Laliberté est un homme généreux, un homme de cœur et un marchand de bonheur qui ne lésine devant rien pour rendre son entourage heureux et provoquer des émotions à ses invités. Et même s'il ne crache plus aujourd'hui le feu en public, il lui arrive encore exceptionnellement de le faire pour amuser ses cinq enfants issus de deux unions différentes, qui le surnomment « papa dragon ».

Les années passent, les honneurs s'amassent, mais Guy Laliberté garde dans les yeux cette lueur d'émerveillement qui fait encore de lui un grand enfant rêveur, idéaliste, aux allures d'adolescent, affublé de ses traditionnels jean, tee-shirt, baskets. Et pour nourrir cette soif insatiable de vie et de sensations, il réalise au firmament de sa carrière un de ses rêves les plus fous, celui de voyager dans l'espace, en s'envolant en 2009 dans la cité des étoiles à bord de la fusée Soyouz, aux côtés de deux astronautes, le cosmonaute russe Maxime Souraïev et l'américain Jeffrey Williams, devenant ainsi le 7e touriste à voyager dans l'espace et le premier explorateur spatial privé de l'histoire du Canada. Un voyage en apesanteur à plus de 28 000 km/h où tout se vit en accéléré, et une folie supplémentaire pour Guy Laliberté qui vit là quelques-unes de ses plus belles émotions.

Lui qui rêvait enfant d'aller dans l'espace, a désormais les moyens de son rêve et à sa portée les 30 millions d'euros nécessaires pour vivre ce séjour de douze jours sur la station spatiale. Une croisière orbitale financée sur ses fonds privés, mais qu'il a choisi d'inscrire dans une démarche sociale et poétique pour sensibiliser les citoyens aux questions liées à l'eau, une cause qu'il défend avec sa fondation *One Drop* créée pour faciliter l'accès à l'eau potable aux populations défavorisées. Avec comme slogan, *« l'eau pour tous, tous pour l'eau »*, Guy Laliberté fait de l'eau, première cause de mortalité dans le monde, l'enjeu majeur de son combat, considérant qu'elle est au cœur de la vie de l'humanité, en termes de santé, d'éducation, de biodiversité et de pollution.

À son retour sur terre, il publie un livre, *Gaïa*, qui compile ses plus belles photos prises depuis l'espace. Trois cents photos vues du ciel et publiées dans trois ouvrages : une édition reliée au prix de 50 euros, une collection ultime à 750 euros et une édition artiste limitée de luxe à… 5 000 euros dont les profits de la vente sont reversés à sa fondation. La tête dans les étoiles, mais les pieds bien sur terre, et c'est cette dualité qui a permis à Guy Laliberté de créer son empire en exprimant à la fois ses talents de créateur mais aussi d'entrepreneur pour propulser la petite troupe de saltimbanques au sommet de son art, et la faire rayonner aux quatre coins de la planète.

Avec une fortune personnelle estimée à 2 milliards d'euros, le classant au 1006e rang des personnes les plus riches au monde en 2015 selon le magazine Forbes, Guy Laliberté n'entend pas seulement être perçu comme un amuseur public multimilliardaire, mais aussi comme un citoyen engagé, un acteur responsable du changement qui consacre aujourd'hui une part de sa fortune à soutenir des causes sociales, humanitaires, environnementales. Chaque année, il alloue 1 % des revenus bruts du Cirque du Soleil à sa fondation One Drop et à des projets sociaux dont *les ateliers du cirque* qui donnent une seconde chance aux enfants des rues dans 18 pays à travers le monde, du Brésil à la Mongolie.

Au fil de sa carrière, si Guy Laliberté a été honoré de nombreux prix, il reçoit en 2010 la plus belle de ses récompenses, une des prestigieuses étoiles de l'Hollywood Walk of Fame. Après William Shatner et Céline

Dion, Guy Lalilberté est le 3e Québécois à obtenir cette consécration, une place permanente sur Hollywood Boulevard d'autant plus symbolique pour lui qui a commencé sa carrière modestement dans la rue. Une belle reconnaissance pour celui qui, fidèle à ses idéaux et à son nom de famille, à « libéré » son potentiel de vie et de folie pour honorer ses envies.

Avec le recul de son expérience
« *J'ai bâti ma vie sur une théorie : quand on nourrit bien le cercle de sa vie, la vie nous le rend. J'aime sentir la vie qui pétille, et deux verbes ont ainsi jalonné ma vie : pouvoir et vouloir. J'ai eu la folie de prendre des risques, et cela m'a plutôt réussi. Rien n'était pourtant gagné d'avance.*
Le livre qui m'a accompagné durant toute mon enfance est Le Petit Prince d'Antoine de St Exupéry. *J'associe ce livre au jour où le premier homme a marché sur la lune. J'étais en colonie de vacances et quand j'ai découvert sous mes yeux que se réalisait l'histoire du petit prince pour de vrai, cet événement m'a alors confirmé que les rêves pouvaient devenir réalité.*
Aujourd'hui, ma vie est celle dont je rêvais quand j'étais gosse et même davantage, car après avoir commencé ma carrière dans la rue, j'ai désormais une place d'honneur permanente dans la rue avec l'étoile qui m'a été décernée sur le célèbre Hollywood Walk of Fame. Je n'aurais pu imaginer un plus grand bonheur ».

2 – Parce que ça n'arrive pas qu'aux autres...

Guy Martin ou la revanche d'un autodidacte : de la pizzeria savoyarde à l'excellence culinaire.

Guy Martin, petit-fils de paysans savoyards, au parcours scolaire écourté et à l'adolescence rebelle, a commencé pizzaïolo à Annecy avant de devenir le chef étoilé et l'homme d'affaires qu'il est aujourd'hui. Itinéraire d'un surdoué des fourneaux.

Guy Martin, petit-fils de paysans savoyards et fils de mineur de fond, grandit en Savoie. Un cadre naturel et inspirant qui lui fait rapidement privilégier l'école buissonnière et accumuler les absences répétées en classe. Rebelle à l'ordre établi et fan des Rolling Stones, l'adolescent aux cheveux longs qui convoite davantage la scène que l'estrade de sa classe, arrête l'école en 3e pour créer son groupe de pop, et passe son baccalauréat en candidat libre.

Sans grandes perspectives, et pour gagner sa vie, il accepte un emploi de pizzaïolo à Annecy. Là, il fait ses premiers pas en cuisine à 19 ans, et c'est en découvrant par hasard un livre de recettes de Henri Babinski dit Ali Bab, gastronome et auteur de livres culinaires, que Guy Martin attrape le virus de la cuisine et s'élève à l'art culinaire. Pizzaïolo le jour, il retravaille le soir venu les recettes du livre par ordre alphabétique, en les expérimentant et les réinterprétant. Autodidacte dans l'âme, il fait ses apprentissages seul, sans maître, ni école, mais avec comme support d'expérimentations cet ouvrage, élément déclencheur et révélateur de sa vocation.

Le jour où il se rend disponible pour remplacer un ami en cuisine au *Château de Coudrée*, un Relais & Châteaux avec restaurant gastronomique, situé au bord du lac Léman, Guy Martin saisit sa chance. Une opportunité qui le révèle auprès de professionnels et lui ouvre les portes du *Château de Divonne* où il gravit les échelons, devenant à 26 ans son directeur et chef de cuisine. Six mois après son arrivée, Guy Martin décroche sa première étoile au Michelin, puis une deuxième en 1990.

L'année suivante, il accepte le défi de rejoindre une institution parisienne, un haut lieu de la gastronomie française fondé en 1784, *Le Grand Véfour*, et devient le chef des cuisines de cette adresse mythique classée monument historique, où le Tout-Paris, de Napoléon à Cocteau en passant par Victor Hugo, s'est attablé ces deux derniers siècles. Guy Martin perpétue la cuisine française et atteint le paroxysme de la consécration en décrochant une troisième étoile au Michelin, une récompense confortée par l'obtention d'autres distinctions, parmi lesquelles un prix qui le classe parmi les 7 meilleurs cuisiniers du monde.

Virtuose des fourneaux, Guy Martin endosse le costume d'homme d'affaires avisé lorsqu'il rachète le *Grand Véfour* au groupe américain *Starwood*, et qu'il inaugure son école, *L'Atelier Guy Martin*, dans un hôtel particulier situé près des Champs-Elysées.

Lui qui n'a pas fait ses gammes dans les cuisines des grands chefs, est aujourd'hui un ovni dans l'univers de la cuisine, mais aussi l'illustration qu'en partant de rien, il est toujours possible de réorienter son destin et de le transcender à force de travail et de persévérance.

En cherchant sa voie, puis en la trouvant, Guy Martin l'a sublimée jusqu'à l'excellence, avec comme moteur d'inspiration une devise que sa mère lui répétait enfant et qu'il a fait sienne : *« Ce que tu fais, fais le bien ou ne le fais pas »*. Une parole qui a bercé son enfance et guidé son ascension, de la pizzeria savoyarde au firmament mythique de la cuisine gastronomique française.

Faire mentir les parents

Beaucoup de « cancres » qui ont exaspéré leurs parents et leurs professeurs, gardent en mémoire les phrases de désespérance prononcées à leur encontre.

Mais, plutôt que de leur rester fidèles, certains ont choisi de les faire mentir. C'est le cas de Michel Drucker qui en accumulant les échecs scolaires, fera le désespoir de son père, lui assénant régulièrement : « *Mais qu'est-ce qu'on va faire de toi?* ». Une rengaine qui marquera sa vie d'adulte, et qui deviendra même le titre de son livre autobiographique.

Quant à Winston Churchill, il aura passé sa jeunesse avec la certitude martelée par son père de son inintelligence : « *tes résultats scolaires sont une insulte à l'intelligence* ». Il quittera alors l'école, jeune, pour s'engager dans l'armée, et malgré ses échecs scolaires, se distinguera par ses prédispositions pour l'écriture, les joutes politiques, et une excellente mémoire, devenant en 1951 premier ministre du Royaume-Uni. Comme pour beaucoup d'autodidactes, son acharnement au travail fera sa différence, une singularité dont il laissera l'empreinte dans un de ses discours porté à la chambre des communes : « *Je n'ai rien d'autre à offrir que du sang, de la peine, de la sueur et des larmes !* ».

Philippe Bouvard ou l'ascension par la petite porte : du renvoi de l'école de journalisme à la direction du Figaro.

Philippe Bouvard est un autodidacte assumé et accompli. Trois fois recalé au baccalauréat, renvoyé de l'école de journalisme, il a commencé comme coursier au Figaro, avant d'en devenir un des directeurs, et au-delà, un brillant professionnel du multimédia.

Après avoir échoué trois fois au baccalauréat, Philippe Bouvard quitte le lycée avec comme unique diplôme le certificat d'études. Une scolarité médiocre et une série d'échecs qui ne le dissuadent pas de rejoindre les rangs de l'École Supérieure de Journalisme de Paris dont il est renvoyé après six mois de cours, avec comme appréciation : *« n'est pas doué pour le journalisme mais réussira dans les professions commerciales »* ; la direction de l'école ayant découvert qu'il rédigeait les devoirs de ses camarades contre rémunération.

Philippe Bouvard abandonne alors la perspective d'études secondaires, sans pour autant renoncer à son souhait de devenir un grand romancier. Une révélation qu'il doit à Jean Cocteau croisé à Cannes alors qu'il passe ses vacances sur la côte d'azur avec ses parents. L'écrivain en limousine conduite par son chauffeur sur la croisette, lui laisse l'empreinte que l'écriture rapporte suffisamment d'argent aux poètes pour faire fortune.

Sans baccalauréat, sans diplôme de journaliste, ni piston, Philippe Bouvard décide de rentrer dans l'univers de la presse par la petite porte, comme coursier au service photographique du Figaro. Puis, il obtient un stage au service des informations générales du Figaro, où il commence à écrire quelques lignes pour légender les photos, ce qui lui permet d'obtenir le précieux sésame de la carte de presse. Un premier pas vers la reconnaissance pour celui qui, quelques années auparavant, avait été renvoyé de l'école de journalisme.

Toujours disposé et disponible, Philippe Bouvard se fait repérer pour sa réactivité, sa capacité de travail, et après l'écriture des légendes photographiques, la direction du Figaro lui confie désormais celle d'articles. Prêt à tout couvrir comme actualité, il ne refuse rien et travaille avec acharnement, ce qui lui vaut de grimper progressivement les échelons, et de signer à 23 ans la chronique parisienne mondaine du Figaro, puis d'être nommé comme directeur des services parisiens.

En dirigeant les pages parisiennes du Figaro pendant onze ans, il se fait connaître du Tout-Paris, des personnalités célèbres et des hautes sphères du pouvoir, avant de rejoindre France Soir comme rédacteur en chef, directeur et éditorialiste. Là, il impose sa plume acerbe et pleine de dérision en signant quotidiennement un billet d'humeur publié en une, puis enchaîne les rédactions, L'Express, Paris Match…

La radio lui ouvre également ses portes, Philippe Bouvard devient rédacteur en chef à RTL, et passe des coulisses à l'antenne en lançant l'émission *Les Grosses Têtes*, une émission quotidienne de culture générale à l'humour gaulois, dont le titre est une belle revanche pour le journaliste multimédia autodidacte qu'il est devenu, sans aucun diplôme en poche.

Son rôle d'amuseur public incisif séduit aussi le petit écran. La chaîne Antenne 2 fait appel à lui pour présenter *Le Petit Théâtre de Bouvard*, une émission d'humour et de sketches qui révèle toute une génération d'humoristes dont Muriel Robin, Pascal Légitimus, Mimi Mathy.

En dépit de son succès, Philippe Bouvard qui garde de ses jeunes années le complexe de l'échec au gré de ses revers scolaires, multiplie les activités au fil des années : journaliste, animateur, directeur et écrivain avec plus de 60 livres à son actif, comme pour multiplier ses chances de réussite.

Il construit alors sa vie professionnelle sur trois piliers : l'exigence, il ne fait rien à l'improviste et ne laisse rien passer à ses équipes, le travail, l'homme au physique rond et jovial est un hyperactif boulimique de travail à l'emploi du temps minuté, et enfin la capacité à s'entourer de personnes de talent pour dissimuler ses lacunes, servir son image, et assouvir un besoin insatiable de reconnaissance.

Durant 40 ans, chef incontesté et incontestable des *Grosses Têtes* sur RTL, son éviction en 2000 au profit de Christophe Dechavanne, pour répondre au souhait de la direction de rajeunir la station, n'a pas eu raison de son style aiguisé. Faute d'audience, Philippe Bouvard est rappelé quelques mois plus tard pour reprendre les rênes de l'émission jusqu'en 2014, année où il tire finalement sa révérence à 85 ans au profit de Laurent Ruquier.

Homme de complexes, complexé par son physique, sa taille, son manque de culture, Philippe Bouvard n'a cessé de cultiver son talent en mettant sa curiosité et sa force de travail au service de ses insuffisances, ne laissant aucune place à l'improvisation et à la méconnaissance. Avec une carrière ponctuée par 30 000 articles de presse, 6 000 émissions télévisées et plus de 45 années de présence sur RTL, Philippe Bouvard a réussi, malgré son absence de diplômes, à conquérir la victoire de l'audience et le mérite inestimable d'être aimé dans la durée par un public fidèle à son talent.

À l'école du Mentor

Le parcours de Philippe Bouvard rappelle la stratégie progressive des petits cailloux que l'on doit à Confucius : « *Qui veut déplacer une montagne commence par enlever de petites pierres* ». Ce proverbe rappelle combien pour arriver à de grandes réalisations, il faut aussi passer par de petites.

Comme beaucoup d'autodidactes qui compensent leur complexe d'infériorité par l'apprentissage sur le terrain aux côtés de « guides initiatiques », Philippe Bouvard s'est choisi un mentor, un modèle, un repère en la personne de Pierre Lazareff, à qui il a d'ailleurs succédé au fauteuil de France Soir.

ORIANNE GARCIA ou la chance du débutant : de l'enseignement à l'emblème millionnaire du net.

En moins de dix ans, Orianne Garcia, fille de professeur, étudiante en lettres destinée à une carrière d'enseignante, est devenue, sans aucune maîtrise des nouvelles technologies, une des figures de proue du web hexagonal, emblème millionnaire du net, et un exemple de réussite entrepreneuriale au féminin.

Orianne Garcia quitte à 19 ans la province alsacienne où elle vit depuis sa naissance, pour rejoindre Paris et emménager avec son petit ami Alexandre. Fidèle à sa lignée paternelle – son père est enseignant en arts plastiques –, elle s'apprête à poursuivre ses études pour devenir professeur, mais au cours d'un examen oral à l'École Normale Supérieure, elle se rend compte que l'enseignement n'est pas fait pour elle, et change de cap pour une formation littéraire à la Sorbonne.

En parallèle de ses études, elle s'initie à l'informatique aux côtés d'Alexandre et d'un de leur ami, Christophe, tous deux étudiants en informatique, et découvre alors internet à ses débuts. Dès la première connexion, et malgré la piètre qualité visuelle des sites et leur nombre réduit, Orianne Garcia, dépourvue de connaissance dans les nouvelles technologies, perçoit instinctivement l'incroyable révolution que représente cet outil, et devient une adepte de la première heure.

Titulaire d'une maîtrise de lettres, elle décide à 20 ans de tout « lâcher » pour se lancer dans l'univers du web, un univers technique qui lui est étranger et où évoluent principalement des hommes, ingénieurs passionnés, qu'on appelle les « geeks ».

Portée par son ambition de simplifier cette technologie encore mystérieuse et de la rendre accessible au grand public, Orianne Garcia s'associe avec Alexandre et Christophe, devenus ingénieurs en informatique.

Ensemble ils créent à 22 ans *Internet plus*, un fournisseur d'accès internet. Les garçons s'occupent de la partie technique, Orianne Garcia, de la commercialisation, mais ils finissent par abandonner leur projet, empêtrés dans la gestion des problèmes liés au service client.

Lors d'une soirée entre copains, les idées fusent au rythme de leur créativité et de leur folie insouciante, parmi lesquelles le lancement d'un moteur de recherche en français sur internet. Orianne Garcia crée alors avec ses deux acolytes *Lokace*, le premier moteur de recherche francophone qui connaît un succès immédiat notamment outre-atlantique, au Québec. Puis, le trio s'inspire du service de messagerie *hotmail*, alors indisponible en langue française, pour l'adapter aux pays francophones, et crée *Caramail*, le 1er service de webmail gratuit et francophone.

Les débuts sont bricolés, incertains. Ses associés ne croient pas au nom qu'elle a choisi, jugé trop enfantin. Orianne Garcia suit son intuition, et l'appellation pour laquelle elle a milité, participe à la médiatisation et au succès de l'entreprise. 72 heures après son lancement, Caramail compte près de 100 000 abonnés.

En manque de financement, Orianne Garcia se met à la recherche d'investisseurs pour développer le site et le pérenniser. Encore inconnu, internet ne signifie pas grand-chose à cette époque pour les banquiers, et elle est confrontée au scepticisme et aux railleries du monde des affaires et des politiques qui ne croient pas en elle et en cette nouvelle technologie.

Sans investisseurs et dans l'impasse, le trio décide de revendre *Lokace* au fournisseur d'accès internet *infonie* pour la somme de 10 millions de francs, permettant ainsi l'expansion de leur site *Caramail*.

Jusqu'alors étudiante en lettres, Orianne Garcia devient une chef d'entreprise reconnue dans l'informatique et une des figures de proue du web hexagonal.

Après avoir décliné pendant plusieurs années les propositions de rachat de la part de plusieurs acquéreurs, les trois fondateurs acceptent finalement en 2000 de céder *Caramail* au groupe suédois *Spray* pour 600 millions de francs, soit 90 millions d'euros, deux mois seulement avant le krach boursier et l'éclatement de la bulle internet.

En devenant millionnaire à 27 ans, Orianne Garcia est la première Française à faire fortune sur le net, et doit sa réussite sur la toile plus à son intuition qu'à son expérimentation, et davantage à ses qualités d'audace et de conviction qu'à ses acquis littéraires inexploités dans cette croisade entrepreneuriale, mais qui lui ont permis de raconter son parcours dans un livre au titre provoquant qui résume tout l'inattendu de son parcours : *Comment je suis devenue millionnaire grâce au net… sans rien y comprendre.*

Saisir les opportunités

Ce parcours inattendu en rappelle d'autres, dont celui de Marie-Christine Marchives. Destinée à une carrière d'hôtesse de l'air, en attendant qu'un poste se libère chez Air Inter, elle devient hôtesse de caisse chez Sephora. Une enseigne dont elle prendra quelques années plus tard la direction générale.

Repérée pour son zèle, elle est promue et ne refuse aucune des affectations qui lui sont proposées, même quand il s'agira de partir à San Francisco alors qu'elle maîtrise mal l'anglais. Aujourd'hui, elle dirige les quelque 320 magasins de la chaîne en France.

Toutes deux ont saisi leur chance, la chance du débutant, en tentant une expérience avec intuition, conviction, mais aussi avec souplesse ; une posture qui leur a permis de libérer leur énergie, leur potentiel, sans jamais laisser leurs peurs brider leurs actions.

CHRISTIAN ESTROSI ou la trajectoire tout terrain d'un « motodidacte »: des circuits de Grand Prix aux ors de la République.

Sans baccalauréat, ni études supérieures, Christian Estrosi est devenu maire de Nice, député et ministre. Ex-champion de France de moto, il a fait de la politique son deuxième champ d'action tout terrain.

Christian Estrosi, petit-fils de *« papillon »,* immigré italien et forain à Nice, grandit dans le quartier du centre-nord de la ville, au rythme des foires locales et du stand de loterie familiale. Très jeune, il privilégie l'atmosphère festive des attractions foraines à celle plus studieuse des bancs l'école, s'illustrant au fil de sa scolarité comme le cancre du fond de la classe, puis à l'adolescence comme le « glandeur » du lycée qui tire sa révérence dès la sonnerie, pour jouer à la belote plutôt que de réviser ses leçons.

Sportif, féru de vitesse et de sensations fortes, Christian Estrosi se passionne à 16 ans pour la moto, inspiré par le garage situé à proximité du domicile familial et transformé depuis peu en magasin de motos. Fasciné par la mécanique, la précision et la puissance des engins motorisés, il se projette dans une carrière motocycliste.

Parce qu'il passe désormais plus de temps sur le siège d'une moto que sur sa chaise au lycée, Christian Estrosi rate son baccalauréat pour s'être présenté à l'épreuve de philosophie du baccalauréat avec un quart d'heure de retard, après avoir roulé toute la nuit pour revenir du Grand prix de Magny-Cours qu'il avait couru la veille. Il quitte définitivement le lycée et s'investit désormais à plein-temps dans sa carrière de pilote de grand prix moto.

Look motard et cheveux longs, sacré 4 fois champion de France de 750 cm^3 et 1 fois vice-champion du monde,

Christian Estrosi représente depuis plusieurs années la France dans la catégorie des 750 cm^3 et rivalise avec les meilleurs sur les circuits du monde entier. Mais après une dizaine d'années passées dans l'univers des grosses cylindrées dont il garde des blessures, trois vertèbres cassées, il décide d'arrêter sa carrière sportive de haut niveau.

Vedette sportive locale à Nice, il est sollicité par Jacques Médecin, maire de la ville, pour rejoindre sa liste municipale. Elu, ce dernier lui confie alors la subdélégation aux Sports, et Christian Estrosi devient à 27 ans conseiller municipal, adjoint au sport du maire de Nice.

S'inspirant des apprentissages acquis au cours de sa carrière de pilote moto, il s'adapte rapidement aux rouages de la politique, mettant précision, réactivité, endurance et audace au service de sa nouvelle fonction. Ce qui était au démarrage une opportunité de circonstance, s'impose progressivement à lui comme une évidence, et Christian Estrosi fait alors le choix de s'engager en politique sur sa terre natale des Alpes Maritimes, intégrant deux ans plus tard le Conseil Général des Alpes-Maritimes dont il est le benjamin, puis l'Assemblée Nationale à 32 ans comme député de la cinquième circonscription des Alpes Maritimes.

Les mandats régionaux se succèdent, vice-président du Conseil Régional, président du Conseil Général de PACA, puis maire de Nice. Christian Estrosi apprend durant ces années le fonctionnement de l'administration française, les contraintes, les limites de l'action politique, et fait son entrée au gouvernement en 2005, nommé ministre de l'aménagement du territoire auprès du ministre de l'intérieur, Nicolas Sarkozy, puis ministre des départements et des territoires d'Outre-Mer, et enfin à l'industrie.

Un parcours autodidacte qui démarque en politique, ce qui lui vaut le surnom de « motodidacte » donné par ses détracteurs, et inspiré de son ancienne carrière professionnelle. Mais lui dont le *curriculum vitae* politique est désormais plus fourni que celui de ses études, assume son ascension politique hors du commun qu'il doit aussi à sa différence.

Les « Politidactes » – À l'École de la République
Si Christian Estrosi fait figure d'exception, il n'est pas le seul autodidacte à avoir connu une belle carrière politique, d'autres l'ont précédé…
- René Monory, père du futuroscope de Poitiers, ancien président centriste du Sénat, devenu notamment ministre de l'Éducation Nationale, sans même avoir le baccalauréat.
Une belle ascension pour celui qui avait débuté comme apprenti dans le garage familial de ses parents.

- Pierre Beregovoy, fils d'un immigré ukrainien, titulaire d'un CAP d'ajusteur, cheminot à la SNCF, devenu premier ministre sous la présidence de François Mitterrand.

JEAN-MICHEL APATHIE ou la révélation d'une ambition : de l'épicerie familiale basque à l'interview politique.

Jean-Michel Apathie, journaliste politique qui fut le plus écouté de France sur l'antenne de RTL avec deux millions d'auditeurs quotidiens, a trouvé sa voie et révélé son plein potentiel dix ans après avoir arrêté ses études pour rejoindre l'épicerie familiale.

Après avoir obtenu son brevet au repêchage, Jean-Michel Apathie décide à 14 ans d'arrêter ses études pour rejoindre l'épicerie-café familiale de ses parents située à Viodos, petit village basque de 500 habitants. Pour lui transmettre les fondamentaux du travail salarié, ses parents l'embauchent alors en contrat d'apprentissage. Puis à son retour du service militaire, Jean-Michel Apathie enchaîne les petits boulots, concessionnaire dans le sud-ouest, puis garçon de café à Lourdes.

Parce que son père n'a jamais quitté son canton, celui de Mauléon à 60 kilomètres de Pau, Jean-Michel Apathie, lui, rêve de partir. Il rêve d'une autre vie, d'un autre avenir, et décide de reprendre ses études à 24 ans, dix ans après les avoir arrêtées.

Grâce aux économies réalisées durant ses années de salariat, il rejoint l'université de Pau pour passer un examen réservé aux non-titulaires du baccalauréat, lui permettant ainsi d'entreprendre des études de droit et de décrocher une maîtrise en droit public. Parallèlement à son parcours universitaire, il s'engage en politique en adhérant au parti socialiste où il milite pendant quatre ans. Si la politique le passionne et lui rappelle l'ambiance des joutes verbales bien arrosées du bistrot de ses parents, épicentre social du village, Jean-Michel Apathie n'aspire pas à en faire, mais plutôt à l'analyser et à la commenter en devenant éditorialiste politique. Cette ambition va alors nourrir sa nouvelle trajectoire de vie professionnelle.

Trop âgé pour rentrer dans les conditions d'inscription et d'accès aux illustres écoles de journalisme parisiennes, il intègre à 28 ans l'IUT de journalisme de Bordeaux, une année de scolarité qu'il finance lui-même en vendant sa Renault 5. À l'issue de cette formation, il quitte le sud-ouest pour Paris, et devient pigiste pour des périodiques spécialisés, *30 millions d'amis* et *profession papetier*, avant d'intégrer le service politique de l'hebdomadaire politique *Politis* qui lui donne sa chance, après trois années de candidature acharnée. Puis, il démissionnera finalement pour rejoindre d'autres rédactions : *Le Parisien, l'Express, le Monde*, avant de découvrir les coulisses d'un autre média, la radio. Il intègre alors France Inter comme journaliste politique, et RTL où il anime *l'invité de RTL*, une interview politique quotidienne où il imprime sa marque journalistique, un ton incisif et une identité vocale aux accents du sud-ouest qui fait sa singularité radiophonique et le succès de la matinale de RTL.

La télévision lui ouvre aussi ses portes, comme chroniqueur politique sur France 3 dans l'émission *On ne peut pas plaire à tout le monde* présenté par Marc-Olivier Fogiel, puis dans *Le Grand journal* de Canal +.

Après douze années d'antenne sur les ondes de la première radio de France, Jean-Michel Apathie décide de quitter RTL pour relever un autre challenge radiophonique en 2015 sur Europe 1.

Avec ce parcours scolaire atypique, Jean-Michel Apathie prouve qu'il n'est jamais trop tard pour trouver sa voie et donner corps à ses ambitions. Et lui qui a manqué de récompenses durant sa scolarité, les recueille désormais de ses pairs avec le prix Roland Dorgelès, décerné aux journalistes pour leur attachement à la langue française, et le prix Philippe-Caloni qui distingue le meilleur journaliste parmi les intervieweurs politiques.

Si rien n'est jamais acquis, rien n'est non plus définitif, et la reconnaissance, même tardive, arrive toujours à point nommé pour celui qui trouve sa voie et engage son talent à son service.

Les chemins détournés de l'éclosion

Quand les événements ne vont pas dans le sens que l'on souhaiterait, soit la voie choisie n'est pas la bonne et il faut en changer, soit le moment n'est pas opportun.

La patience n'est jamais une perte de temps, elle offre la juste maturation qui permet d'optimiser l'instant de l'éclosion. L'action jusqu'alors inefficace, devient alors un jour féconde avec une intensité à la hauteur de la conviction, de la persévérance et de la patience investies. Même s'il faut parfois multiplier les détours…

3 – Tout est alors possible pour vous… Parce que quand rien n'est prévu, tout est possible

TOUS…

Nous avons rêvé un jour de réussir là où on ne nous attendait pas, et de faire reposer notre réussite non sur nos seuls acquis, mais sur nos qualités innées.

Or, dans un environnement économique et social où le diplôme est sacralisé, perçu comme une voie d'accès vers les plus hautes responsabilités et comme un passeport pour réussir dans la vie, choisir le chemin non conventionnel de l'autodidaxie paraît plus qu'audacieux.

À défaut de bénéficier d'un bagage technique ou de l'appui d'un réseau, notre potentiel repose alors au démarrage sur nos seules ressources personnelles, nos talents intrinsèques. La connaissance, elle, s'acquiert à l'école de la vie, celle qui instruit sur le tas, à l'épreuve du feu, celle qui met le capital confiance à l'essai et mobilise une énergie hors du commun pour faire la preuve de sa capacité et de son efficacité.

Sur le chemin des *P.D.G,* la valeur se démontre et s'estime sur le terrain, dans la réalité du quotidien et par la seule expression des résultats.

Cultiver sa différence pour déployer sa singularité

Pour compenser ses carences académiques, dépasser les suspicions et prouver ses compétences, il faut placer la barre très haut. Les autodidactes accomplis, eux, l'ont bien compris. « Plus » tenaces, « plus » curieux, « plus » pragmatiques, « plus » motivés, « plus » travailleurs, ils travaillent deux fois plus que les autres, et c'est cette capacité de travail guidée par la quête sous-jacente de reconnaissance, qui change progressivement la donne de départ, leur permettant ainsi d'accéder à une réussite pourtant loin d'être acquise.

De leurs différences, les autodidactes font la source de leur réussite, et la première d'entre elles est leur aptitude à penser autrement. Parce qu'ils n'ont pas suivi un parcours scolaire classique, ils se sont privés d'apprentissages fondamentaux, mais parce qu'ils ont évolué en dehors du système éducatif traditionnel, ils se sont aussi épargné le cadre limité et rigide d'une éducation de masse, pour développer un mode de fonctionnement unique et iconoclaste. Moins formatés, leur vision est plus ouverte, plus libre, et leur approche des situations plus pragmatique et instinctive. En 2005, après son opération du cancer du pancréas, Steeve Jobs, cofondateur d'Apple, autodidacte de formation, prônait aux étudiants de Stanford le courage d'oser suivre son intuition : *« Votre temps est limité, ne le gâchez pas en menant une existence qui n'est pas la vôtre. Ne soyez pas prisonnier des dogmes qui obligent à vivre en obéissant à la pensée d'autrui. Ne laissez pas le bouhaha extérieur étouffer votre voix intérieure. Ayez le courage de suivre votre cœur et votre intuition »*. Et l'intuition, voilà justement LA boussole à laquelle les « P.D.G » font appel pour trouver des solutions « originales » aux problématiques rencontrées. Pas étonnant alors de découvrir que parmi les profils « P.D.G » recensés au fil de mon enquête, nombreux sont ceux à avoir suivi la voie de l'indépendance et de l'entrepreneuriat, une voie qui implique des qualités qui ne s'apprennent généralement pas sur les bancs de l'école : des qualités de gestion d'équipe, d'anticipation et de visibilité innées.

C'est pourquoi, nous leur reconnaissons aisément une certaine part de génie, celle de s'être construits seuls ou presque. Parce qu'ils ont l'humilité d'admettre les limites de leur savoir, ils ont développé une curiosité insatiable et une qualité d'écoute optimale, s'entourant alors du talent des autres, avec souvent dans leur sillage des mentors pour les accompagner. Philippe Bouvard qui se présente lui-même comme un ex-cancre en est la parfaite illustration, lui qui s'est entouré d'une équipe de « grosses têtes » pendant 40 ans sur RTL : *« comme je n'avais aucun talent, je me suis efforcé toute ma vie de découvrir celui des autres. C'est donc librement par choix et curiosité personnelle que j'ai opté pour l'autodidaxie »*.

Boulimiques de savoir, pour compenser le complexe de leur méconnaissance, les « P.D.G » sont en autoformation permanente, et ce sens relationnel très aiguisé leur permet progressivement de gravir les paliers et de les mener aux strates les plus élevés. Il suffit de s'intéresser au parcours de Steeve Jobs ou de Xavier Niel, PDG de Free, tous deux autodidactes confirmés et adeptes de la mise en scène à la manière des grands show américains, pour leur reconnaître un sens inné de la communication et du marketing.

Le goût du risque et de l'action dans l'ADN

Ceux qui partent avec le handicap de l'inexpérience ou d'un parcours scolaire chaotique ont l'avantage suprême de n'avoir rien à perdre et donc tout à gagner, car tout à apprendre et à expérimenter. Et c'est bien là une force, celle de ne pas avoir peur de prendre des risques et d'avoir ainsi l'audace d'anticiper et d'innover là où les autres n'osent pas et se résignent.

Les autodidactes ont le goût du risque dans leur ADN et savent donner de l'impulsion à leur prise de décisions, une impulsion réactive et immédiate qui leur permet alors de saisir les opportunités. Coluche disait : *« A ceux qui disent ne pas avoir de chance, demande-leur le nombre de fois où la chance est passée pour rien »*, les autodidactes, eux, savent la saisir.

Une chance qui n'est pas le simple fait du hasard, mais qui dépend aussi et surtout de nous-même, de notre vigilance, de notre ouverture à recevoir, et de notre capacité à transformer le fortuit en opportunité, l'inattendu en potentialité. Les Grecs appelaient *Kairos*, le « temps de l'occasion opportune », le point d'inflexion qui, en fonction de notre réaction, peut donner lieu à une bascule décisive et changer le cours d'une vie. Nous pouvons saisir l'opportunité et œuvrer en bonne fortune, ou ne pas la voir et la laisser passer, et notre chance avec. Le poids de la culture judéo-chrétienne et celui de la culpabilité nous empêchent parfois de reconnaître cette chance et de la saisir, au motif que nous n'aurions pas assez souffert pour la mériter et que seul l'effort serait honorable et valable. Gardons bien à l'esprit que la chance arrive non seulement à ceux qui croient en la leur, mais surtout à ceux qui sont disposés à l'accueillir car ils pensent qu'ils en sont dignes.

La vie n'est pas miraculeusement magique, elle est en revanche, avec ou sans diplôme, merveilleusement généreuse et gratifiante avec ceux qui savent se projeter, rêver et nourrir une ambition. La définition de l'ambition donnée par le Larousse témoigne de tout l'enjeu de notre motivation, la qualifiant de : *« désir ardent d'avoir quelque chose ou d'être quelqu'un »*. On ne naît pas ambitieux mais on le devient par la puissance de son énergie à définir ses envies pour honorer sa vie.

Littéralement, avoir une « motiv-ation », c'est avoir un motif pour se mettre en action. Les autodidactes, les audacieux, les ambitieux qui se réalisent sur le terrain et dans l'action, s'inscrivent au cœur de cette dynamique. Ils ont le désir ardent d'être, d'exister, et de mettre leur vocation en mouvement et en actes.

Ambitieux… Et alors ?

Associée au pouvoir, à l'égocentrisme, au manque de modestie et à l'individualisme, et représentée par une personne aux dents longues qui se permet toutes les agressivités pour gagner, allant jusqu'à écraser les autres pour accéder à sa réussite sociale, l'ambition a mauvaise presse en France. Il suffit de chercher des synonymes au mot ambition pour comprendre à quel point celle-ci est caricaturée. On y retrouve les mots cupidité, avidité, appétit, orgueil, convoitise… Une panoplie de termes qui ancre l'idée qu'en France, être ambitieux c'est être orgueilleux, quand aux États-Unis, l'ambition est au contraire saluée et valorisée. Affaire de perception et de civilisation.

Si l'ambition est aujourd'hui si mal perçue en France, cela s'explique par des raisons culturelles franco-françaises. Historiquement, les élites bourgeoises et aristocratiques valorisaient l'ambition pour leurs semblables, mais prêchaient l'humilité pour le reste de la société. Les classes moyennes et populaires ont ainsi intégré l'idée qu'elles devaient se satisfaire de leur condition et réprimer toute volonté d'évolution pour ne pas compromettre l'élite.

Tous ces clichés présomptueux rattachés à cette notion d'ambition et ancrés dans l'inconscient collectif font du mal à notre société, et expliquent pourquoi aujourd'hui la majorité d'entre nous souffre autant d'un manque d'ambition, d'un manque de motivation et donc d'action, préférant reprocher aux autres leur ambition au motif que nous nous la refusons à nous-même. Par peur des regards réprobateurs, nous préférons soutenir que nous sommes porteurs d'un projet ambitieux plutôt que de nous présenter comme une personne ambitieuse.

Et parce que nous n'assumons pas notre ambition, nous ceinturons notre vie et limitons ainsi nos chances d'action et de réussite, portant alors la responsabilité de notre propre autosabotage.

Au cours du cheminement qui mène vers notre réalisation, nous commettons souvent deux erreurs, celle de ne pas avoir d'ambition ou celle d'avoir des objectifs si élevés qu'ils en deviennent impossibles à atteindre. Si la démarche est différente, la problématique est identique, celle d'une réaction de protection pour s'éviter le pari de… réussir, comme si le plus grand des risques était soudainement de réussir, quand notre mental, lui, s'est familiarisé avec fatalité aux repères de l'échec et au scénario répétitif de la déception et des désillusions. Or, il n'y a pas de trajectoire vouée à la systématisation de l'échec, il n'y a que de la résignation sclérosante, mortifère et irraisonnée. Il n'est jamais trop tard pour vivre, pour se réaliser et pour transcender sa vie. Je l'aurai beaucoup utilisé ce terme « transcender » au fil des pages, mais il est à mon sens essentiel, car il exprime toute l'énergie et la puissance que nous devons mettre au service de notre vie.

L'ambition mérite un autre regard, et même d'être « sociétalement » réhabilitée, car si elle est malsaine quand elle est obsessionnelle et peut provoquer notre propre chute, bien gérée avec subtilité et lucidité, elle devient un puissant moteur d'action pour se dépasser, nous incitant à nous fixer des objectifs et à les atteindre sans nécessairement perdre notre âme. L'ambition devient à cet instant une formidable chance que nous nous offrons de nous réaliser en donnant corps à nos envies, à nos espoirs, et ainsi du sens à notre vie.

L'ambition n'est pas nécessairement celle d'une réussite sociale, c'est l'ambition dans laquelle nous nous reconnaissons et qui nous fait du bien, dans laquelle nous nous sentons bien car elle est nôtre, et non l'ambition d'un devoir guidé par le mental, avec comme figure imposée : *« il faut, y'a qu'à, je dois »*, ni celle d'une demande sociale ou familiale, mais celle qui répond à notre souhait, à notre raison d'être, à la flamme intérieure qui scintille en nous et qui nous anime.

Si l'ambition est un formidable outil de réalisation personnelle, elle a aussi une dimension collective et sociétale. Insuffler des valeurs ou créer des emplois au travers de ses propres ambitions, c'est aussi une manière d'œuvrer honorablement à l'évolution de la société.

Être ambitieux, ce n'est donc pas faire la démonstration de sa supériorité et se battre de manière agressive contre les autres, mais contre ses propres peurs, car l'ambition demande davantage d'optimisme que d'opportunisme. Cette dynamique d'optimisme engagée incite parfois certaines personnes de notre entourage à dire que nous en voudrions trop. Et pourquoi ne pas en vouloir beaucoup pour soi et pour sa vie ? Une des invités régulières de l'émission Bien Être que j'animais sur Direct 8, psychothérapeute, rappelait souvent aux téléspectateurs avec ferveur : *« Demandez tout, vous aurez beaucoup. Ne demandez rien, vous n'aurez rien »*.

Pour vous protéger d'un entourage en retenue, l'approche la plus raisonnable qui a fait ses preuves, consiste à garder de préférence vos ambitions pour vous, le temps de les ancrer et de les faire grandir en vous, car une fois que l'assurance de ce que vous ambitionnez est suffisamment mûre et mature, les commentaires des uns et des autres ne vous atteindront plus et vous poursuivrez alors votre cheminement dans une confiance absolue. Votre réalisation n'a besoin que d'une seule conviction, la vôtre, que d'un seul consentement, le vôtre.

Honorer son ambition demande ainsi du courage, celui de s'engager pour mettre son énergie au service de ses envies, et c'est bien ce qui rend la vie d'autant plus passionnante, en nous offrant la sensation suprême de nous sentir vivant.

Sans ambition, il n'y a pas de grandes réalisations, et sans ambition, nous manquons surtout la première d'entre elles, celle de nous réaliser et de nous épanouir.

Chapitre 5
Le collectif des possibles

Ensemble, ils partagent leur optimisme pour un « tout est possible français » et vous livrent les clefs d'action inspirantes de leur réussite, les fondamentaux qui ont guidé leur cheminement. 4 principes de vie qui ont changé la leur, en mieux…

Après ces parcours racontés au fil des pages pour élever notre conscience au plus haut de notre potentiel et de nos facultés humaines, j'ai souhaité donner la parole à des personnalités d'univers différents, aux sensibilités multiples. Je crois en la force du témoignage comme source d'inspiration et à la différence comme vecteur d'enrichissement.

Comme il n'y a pas assez d'une vie pour apprendre d'elle toutes les subtilités, il n'y a pas assez d'un homme pour détenir les clefs de compréhension d'une existence. Qui peut prétendre à la vérité dogmatique absolue ? La vie est si subtile, nous sommes tous si différents.

Leur parcours est singulier, mais ils ont en commun d'aimer la vie et de l'investir. Quand ils parlent de la leur, il y a du vécu, de la tendresse et des maladresses, des facilités et des fébrilités. Parce que leur vie est imparfaite, elle est d'autant plus juste, porteuse d'expériences et d'enseignements.

Avec eux, il n'y a pas de tiédeur... Ils ont, chevillé au corps, le goût de la vie dans toutes ses nuances et ont acquis au fil des années les apprentissages qui leur permettent aujourd'hui de croire en la puissance du désir, en l'énergie de l'action, et d'habiter l'inconnu avec confiance, de repousser les limites sans jamais renoncer à la vie.

Aussi étonnant que cela puisse paraître, ils ont aussi appris avec lucidité et humilité qu'il n'y a pas de vie réussie sans épreuves. La souffrance éveille à la vie, et nous nous construisons aussi sur nos fragilités. De toutes leurs épreuves, ils s'en sont non seulement sortis, mais ils s'en sont sortis grandis, et ont acquis l'idée et la sérénité que même au cœur de la tourmente, tout va bien se passer et que tout se termine naturellement bien, puisque seule la mort est irréversible.

Chacun va l'expliquer avec ses mots, son vécu, sa nature, avec sa singularité, et c'est tout l'enjeu de cette partie : vous offrir une vision panoramique au travers de leurs nuances et de leurs différences. Certains vont vous inspirer, d'autres vous interpeller, vous dérouter, et parfois même ouvrir une brèche au cœur de vos certitudes, mais chacun va laisser en vous l'empreinte d'une intention, d'une réflexion et raviver la flamme du possible.

A vous désormais... la liberté de choix, celle de puiser et de laisser insuffler ce qui fait écho en vous, en terme de parcours, de personnalités, et en fonction du tempo auquel vous êtes de votre vie.

De ces échanges, j'ai pris le parti d'extraire pour chacun d'eux les 4 grands principes de vie qui ont guidé leur cheminement, leur part d'inné mais aussi les apprentissages qui les ont menés vers « leur » réalisation. J'ai choisi de les illustrer par un instant décisif de leur vie, un vécu personnel, professionnel, ou par l'actualité ; on ne parle jamais aussi bien que de ce qu'on a vécu, de ce qu'on vit, avec la sincérité du cœur et la vitalité des tripes.

Artistes, chefs d'entreprise, politiques, écrivains, aventuriers, tous sont des hommes et des femmes d'expérience qui témoignent de ce que l'expérience de la vie leur a appris et de ce qu'ils ont compris d'elle.

A eux... Merci pour la confiance qu'ils m'ont témoignée, et la générosité, la sincérité de leur partage. Ils vous offrent ici une part d'eux-mêmes pour aller au-delà du personnage public, et découvrir sous la couche de vernis médiatique l'intimité de leur individualité.

Ils vous offrent dans ce livre le plus noble des présents : une tranche de vie pour affiner et poursuivre la vôtre avec allégresse et sagesse, avec intensité et vérité.

CLARA GAYMARD

Mère de neuf enfants et au CAC 40

« Ne rien s'interdire et suivre son désir »

Présidente de General Electric France jusqu'en 2016 – 10 000 salariés, 7 milliards d'euros de chiffre d'affaires – et vice-présidente de General Electric International, classé au sixième rang des entreprises les plus estimées au monde en 2013 (46,947 milliards de dollars US), elle est l'une des femmes les plus puissantes de la planète, 34e au classement « Fortune » des femmes.

Depuis son départ, elle consacre désormais son temps à la société d'investissement *Raise* dont elle est la co-fondatrice, pour soutenir et financer les PME innovantes.

Son parcours est un parcours sans faute, celui tracé dans le sillon des grandes écoles, Sciences-Po puis l'ENA.

Enarque ambitieuse, femme d'affaire respectée, elle a imposé son expertise et son style, tout en s'épanouissant dans son rôle de femme et de mère. Elle est la maman comblée de 9 enfants, 6 filles et 3 garçons, et là est sa plus belle réussite, celle d'avoir écouté ses désirs et d'avoir su créer harmonieusement cet équilibre de vie.

Présidente du Women's Forum qui œuvre à renforcer la représentativité des femmes dans les organes du pouvoir, Clara Gaymard incarne l'excellence et le féminisme, sans jamais avoir renié sa féminité.

TOUT EST POSSIBLE QUAND… ON AIME.

« Sans passion, sans amour, sans désir, on ne fait rien ! Quel dommage que notre société soit aujourd'hui si rationnelle. »

Sa devise :

« Rêve ta vie comme si tu étais éternel, et vis comme si tu devais mourir demain » – James Dean.

1er Principe de vie : suivre son désir sans rien s'interdire

Explication

Nous oublions trop souvent que le premier moteur de la réussite est le désir. Lui seul entraîne la persévérance, la ténacité, et permet d'accepter l'échec D'ailleurs, l'échec n'est rien quand le désir est plus grand que lui, il devient un apprentissage pour dépasser un palier et aller vers son désir.

La clef pour mener à bien le projet qui nous anime, n'est donc pas de savoir si nous sommes capables de le réaliser, mais de suivre son désir sans rien s'interdire.

Illustration

J'avais envie d'une grande famille, et j'ai réussi ce projet de vie puisque je suis aujourd'hui maman de 9 enfants. J'en avais le désir sans pour autant être prête à me mettre dans une position de sacrifice où j'allais passer mon temps à faire du ménage, du repassage, des courses et de l'intendance. J'avais envie de travailler, et je ne me suis jamais posée la question de savoir si je pouvais à la fois avoir beaucoup d'enfants et travailler, je l'ai juste fait.

Lorsque j'ai eu 6 enfants, des personnes m'ont dit : *« tu devrais rester à la maison, tes enfants ont besoin de toi »*. Je ne les ai pas écoutées, j'ai continué à avancer comme j'avais envie de le faire, sans limiter mon horizon. Mon père, Jérôme Lejeune, professeur à l'origine de la découverte du gène de la trisomie 21, a été très contesté pour ses positionnements contre l'avortement, j'ai alors appris très jeune que quoi que vous fassiez, il y a toujours des gens qui vous critiquent. Le mieux est donc de ne pas s'y attarder et de suivre son désir, son intuition.

Je n'ai jamais mis en opposition vie personnelle et vie professionnelle, j'ai juste essayé de créer une harmonie, et c'est ce qui me rend aujourd'hui la plus heureuse.

2e Principe de vie : différencier le juste du bien

Explication

Le mot renoncement ne fait pas partie de mon vocabulaire car il implique la notion de passivité et de fatalité, or la vie ce sont des choix. Et pour faire le bon choix, l'important est de différencier le juste du bien, en faisant la différence entre le choix « bien » conforté par la validation collective et qui flatte notre ego, et le choix « juste » qui relève, lui, de l'intime et de notre alignement avec nos désirs les plus profonds.

Illustration

Jeunes mariés, nous avons décidé avec mon mari de partir en Egypte car nous avions envie de découvrir un pays émergent, avec une culture différente de la nôtre. Mais, quand vous sortez de l'ENA (Ecole Nationale d'Administration), tout le monde vous dit qu'il faut aller à Washington, à Bruxelles pour développer votre réseau, pour parfaire vos compétences. Des amis nous avaient même dit : *« si vous partez loin du soleil, quand vous rentrerez, tout le monde vous aura oubliés »*, sauf que Washington ou Bruxelles, ce n'était pas notre ambition, et nous avons alors fait le choix qui était le plus juste pour nous.

Quand je suis devenue maman, j'ai aussi eu des choix à faire dans l'organisation de ma vie pour gérer mes responsabilités professionnelles, et partager des instants privilégiés avec mes enfants. Par exemple, je n'ai accepté aucun dîner en ville, même quand c'était une invitation à l'Elysée. Nous invitions les amis à la maison, mais au moins nous couchions nos enfants. J'ai toujours fait la part des choses entre ce qui était vraiment utile pour mon travail, et ce qui était destiné à flatter mon ego au détriment de ceux que j'aime.

3e Principe de vie : apprendre la vertu de l'attente

Explication

Une chose très importante que j'ai constatée dans la vie, c'est que l'attente est une jolie valeur qu'on a malheureusement oubliée. Tous, nous avons dans la vie des temps de désert, où rien ne bouge et tout est bloqué. Des périodes que nous vivons souvent comme une intense frustration en nous disant que ce n'est pas juste. Or, l'attente n'est pas à vivre comme un temps de frustration, mais plutôt comme un temps de maturation, car lorsque ce que nous désirons n'arrive pas, c'est que nous ne sommes pas prêts à l'accueillir. Il est alors nécessaire de prendre le temps du recul, pour se mettre à la place qui nous permet d'éclore et de naître à nous-même.

Illustration

En ayant été enceinte sept années de ma vie, l'attente est une vertu que j'ai expérimentée et apprise au fil de mes grossesses. Certes, j'ai eu une carrière plus lente en raison de ma vie de famille, mais je n'ai jamais voulu précipiter les choses pour voir mes enfants grandir.

Même si j'ai l'air d'être extrêmement active, je suis en réalité une méditative, j'aime prendre le temps. Je suis une lente qui mature lentement, mais qui fait les choses vite. Puis, lorsque vous êtes soumis à une contrainte de temps parce que vous avez un agenda familial et professionnel chargé, vous êtes aussi plus performant dans l'action que la moyenne, car chaque minute est précieuse.

4e Principe de vie : ne pas oser c'est deja perdre

Explication

Nous sommes notre premier ennemi. Nous nous fabriquons nos prisons, et notre principal obstacle est la peur, des peurs que nous avons tous et qui poussent discrètement en arrière-plan. Mais quand nous arrivons à les percevoir et à les comprendre, nous gagnons alors du temps car nous évitons de refaire les mêmes erreurs.

Derrière la peur, il y a aussi beaucoup d'ego, ce qui explique que beaucoup préfèrent opter pour la passivité. Or, ne pas oser c'est déjà perdre, car notre potentiel est toujours plus important qu'on ne l'imagine. René Char l'illustre avec beaucoup de justesse : « *l'homme est capable de faire ce qu'il est incapable d'imaginer* ». L'image que nous avons de nous-même est souvent malheureusement tronquée, dévaluée ou surévaluée. Elle n'est dans tous les cas pas la bonne car il n'y a pas plus mauvais conseiller pour soi que soi-même, alors que nous sommes si bons pour les autres.

Si la vie n'est pas toujours facile, elle est même parfois

douloureuse, le paradoxe de la vie humaine est qu'il faut parfois « en chier » pour avoir du plaisir. L'effort fait partie de la victoire, on ne réussit jamais sans implication.

Illustration

A 6 ans, alors que je commençais à apprendre à faire du vélo en vacances au bord de la mer, il y avait, à 200 mètres de la plage, un marchand de glaces auquel pour accéder je devais passer par un champ d'ortie. A chaque fois que maman me donnait une pièce pour m'acheter un bonbon, j'étais tellement terrorisée à l'idée de le traverser que je tombais évidemment dedans, et je revenais en pleurant. Un jour mon père m'a dit : *« fais comme s'il n'existait pas, ne le regarde pas »*, j'ai alors compris à cet instant qu'il ne faut jamais regarder l'obstacle, sinon il devient notre but.

La vie est courte… Derniers conseils pour gagner en temps, sérénité et réactivité :

- Seules deux choses sont dramatiques dans l'existence : la maladie et la mort. Tant que la maladie et la mort ne nous terrassent pas, nous avons une chance incroyable, celle d'être vivant et il faut l'honorer.

- L'histoire incroyable de Jin Xing est une belle illustration du tout est possible !
A 9 ans, Jin Xing entre à l'école militaire de l'Armée Rouge Chinoise parce qu'il aime la danse. Consacré meilleur danseur étoile de Chine à 18 ans, il obtient une bourse pour suivre ses études aux États-Unis. Là-bas, il découvre l'univers de la danse contemporaine et se découvre… femme, prenant alors une décision qui va bouleverser sa vie et la Chine, celle de devenir une femme.

Premier Chinois à vivre ouvertement sa décision de changer de sexe, Jin Xing devient femme en 1995, se marie et adopte trois enfants. Aujourd'hui « il » est « LA » chorégraphe que se disputent les producteurs pékinois, et dont les spectacles se jouent à guichets fermés.
Dans un pays qui a longtemps considéré l'homosexualité comme une déviation subversive, encore inscrite au chapitre des désordres mentaux par l'association chinoise de psychiatrie, la destinée de cette femme est incroyable, celle d'un colonel de l'armée chinoise devenu danseuse étoile.
Quand des personnes sont capables d'avoir un destin pareil… Je me dis, où sont les barrières ? Il n'y en a aucune, sauf celles que l'on se met.

THIERRY SAUSSEZ

Politiquement optimiste

« Fuyons la victimisation, la recherche de bouc-émissaires, nous sommes les seuls créateurs de notre destin »

Conseiller en communication institutionnelle et politique, son nom n'est pas forcément connu du grand public. Et pourtant, il est l'une des personnes les plus influentes en France, ce qu'on appelle un « *spin doctor* », un de ces conseillers en communication qui font et défont la vie politique française. Thierry Saussez l'a été pour Jacques Chirac, Edouard Balladur, Nicolas Sarkozy, puis fut nommé par ce dernier à la tête du Service d'Information du Gouvernement entre 2008 et 2010.

Depuis, Thierry Saussez a quitté les dorures de la République, et a fait de l'optimisme le challenge de sa nouvelle vie. Une ambition sociétale qu'il porte avec ferveur au travers des livres qu'il a écrits : *Manifeste pour l'optimisme*, *50 bonnes raisons de choisir l'optimisme*, et en créant en 2014 un événement, *Le Printemps de l'Optimisme*, auquel il souhaite désormais donner un rayonnement européen. Et pourquoi pas un prochain Davos du Bonheur… ?

TOUT EST POSSIBLE QUAND... ON S'ENGAGE.

« Parce que la vie, c'est du rythme, nous avons toujours une marge de manœuvre pour faire de chaque étape une chance maximale et orienter son destin. Nous sommes créateurs de notre destin. »

Sa devise:

« Les raisonnables ont duré, les passionnés ont vécu » - Chamfort.

1er Principe de vie : il n'y a pas de chance, il n'y a que du rythme

Explication

La chance n'existe pas, sauf si vous gagnez au loto, ce qui concerne de temps en temps 1 personne sur 50 millions.

Les gens prétendument plus chanceux le sont, car ils prennent plus d'initiatives que les autres et vont ainsi à la rencontre des opportunités, ce que Machiavel appelle « la bonne fortune ».

Le secret, c'est donc d'être dans la dynamique du rythme, ce qui revient à libérer son énergie, sa créativité, sans s'embarrasser de complexes, pour ne perdre aucune chance, aucune occasion de franchir l'étape supplémentaire. Cette citation de René Char m'a souvent accompagné : « *Impose ta chance, serre ton bonheur et va vers ton risque. A te regarder, ils s'habitueront* ».

Peu de gens ont atteint leurs objectifs et réussi leur vie sans avoir libéré un maximum d'énergie à un moment ou à un autre. Le moteur de l'accomplissement, c'est l'engagement.

Illustration

Ma vie s'est construite un peu au hasard des rencontres et des personnalités que j'ai rencontrées.

Alors que je commençais à être un jeune consultant un peu à la mode, j'ai rencontré Anne Sinclair à qui j'ai dit qu'elle devrait penser un jour à m'inviter à 7 sur 7, et elle de me rétorquer du tac au tac : *« mais pourquoi je vous inviterais ? »*. Je lui ai alors expliqué que je sortais mon premier livre *Politique séduction*, un livre sur la communication politique, et qu'en pleine élection législative, ce serait un moyen de parler de politique autrement. Elle a hésité, en a parlé le soir même à son compagnon de l'époque, Yvan Levaï, qui lui a répondu : *« Thierry Saussez, c'est un type formidable, mais il ne tiendra pas plus de cinq minutes »*.

Malgré tout, elle a décidé de m'inviter, et nous avons fait une émission de rêve. Coluche lançait sur TF1 les Restos du Cœur, et nous avons récupéré l'antenne avec une audience frôlant les 9 800 000 téléspectateurs. Nous l'avons rendue sans en avoir perdus, et avec le bénéfice même d'en avoir même conquis quelques-uns.

2e Principe de vie : l'optimisme envers et contre tout

Explication

Les enquêtes montrent que notre optimisme est génétique à 50 %, et qu'il dépend à 40 % de notre propre volonté, et à 10 % seulement de notre environnement. Si les pessimistes « sur-dimensionnent » les 10 % liés aux contraintes de leur environnement, et « sous dimensionnent » les 40 % qui sont pourtant une marge de manœuvre individuelle considérable, les optimistes, eux, ont un rapport à l'espace et au temps différent des pessimistes. Si ça ne va pas aujourd'hui, ça ira mieux demain, et si ça ne va pas par ce biais-là, ils en trouvent un autre.

Tous, nous avons été des enfants égaux en optimisme, nous sommes tombés 10 fois, 1 000 fois, 10 000 fois, mais à chaque fois nous nous sommes relevés.

Illustration

Beaucoup de gens pensent que je suis né avec une petite cuillère en argent dans la bouche et que j'ai fait l'ENA. Comme si pour réussir sa vie, il était indispensable de tout avoir dès le départ, ce qui est absurde.

Un jour, j'étais tellement exaspéré de lire sur les réseaux sociaux : *« mais comment pouvez-vous professer l'optimisme, vous qui n'avez jamais eu aucun soucis dans votre vie ? »*, que j'ai fait quelque chose que je ne fais habituellement jamais car je trouve cela totalement démagogique : j'ai expliqué mon enfance et mes origines sociales. Mon père descendu à la mine à 14 ans, ma mère gouvernante, mon enfance avec mes 6 frères dans une HLM d'une cité de Colombes, mes études écourtées pour travailler. Cette nécessité de travailler, si elle m'a coûté mes études, m'a aussi construit.

A 15 ans, je me suis engagé politiquement comme membre de l'action étudiante gaulliste, et j'ai alors été repéré pour mes qualités d'expression par quelques éminences du gaullisme qui ont encouragé mon goût pour la communication politique. Rien ne m'a été donné, mais j'ai su en revanche saisir chaque opportunité.

Lorsque j'ai quitté en 2010 mon poste de délégué interministériel à la communication du gouvernement sous la présidence de Nicolas Sarkozy, j'étais à la fin d'un cycle, j'avais l'âge de la retraite, mais j'ai décidé de relever un nouveau défi en créant le *Printemps de l'Optimisme* pour lutter contre la sinistrose ambiante franco-française. Ce challenge est celui de ma nouvelle vie, et je prends ce projet comme une chance, celle de vivre une vie de plus.

3e Principe de vie : pas de vie réussie sans échecs

Explication

« La vie est belle à proportion qu'elle est féroce », cette réplique du film *Tous les matins du monde* réalisé par Alain Corneau est juste. Nous ne pouvons jauger le bonheur que si nous avons aussi connu les épreuves.

Lorsqu'on veut aller vite, loin et haut, il faut accepter d'être confronté aux difficultés, cela fait partie du jeu. Combien de fois sommes-nous tombés enfants alors que nous commencions à marcher et combien de fois nous sommes-nous relevés ? Ce mécanisme est inscrit physiologiquement en nous, l'être humain est fabriqué pour se relever, non pour se limiter et renoncer.

Illustration

J'ai traversé de grandes épreuves sur les plans personnel et professionnel : un dépôt de bilan, une crise politique avec les médias... Si je n'ai jamais spécialement aimé cela, j'ai vécu ces instants de manière naturelle et avec relativité, en partant de l'idée que rien ne va jamais aussi bien qu'on le pense, et rien ne va jamais aussi mal qu'on le croit.

Un jour, alors que j'allais à une émission de radio pour parler de l'optimisme, nous échangions avec le chauffeur de taxi qui m'y emmenait, et il me lance : *« j'ai 25 ans et tout m'a toujours réussi dans la vie, il ne m'arrivera jamais rien »*. Surpris par son assurance, je lui ai répliqué : *« oh là là Monsieur, ne partez pas de ce principe. Vous, vous êtes un optimiste béat, et donc par définition à la première difficulté que vous allez rencontrer, ça va être un drame »*.

Il n'y a aucun chemin de lumière qui ne soit pas traversé à un moment donné par de grandes pluies d'orage, et il faut non seulement l'accepter mais aussi en honorer le challenge.

4e Principe de vie : capitaliser sur ses forces

Explication

Etre créateur de son destin, c'est cultiver son capital estime de soi en ciblant ses forces, en les optimisant plutôt que de s'appuyer sur ses faiblesses. Tous, nous avons un potentiel qui ne demande qu'à être exprimé pour mener de grandes et belles réalisations.

Et même si les circonstances financières ou familiales ne nous sont pas favorables au départ, rien n'est jamais figé dans la vie. Nous avons toujours une marge de progrès, d'amélioration et d'évolution, et plus on l'intègre tôt dans la vie, plus le cheminement est facilité.

Illustration

Parce que je n'ai pas suivi d'études, l'expérience du terrain m'a permis de m'auto-évaluer et de comprendre assez vite que si j'avais beaucoup de fragilités et de méconnaissances, j'avais aussi un peu de génie dans un ou deux domaines. En fait, je n'ai à peu près que deux qualités : la première, je suis stratège, je sais analyser des données et évaluer des situations, la deuxième, je suis un fervent orateur, je sais m'exprimer, convaincre, et ce sont ces deux qualités qui m'ont permis d'avoir cette trajectoire professionnelle. En revanche, étant nul en mathématiques, gestion et finances, cela m'a valu deux épreuves financières avec la justice, et en parlant un anglais d'hôtel de 500 mots, cela a forcément limité le rayonnement de mes compétences aux seuls pays francophones.

Je ne me suis jamais menti sur mes insuffisances, et si j'ai eu à gérer quelques impasses, j'ai surtout capitalisé sur mes forces qui ont été les leviers de ma réussite.

La vie est courte... Derniers conseils pour gagner en temps, sérénité et réactivité :

- Engagez-vous !
N'attendez pas tout des autres, de l'Etat, de la police, de l'armée, de la religion.
Une société plus forte, plus bienveillante est la somme des engagements individuels.

- Faire le l'engagement le fil rouge de sa vie, et de chaque étape une chance maximale.

VERONIQUE JANNOT

La sagesse dans l'engagement

« Du vide naît le champ des possibles »

Comédienne, chanteuse, réalisatrice, auteur d'un best-seller *Trouver le chemin*, Véronique Jannot est une artiste reconnue pour ses multiples talents, et une femme aimée pour ses qualités humaines, son charme naturel, son sourire enjôleur, sa voix de velours, sa sensibilité, sa sensualité, sa sérénité et sa simplicité.

Elle, qui a adopté le bouddhisme comme philosophie de vie, inspire instantanément la sagesse, mais elle est aussi une militante courageuse et engagée, qui a pris fait et cause pour le Tibet libre en créant l'association *Graine d'avenir* pour soutenir les enfants tibétains en exil.

Si Véronique Jannot a connu la célébrité très jeune, en rejoignant à l'âge de 16 ans la série à succès *Paul et Virginie*, elle a aussi connu des épreuves, dont la maladie, quand les médecins lui diagnostiquent à 22 ans un cancer de l'utérus. Un parcours qui a forgé la femme qu'elle est devenue aujourd'hui, une femme lumineuse qui a le goût du bonheur car elle en connaît la fragilité et la valeur.

TOUT EST POSSIBLE QUAND… ON Y CROIT.

« Lorsque nous mettons en sommeil le mental qui nous maintient dans le registre du *"c'est impossible, ça va pas être possible"*, et que nous mettons alors toute notre intelligence, notre puissance, notre énergie au service d'un projet juste et beau, car il vient du coeur, je pense que tout devient possible. »

Sa devise :
« Ici et Maintenant ».

1er Principe de vie : tout est affaire de timing
Explication

Quand nous donnons l'impulsion et que les choses s'enclenchent car c'est le bon moment, nous le ressentons immédiatement. Nous n'avons presque rien à faire, toutes les portes s'ouvrent d'un coup.

A contrario, quand nous avons l'impression de nous battre contre des moulins à vent, que rien n'avance, et que poursuivre notre projet, notre quête nous fait même du mal, il ne sert à rien de dépenser une énergie folle et de perdre du temps. Le mieux est de lâcher prise, sans pour autant perdre son objectif de vue. Ce peut être le bon projet, sans être le bon timing. Il n'y a pas toujours de leçons à tirer, il y a parfois juste à accepter.

Illustration

Mon documentaire *Dakinis, le féminin de la sagesse* est le projet professionnel qui m'a demandé le plus d'implication et de temps, neuf années de ma vie pour le faire aboutir. C'est la première fois que j'ouvrais les portes de la réalisation, et c'était pour moi l'inconnu. Je suis partie avec une amie caméraman en Inde, au Népal, et nous avons pris des chemins à risques pour aller à la rencontre de ces femmes bouddhistes en exil, au destin hors du commun.

De retour en France, j'ai écrit le texte du documentaire, mais le mauvais choix de monteur en a interrompu la réalisation, jusqu'à ce que je rencontre une jeune femme qui me propose son aide à un moment où je ne m'y attendais plus, à un moment où j'avais même fait le deuil de mon documentaire, déjà heureuse d'avoir pu témoigner de mon expérience au travers d'un livre. Le frère de cette jeune femme, technicien audiovisuel, a alors dupliqué toutes mes cassettes, et ce qui était jusqu'alors freiné, s'est instantanément accéléré. Tout concordait en même temps, le bon moment, la bonne personne.

2e Principe de vie : la sagesse, c'est oser lâcher prise

Explication

S'il ne faut jamais lâcher son rêve, il faut néanmoins savoir lâcher prise quand l'objectif devient obsession, et que nous perdons alors tout jugement. Lâcher prise ne signifie pas être fataliste et abandonner son projet, cela revient à faire confiance à la vie en arrêtant de s'accrocher, c'est ce que j'appelle la sagesse.

Pourquoi faudrait-il toujours tout maîtriser ? Faire confiance à la vie, c'est accepter que tout ne soit pas forcément concret, que tout ne se passe pas comme prévu, tout en restant disponible et ouvert, car la solution arrive souvent là où on ne l'attend pas.

La vacuité dont parle le bouddhisme est loin d'être le néant, car du vide naît le champ des possibles.

Illustration

Le film *Seul au monde* de Robert Zemeckis est l'un de mes films préférés. Rescapé d'un naufrage, le personnage principal que joue l'acteur Tom Hanks survit seul pendant dix ans sur une île déserte, jusqu'au jour où il est repéré, alors qu'il avait été laissé pour mort.

Quand il revient dans la vraie vie, il n'a plus rien, n'existe plus, a perdu son job, sa femme s'est remariée et certains de ses amis sont décédés. A la question que lui pose un de ses proches : *« mais tu as tout perdu, comment vas-tu faire pour continuer à vivre ? »*, il répond : *« je vais faire comme j'ai fait sur mon île, je vais continuer à respirer, à vivre, et attendre ce que la marée du lendemain va m'apporter »*. Cette réplique illustre parfaitement ce qu'est le lâcher prise. On ne sait jamais ce que la marée du lendemain va nous apporter, c'est pourquoi même dans l'adversité, nous devons garder espoir, rester les yeux ouverts, et les bras tendus pour accrocher ce qui pourrait arriver.

Dans le film, le personnage que joue Tom Hanks n'a jamais perdu l'espoir, et une simple tôle apportée par la marée, certes peu de chose dans une vie où tout va bien, a été sa chance, celle qui lui a permis d'envoyer un signal lumineux grâce au reflet du soleil, et d'être repéré par un navire qui naviguait au large.

Face à l'adversité, nous ne sommes jamais seuls.

3e Principe de vie : tout est choix

Explication

Si on peut penser qu'il y a un destin et de grandes lignes prédéfinies, la vie offre aussi des carrefours avec plusieurs chemins possibles. Tout dépend alors de nous, de ce que nous en faisons et de ce que nous choisissons.

Et le bon choix ne passe jamais par le mental, mais par le cœur. Si le mental vient semer le doute et le trouble, notre cœur lui a toujours la réponse évidente. La méditation et le silence sont souvent utiles pour mettre le mental entre parenthèses, ramener le calme, éclaircir la situation, et prendre le temps d'écouter ce qui résonne vraiment en nous pour prendre le bon chemin, plutôt que de se retrouver dans l'impasse.

Illustration

J'ai fait beaucoup de choix qui ont été des prises de risque. Dès l'âge de 16 ans, quand j'ai eu à choisir entre mes études, mon entrée en 1re, et mes débuts de comédienne dans la série *Paul et Virginie*. Mes parents ont été formidables, incroyablement ouverts, et m'ont dit : *« quoi que tu choisisses, on sera là près de toi »*. Mon premier grand choix a été ma première chance, je l'ai saisie.

Puis, j'ai fait un autre choix très important, quand j'ai décidé à 22 ans d'arrêter ma chimiothérapie, alors que le corps médical m'avait diagnostiqué un cancer de l'utérus, pour opter pour un traitement basé sur des médecines alternatives. Ce choix a été une prise de risque, mais m'a aussi peut-être sauvée.

Enfin, un autre choix a changé ma vie, celui d'adopter ma petite filleule tibétaine que je parrainais depuis 9 ans. J'allais la voir chaque année en Inde pendant les vacances, et à l'adolescence, c'est elle qui est venue pour la première fois en France. Elle n'a alors plus jamais voulu qu'on se quitte. Pour moi, ce choix a été important car il impliquait un grand changement dans ma vie de femme et un saut dans l'inconnu. Pendant deux années, je me suis alors retrouvée confrontée à tout ce que je déteste, les papiers, les formalités administratives, mais c'est aujourd'hui un immense bonheur, et ma fille Migmar Jannot est depuis peu française.

4e Principe de vie : la souffrance éveille au bonheur

Explication

Nous nous construisons davantage à travers la souffrance qu'à travers le bonheur, car la souffrance éveille à l'identification des petits détails de la vie à côté desquels nous passons trop souvent, qu'on ne voit pas, qu'on n'entend pas, qu'on ne ressent plus, mais qui ont pourtant une valeur inestimable.

En offrant la contrepartie du cadeau de nous rappeler le prix de la vie, de l'amour et de l'amitié, la souffrance éveille au bonheur. C'est difficile à imaginer, à accepter, mais c'est une des lois de la vie.

Illustration

A 22 ans, quand j'ai eu ce cancer de l'utérus, j'ai appris que je ne pourrais jamais avoir d'enfants. Ce fut une épreuve douloureuse physiquement, psychologiquement. Après avoir été soignée, j'ai subi une rechute, cinq ans plus tard, à cause d'un chagrin d'amour. Si le bonheur crée une barrière immunitaire, le chagrin, lui, fait baisser les défenses de l'organisme.

Cette épreuve m'a appris à aimer la vie intensément. Quand on a failli la perdre si jeune, on en découvre alors le prix et la valeur, celle de se lever le matin, de poser le pied à terre, et de courir vers quelqu'un qu'on aime !

La vie est courte... Derniers conseils pour gagner en temps, sérénité et réactivité :

- L'assistanat, même s'il peut être justifié dans certains cas, est souvent préjudiciable car en déresponsabilisant l'individu, ce dernier imprime alors dans son comportement l'empreinte d'un manque d'ambition personnelle, l'empêchant ainsi d'aller chercher sa propre victoire.

- Nous avons souvent envie de voir les gens comme nous aurions envie qu'ils soient, mais respecter leur nature et le terrain qui leur convient, c'est leur permettre de pousser mieux en leur permettant de donner le meilleur d'eux-mêmes, même si ce n'est pas ce que nous attendions d'eux.

- Quand on réussit juste pour faire le tour de son nombril, et qu'on ne s'est pas servi de cette réussite pour faire du bien autour de soi, la vie n'est pas aboutie.

JACQUES-ANTOINE GRANJON

Anti-conformiste & disruptif

« Entreprendre, c'est se sentir vivant »

En rachetant à bas prix des invendus dont personne ne voulait en magasin, et en faisant d'un vieux business, le déstockage, une activité moderne sur le web, Jacques-Antoine Granjon, PDG-fondateur du site internet Vente-Privée.com, a construit un empire de 2 500 salariés, au chiffre d'affaires de 1 milliard 800 millions, devenant en quelques années un modèle de réussite entrepreneuriale à la française.

Jacques-Antoine Granjon, « JAG » pour les intimes, ne ressemble en rien au milieu entrepreneurial auquel il appartient, et c'est ce qui fait sa singularité, son habileté, sa notoriété.

Cheveux longs sur les épaules, grosses bagues, barbe de trois jours, tee-shirt en col V laissant poils et crucifix apparents, il a davantage l'allure d'un gérant de boîte de nuit ou d'une rock star que celle d'un patron classé dans les plus grandes fortunes de France. Figure atypique et décomplexée de l'entrepreneuriat français, réputé pour son franc-parler, il aurait pu avoir la tentation de délocaliser son entreprise, mais a choisi de rester en France par éthique, patriotisme, ancrant les fondations de son groupe en banlieue, dans le 9-3, un département à la réputation dangereuse, et où les entreprises renonçaient jusqu'alors à s'installer. Le bâtisseur qu'il est, disruptif dans l'âme, roulant en Bentley et travaillant en Seine-Saint-Denis, a inauguré en 2016 le sixième bâtiment de l'enseigne dans le département, donnant le souffle du « tout est possible » à un département jusqu'alors sinistré, en passe de devenir un quartier d'affaire.

TOUT EST POSSIBLE QUAND... ON A L'INSOUCIANCE DE LA JEUNESSE.

« Il faut encourager l'énergie incroyable de la jeunesse, c'est elle qui construit le monde de demain. »

Sa devise :

« Instinct, Imagination, Courage » - Antoine Riboud.

1er Principe de vie : l'exaltation passe par la création

Explication

Réussir sa vie passe par le fait d'entreprendre, et nous avons tous en nous cette part de créativité qui ne demande qu'à être réveillée et exprimée pour nourrir notre vie intellectuellement, mais aussi émotionnellement.

Créer est le plus précieux moteur d'une vie, car c'est innover, se projeter, c'est inventer demain pour enchanter la vie.

Illustration

Quand je me lance dans un nouveau projet, ma démarche n'est pas d'avoir, de posséder, d'accumuler, mais de transformer, de bâtir et de créer.

Par exemple, quand j'achète une maison, j'ai toujours plaisir à en faire un lieu incroyable, mais une fois le processus abouti, je m'y ennuie. Mon moteur, c'est le projet, le chemin, le processus. Lui seul m'offre l'exaltation, non l'aboutissement.

Mais quand on entreprend professionnellement dans un pays comme la France, où il est d'usage de couper les branches plutôt que de laisser pousser les fruits, avoir une idée, même de génie, ne suffit pas. Il faut du déterminisme et de l'abnégation. L'entrepreneur français est d'ailleurs le plus fort du monde, car il joue chaque jour un match avec cinquante kilos de contraintes sur le dos. C'est la raison pour laquelle beaucoup quittent la France, et que le souffle créatif se meurt alors qu'il est censé nourrir nos vies. Si je suis encore là en France aujourd'hui, c'est uniquement par patriotisme, pour rester fidèle à mon éthique.

2e Principe de vie : vivre, c'est se mettre en danger

Explication

Activer un projet et se mettre en action, sans même savoir si cela va marcher, demande l'audace de prendre un risque, celui de « se faire mal », mais offre aussi un panel d'émotions qui donne la sensation suprême d'exister. Et que peut-il y avoir de plus existant que de se sentir vivant ?

A chacun sa source d'adrénaline, pour certains c'est de rouler vite, pour d'autres de jouer leur argent au casino, ou encore de prendre des risques en innovant, en créant, c'est le cas des entrepreneurs. Pour autant, se mettre en danger n'implique pas une prise de risque maximale inconsciente, mais plutôt une mise en danger légère, pour monter progressivement le risque d'un cran à l'étape suivante.

Illustration

Mon éducation maternelle extrêmement rigoureuse, et ma scolarité chez les jésuites où prime le sens de l'éthique et de l'excellence, ont retardé mon adolescence. Mon enfance cadrée, puis mon renvoi du lycée pour avoir été le seul élève à rater son baccalauréat au Lycée « Franklin » en 1981, en obtenant 1 en math au bac C, ont fait qu'à 22 ans ans, j'étais prêt à tout, pourvu que je sois libre. Je ne voulais dépendre de personne, et c'est ce qui m'a motivé à prendre des risques. Aujourd'hui encore, la cinquantaine passée, je garde cette âme d'adolescent et ce plaisir à me maintenir en permanence dans une dynamique de mise en danger.

3e Principe de vie : en finir avec les certitudes

Explication

L'arrogance qui consiste à s'obstiner envers et contre tout, à avoir toujours raison en restant ancré dans ses certitudes, est le plus sûr moyen d'échouer. Mieux vaut opter pour l'humilité et développer notre capacité à nous remettre en question pour réajuster notre trajectoire, car la vie est fragile. Si des circonstances favorables nous ont menés un jour au succès, un imprévu peut aussi le lendemain nous emmener ailleurs. N'oublions jamais que « la roche tarpéienne est près du capitole ». Cette expression rappelle qu'après les honneurs, la déchéance peut venir tout aussi rapidement. A l'époque romaine, les prisonniers condamnés à mort étaient jetés de cette roche, située à proximité du capitole où siégeaient les notables et sénateurs.

Illustration

Parce que je sais que rien n'est figé, et tout en perpétuelle évolution, je ne suis pas un « mec » dans les certitudes, mais un « mec » qui doute, dans le doute permanent. Si nos ventes sont mauvaises, et que les gens ne viennent plus, l'histoire peut s'arrêter en un claquement de doigt, en une année.

Mon entreprise s'est construite au jour le jour, au fil de remises en question, d'ajustements et de choix quotidiens, et c'est seulement aujourd'hui, quinze ans après sa création, que je commence à me projeter sur le long terme et à définir là où j'aimerais qu'on soit dans cinq ans.

4e Principe de vie : nos réussites sont liées à nos erreurs

Explication

Au cours de notre vie, nous connaissons tous des échecs. Pour réussir, il faut donc avoir le talent de faire davantage de bons choix que de mauvais. Si certaines erreurs commises font mal, elles font partie du processus, et sont un passage obligé pour apprendre, comprendre, et réorienter notre cheminement.

Ceux qui accèdent à leur réussite sont ceux qui savent rester responsables, même dans l'épreuve. La responsabilité est une vraie valeur, c'est être acteur en s'appropriant un projet, avoir une éthique, ne pas avoir peur de se tromper, et reconnaître ses erreurs tout en poursuivant sa quête.

Un entrepreneur est à sa manière un chercheur, il cherche, fait des erreurs, expérimente, mettant parfois vingt ans avant d'aboutir à une innovation.

Illustration

Si j'avais écouté les conseils qui m'ont été donnés il y a dix ans, j'aurais peut-être gagné du temps, la configuration de l'entreprise serait peut-être aussi différente, mais on construit la « boîte » que l'on est, et ma boîte telle qu'elle est aujourd'hui, est aussi liée à mes erreurs.

Les miennes font écho à une autre part de moi « je m'en foutiste » héritée de mon grand-père, qui tranche avec mon éducation maternelle stricte au raisonnement pratique et pragmatique.

Quand Vente Privée s'est associée en 2011 avec le groupe American Express pour conquérir le marché américain, ce partenariat a été l'un de mes plus gros échecs. Je n'ai pas su dire non à la sollicitation et au shoot d'adrénaline à l'américaine, alors que je savais en mon for intérieur que c'était un mauvais choix, mais j'y suis allé pour des raisons entrepreneuriales. Cette expérience m'a fait perdre du temps, de l'argent que j'aurais pu investir autrement, mais elle m'a aussi appris à savoir dire non et à savoir arrêter à temps le scénario d'un processus voué de l'échec.

La vie est courte... Derniers conseils pour gagner en temps, sérénité et réactivité :

- Concernant la chance, la question n'est pas d'en avoir ou pas, car nous avons tous des opportunités, mais de la saisir.

- Le goût du risque dont nous sommes tous dotés de façon congénitale à notre naissance, s'atténue au fil des années pour décliner progressivement sans jamais remonter. C'est la Théorie de *l'Escalier du Risque* : plus on est jeune, moins la prise de risque est importante. C'est pourquoi il faut oser se lancer dans la création le plus tôt possible dans sa vie.

MERCEDES ERRA

La dame de « faire »

« La seule peur à craindre est celle de s'emmerder »

Femme de pouvoir et d'influence, Mercedes Erra est la présidente exécutive d'Havas Worldwide et de BETC Euro RSCG, la plus grande agence de publicité de l'hexagone, classée 2e agence la plus créative au monde.

D'origine catalane, elle est arrivée en France à l'âge de 6 ans, sans parler un mot de français. Douze ans plus tard, elle décrochait son baccalauréat littéraire avec mention très bien.

Travailleuse, courageuse, celle que l'on surnomme la « dame de faire » a gravi les échelons à force de travail et grâce à son énergie positive contagieuse. Charismatique et rebelle, Mercedes Erra est aussi une leader engagée dans la défense des droits des femmes et pour un label égalité obligatoire dans les entreprises. Son groupe en est d'ailleurs une belle illustration, avec à chaque strate et jusqu'au conseil exécutif, parité hommes/femmes et égalité salariale.

Si elle est aujourd'hui un symbole de la méritocratie à la française, celle qui a toujours su marquer sa différence, par son look, son ton, ses prises de position, ne s'est jamais embarrassée de codes et du « qu'en-dira-t-on », ne laissant à personne la clef de sa destinée.

Alors qu'elle porte avec ferveur les projets créatifs les plus audacieux aux côtés de ses 700 salariés, son mari, lui, a fait un autre choix, celui d'être homme au foyer et de s'occuper de leurs cinq enfants. A chacun son histoire. L'essentiel étant d'être bien dans la sienne.

TOUT EST POSSIBLE QUAND... ON A LA SANTE.

« Quand on n'est pas malade, on n'a pas le droit de dire que ça ne va pas pour nous ».

Sa devise :

« Si tout s'effondrait, je continuerais à planter des arbres ».

1er Principe de vie : trouver sa voie

Explication

La chance suprême est de trouver sa voie, ce pour quoi nous sommes faits, ce pour quoi nous sommes bons. C'est même le cheminement d'une vie, et pour le découvrir, chaque fois que nous en avons la possibilité, il convient d'aller vers ce qui nous fait plaisir, et de le faire bien, de le faire heureux. Seul ce qui nous rend heureux nous permet d'être aligné, en cohérence avec notre trajectoire.

La réussite n'est pas une affaire de Rolex, contrairement à ce qu'a pu dire Jacques Séguala : *« si à cinquante ans, on n'a pas une Rolex, on a quand même raté sa vie »*, la réussite c'est quand les gens ont l'air d'être bien dans leur histoire.

Illustration

Professeur de lettres, j'étais sur le point d'être agrégée quand j'ai décidé de quitter l'Education Nationale pour reprendre des études et rejoindre le monde de l'entreprise. J'ai passé le concours de l'Ecole Normale Supérieure, que j'ai finalement raté. Un échec qui m'a semblé être la fin du monde. Puis, j'ai décidé de passer le concours d'entrée à H.E.C. Toutes mes amies m'ont alors dit : *« mais qu'est-ce que tu vas y faire ? Tu n'as aucune chance de l'avoir ! »*. J'ai finalement réussi le concours, et cette école fut pour moi un révélateur car je me suis découverte douée en marketing, ce qui m'a donné l'envie de faire un stage dans la publicité. Enjeux stratégiques, psychologiques, sociologiques, créatifs, il fallait de la persuasion, il y avait de la pression, et comme je suis insensible à la pression, je réussissais dix fois mieux que les autres. Ma chance a été de découvrir jeune ce qui me plaisait, ce que je faisais bien, et mon seul talent a été de suivre cette intuition.

2e Principe de vie : la seule peur à avoir, celle de s'emmerder

Explication

Accepter de s'ennuyer toute sa vie, se conforter dans la plainte et dans la complainte quand on a les moyens intellectuels d'oser et de bouger, est inacceptable. Le problème de la France, c'est qu'elle passe son temps à se plaindre alors qu'elle a le plus gros confort social au monde, et c'est d'ailleurs une posture très masculine. Il suffit de regarder par qui sont tenus les syndicats français pour le comprendre : par des hommes. Figés sur leurs acquis, ils revendiquent le droit de travailler 20 heures… Eh bien, c'est gai ! L'insatisfaction doit être moteur d'actions, non de plaintes.

Illustration

Quand j'étais professeur de lettres, je voulais faire plus, plus d'heures, plus de formations, je voulais davantage m'engager, mais les contraintes du fonctionnariat structurel me limitaient. Je me sentais limitée.

Quand j'ai alors quitté l'univers de l'Education Nationale qui m'était familier, pour celui plus ouvert et créatif de la publicité, qui m'était alors inconnu, je n'ai pas eu peur. Je n'ai jamais eu peur de voir grand. Pourquoi se limiter et se restreindre quand on peut faire plus et plus grand ?

3e Principe de vie : assumer sa part de rebellion

Explication

Je prône le système « pis que pendre » qui consiste à réagir à la seconde quand une personne vous humilie. Avaler, accepter, c'est se soumettre et freiner l'élan de notre réalisation.

Pour assumer sa part de rébellion, il ne faut surtout pas chercher à être aimé à tout prix, mais avoir en soi et autour de soi une zone d'amour suffisante et de qualité. Là est la plus grande des libertés pour se réaliser.

Illustration

Je dois aujourd'hui ma réussite à mon entêtement. Parce que les choses ne m'ont pas été données au départ, j'ai développé très jeune le goût de l'effort. J'ai toujours pensé que c'était impossible de me freiner, et qu'on me dicte ma vie.

A l'époque où je cherchais à faire un stage dans la publicité, j'avais été convoquée par la directrice des ressources humaine d'une des entreprises pour lesquelles j'avais postulé. Elle s'était aperçue que j'avais présenté ma candidature à deux offres de stage différentes, et m'avait « engueulée » : « *Mais de quel droit postulez-vous aux deux stages ? Et si chaque responsable de stage vous choisit, vous aurez l'air maligne* ». Je lui avais alors répondu : « *Et en quoi je n'aurais pas le droit de choisir moi aussi ? Parce que je suis plus jeune ? Je ne cherche pas à faire mal, je cherche juste à faire le stage le plus intéressant* ». J'ai finalement été prise. J'avais 25 ans, ce stage a changé ma vie.

4e Principe de vie : ne pas donner droit de cité au pathos

Explication

Nous nous laissons trop souvent submerger par des situations qui nous inquiètent, nous freinent, alors qu'à quelques exceptions près, il y a rarement de problème. Ne donnons pas plus d'importance aux problèmes qu'ils n'en ont, et évitons surtout de nous créer des problèmes qui n'existent pas, et de nous enliser dedans en brodant autour.

Il y a des gens, quand ils ont un problème, c'est tout un monde. Les femmes, notamment, elles ont l'art de se créer des milliards de problèmes existentiels dans la tête par culpabilité et manque de confiance, alors qu'elles pourraient se les éviter, et ainsi s'épargner.

Illustration

En ayant été confrontée très jeune à de gros problèmes familiaux, j'ai développé une grande capacité à relativiser.

Quand mon père s'est ruiné, j'ai dû subvenir aux besoins financiers de toute ma famille, mes parents, mes frères et mes sœurs. Je me souviens d'ailleurs très bien du jour où le « merdier » m'est tombé dessus, je gagnais à l'époque 13 000 francs, ma famille avait besoin de 12 000 francs pour vivre, et je les leur ai donc donnés. Il me restait 1 000 francs pour vivre. Pensez-vous que cela m'ait préoccupé ? Je me suis dit que cela m'éviterait au moins d'être habituée à l'argent.

J'ai une grande aptitude à ne pas considérer les problèmes comme tels.

À titre d'exemple, en 2014, on m'a diagnostiqué un cancer. Le médecin qui m'a soignée, m'a dit un jour lors d'une consultation de surveillance : *« mais vous ne l'avez pas regardé votre cancer, vous n'en avez pas tenu compte »*, je lui ai répondu que je n'avais pas le temps, et que dès lors que l'essentiel avait été fait pour l'enlever et m'en débarrasser, cela me suffisait. Je suis très premier degré, très factuelle. Quand il y a un problème, je le règle. J'aime trouver des solutions, et vite.

La vie est courte... Derniers conseils pour gagner en temps, sérénité et réactivité :

- La croissance d'un pays est fortement liée à la confiance, et cela vaut aussi individuellement pour chacun d'entre nous. Pour s'élever au meilleur de soi-même, et libérer tout son potentiel de vie, il faut avoir confiance en soi.

- Chaque fois qu'on en a la possibilité, il faut aller vers ce qui nous fait plaisir.

PATRICK POIVRE D'ARVOR

La frénésie du survivant

« Aller vers son plaisir »

En présentant le journal télévisé de la première chaine européenne pendant plus de vingt ans, Patrick Poivre d'Arvor a fait partie du quotidien des Français. Un record de longévité et un parcours inattendu pour l'enfant introverti qu'il était, et qui se réfugiait dans la lecture, faisant de Rimbaud, Zola, Flaubert, les amis imaginaires qui lui ont donné l'envie de déployer les ailes de sa confiance.

Confronté à la maladie, une leucémie, à l'âge de treize ans, puis chef de famille à seize ans, lui qui n'a pas vécu d'adolescence, a passé sa vie à la nourrir de passion. Et c'est cette soif de vie insatiable qui lui a permis de passer de l'ombre à la lumière.

Et pourtant, derrière l'écran de fumée médiatique, Patrick Poivre d'Arvor n'a pas été épargné par les coups durs du destin. Père de sept enfants, il a perdu trois filles, des épreuves qui ont été les grands drames de son existence, mais qui ne l'ont jamais fait renoncer à aimer la vie, passionnément, intensément.

En montant sur les planches pour la première fois à 68 ans, l'ancien présentateur historique de la grande messe du 20 heures, qui a quitté TF1 le 10 juillet 2008 dans des conditions expéditives, prouve une nouvelle fois son talent, celui de la transcendance et de la renaissance pourvu qu'il ait l'ivresse de l'exaltation.

TOUT EST POSSIBLE QUAND... ON NE RENONCE PAS.

« Quand on ne renonce pas, tout reste possible et ouvert. L'horizon se dégage, et la mer est immense. »

Sa devise :

« On ne voit bien qu'avec le cœur, l'essentiel est invisible pour les yeux » - Antoine de Saint-Exupéry.

1er Principe de vie : ne jamais renoncer, jamais, jamais...

Explication

Le risque est de finir par accepter la défaite, celle du corps, de la pensée et des idées, en considérant que rien ne pourra changer notre morosité. Or, même si la vie nous apporte son cortège de vraies « saloperies », elle reste magnifique tant elle offre un champ de possibles, et laisse toujours passer la lueur permettant d'y croire à nouveau. C'est pourquoi il ne faut jamais renoncer, jamais, jamais, et dans aucune circonstance. Si la tentation est souvent le repli, il faut au contraire continuer à humer la vie, car c'est elle qui participe progressivement à notre reconstruction et à notre résurrection. Au cœur de la tourmente, n'oublions jamais ceux et celles qui ont vécu des situations tout aussi douloureuses, et qui s'en sont sortis grandis.

Illustration

Trois de mes filles son décédés tragiquement. Tiphaine, victime de la mort subite du nourrisson. Au moment de sa naissance et de sa mort, j'étais en reportage, je n'ai pas eu le temps de la connaître, et cela résonne comme un regret. Garance, elle, n'a pas vu le jour car sa mère a eu un accident de voiture et a perdu le bébé à quelques jours du terme. Puis, Solenn, qui s'est suicidée à dix-neuf ans, laissant un mot dans le sous-main de mon bureau : « *merci pour tout, mais je n'aime pas la vie* ». J'ai tellement eu peur de m'effondrer que le jour des funérailles de ma fille, j'ai tenu à présenter le journal du soir, comme par instinct de survie.

A ce moment-là de ma vie, mon grand-père maternel a été pour moi une source d'inspiration, un exemple de persévérance. Orphelin de père à la naissance, puis de mère à l'âge de deux ans, il a été élevé par sa grand-mère qui ne l'aimait pas, et a fui à l'âge de douze ans le domicile familial. Sans même savoir lire et écrire, il a commencé à travailler, et c'est en suivant des cours du soir après le travail qu'il a alors fait son apprentissage, pour devenir quelques années plus tard écrivain.

2e Principe de vie : le plaisir, non négociable

Explication

La question essentielle à se poser est : où est-ce que je trouve le plus de bonheur, d'enthousiasme et de passion ? Pour le savoir, il faut être à l'affût de tout, aux aguets, écouter, sentir et capter les ondes positives, celles qui nous font du bien, car seul le plaisir mène à la joie, en amour comme dans le travail.

Aller vers les horizons qui nous procurent le plus d'excitation, indépendamment de ce que les autres ou les contingences économiques nous imposent, c'est parfois difficile, mais là est « notre » essentiel, la voie la plus simple pour accéder au meilleur pour nous-même.

Rester dans le calcul, dans l'hypervigilance et la prudence, de peur de faire une sortie de route, c'est limiter sa vie à la frustration et aux regrets. Une sortie de route n'est jamais inintéressante, car toujours formatrice pour la suite de notre cheminement.

Illustration

A l'âge de treize ans, j'ai eu une leucémie pour laquelle j'ai été envoyé en Alsace pour être soigné dans un sanatorium. Là-bas, j'ai vu des personnes mourir, terrassées par la maladie. Moi-même, j'ai failli mourir, mais je m'en suis finalement sorti, et j'ai alors été pris d'une frénésie qui a rempli ma vie dans un grand nombre de domaines, et précocement : baccalauréat à quinze ans, père à seize ans, premier roman à dix-sept ans, *Les enfants de l'aube*, inspiré de mon séjour médicalisé en Alsace.

Cette urgence que j'ai à vivre, vient de la soif de vie qu'ont les survivants, comme si tout pouvait s'arrêter dans la seconde. Je n'étais pas plus doué qu'un autre, certains étaient même bien meilleurs que moi, mais j'avais une extrême curiosité de la vie, des choses et des êtres, et c'est sans doute ce qui a fait la différence.

3e Principe de vie : rebondir immédiatement

Explication

Face à l'épreuve, le plus important est de rebondir, immédiatement, quitte à emprunter des chemins de traverse sans même savoir où ils mènent. L'essentiel étant de s'engager de nouveau dans un projet excitant.

Pleurer avec nostalgie sur le lait perdu est un piège, un piège dramatique qui nous bouffe la rate et nous empêche de respirer profondément, puis de vivre. C'est pourquoi, avoir des projets dans ses carquois est essentiel, même si seul un dixième se réalise, car ce sont eux qui nous font avancer, évoluer. Ils sont les moteurs, le carburant de notre vie.

Illustration

Présenter le 20 heures de la plus grande chaîne d'Europe pendant plus de vingt ans a été pour moi un immense bonheur. C'était très excitant, et même si je savais qu'un jour cela s'arrêterait, je n'avais pas imaginé un départ aussi expéditif. Quand j'ai quitté TF1, ce n'était pas de mon plein gré, j'ai été poussé vers la sortie, licencié. J'aurais pu le vivre comme un échec, mais j'ai exploité cette nouvelle perspective comme une opportunité pour sortir de mes chemins battus, et en découvrir de nouveaux. J'ai alors investi ma vie différemment, et je me dis aujourd'hui, avec le recul, que sans ce départ anticipé, je n'aurai sans doute jamais mis en scène quatre opéras, ni écrit une quinzaine de livres, et je ne serai pas non plus monté sur les planches. Cette première expérience théâtrale que je vis à 68 ans, je la vis comme un gamin, curieux de tout. J'écoute, je regarde, j'apprends, et je découvre un monde qui m'était jusqu'alors inconnu. Si au départ, j'ai hésité car je doutais de mes capacités personnelles, n'étant pas d'une nature très extravertie, aujourd'hui je ne le regrette pas.

4e Principe de vie : partir en quête du Graal

Explication

Nous naissons tous avec des rêves et des désirs, mais à force de s'en remettre aux autres et de les écouter, nous nous laissons envahir par leurs peurs, et nous en venons à avorter nos aspirations par manque de confiance et par scepticisme.

N'ayons pas peur de l'échec, du ridicule, la quête d'une vie est d'aller vers son graal, vers son chemin à soi, non vers celui des autres ou pour les autres.

Notre société est aujourd'hui malade moralement, car trop gâtée. Beaucoup ont la bouche ouverte comme les moineaux attendant la becquée, comme si tout était dû.

Or, partir en quête de son graal est un défi noble à honorer, il faut vouloir les choses, pas uniquement les attendre.

Illustration

Jamais je n'aurais imaginé cette trajectoire pour moi. Ma mère était mère au foyer, mon père représentant de chaussures. Mes parents voulaient que je sois médecin, moi-même j'avais fini par m'en persuader. Mais, mes résultats en math, physique et chimie étant absolument lamentables, j'ai finalement abandonné cette voie qui m'avait été en quelque sorte tracée.

Puis, en devenant père à 16 ans, j'ai dû travailler pour subvenir aux besoins de ma famille, enchaînant les petits boulots, gardien de nuit dans les hôtels, chauffeurs de maître, figurant, livreur. Je n'avais pas un sou en poche et je prenais même qu'un seul repas par jour. Si je n'ai pas vécu cette période comme misérable, j'ai eu en revanche l'envie de mettre toutes les chances de mon côté pour sortir de cette condition. Et j'ai saisi ma chance le jour où je me suis présenté au concours envoyé spécial sur France Inter. Nous étions trois mille candidats, j'avais une chance insignifiante de le réussir, et je l'ai pourtant gagné.

Si par paresse ou par « trouille », je n'avais pas envoyé ma lettre de candidature, je n'aurais jamais été journaliste.

La vie est courte... Derniers conseils pour gagner en temps, sérénité et réactivité :

- Avec son livre *Le Petit Prince*, Antoine de Saint-Exupéry a laissé au monde une magnifique philosophie de vie qui reste encore aujourd'hui d'actualité. Lui qui a écrit ce livre dans une période difficile de sa vie, n'a pas pu voir sa publication en langue française car il est mort tragiquement avant sa parution chez Gallimard. Un destin exceptionnel pour un homme décédé jeune, à l'âge de 44 ans, et dont l'œuvre est aujourd'hui la plus lue dans le monde, traduite en 270 langues et vendue à 145 millions d'exemplaires.
« On ne voit bien qu'avec le cœur, l'essentiel est invisible pour les yeux ». A nous d'aller vers le sens caché des choses et des êtres.

- Le problème de la France, c'est le déficit d'enthousiasme. Même si les américains ont plein de défauts, ils savent en revanche s'enthousiasmer. Nous, pour qu'on s'enthousiasme, il faut non seulement que notre équipe de football arrive en finale, mais il faut aussi qu'elle gagne la coupe du monde, sinon on se couvre la tête de cendres alors qu'elle est vice-championne du monde.

ROSELYNE BACHELOT

Electron libre

« Vivre jusqu'au dernier souffle »

Ministre de Jacques Chirac et de Nicolas Sarkozy, Roselyne Bachelot est une femme engagée qui n'a jamais craint de marquer sa différence, et qui l'a même revendiquée.

On se souvient d'elle lorsqu'elle est montée au perchoir de l'Assemblée Nationale, défendre en 1998 le PACS (Le Pacte Civil de Solidarité) pour faire valoir ses convictions, seule contre son camp, seule députée de droite à voter pour son adoption.

Combattive, Roselyne Bachelot excelle dans l'art de mener les batailles, celle des idées, celle contre le machisme, celle d'être une femme libre.

En 2012, à la surprise générale, elle quitte les ors de la République pour la télévision, pour rejoindre le talk-show de Laurence Ferrari sur D8. Une reconversion qui lui vaut les critiques acerbes de certains de ses anciens collègues et membres du gouvernement.

Libérée des contraintes de la vie politique, elle a donné son avis comme chroniqueuse-éditorialiste dans cette émission jusqu'en 2016, et s'autorise désormais sur RMC dans son émission *100% Bachelot* de nouvelles transgressions qui ne sont pas pour lui déplaire, surtout quand elles ne plaisent pas à tout le monde.

TOUT EST POSSIBLE... TOUTE LA VIE.

« Vivre comme si la vie devait s'arrêter dans un instant. Vivre jusqu'au dernier souffle. »

Sa devise :

« Il faudrait comprendre que les choses sont sans espoir et être pourtant décidé à les changer » - Francis Scott Fitzgerald.

1er Principe de vie : oser sortir de sa zone de confort

Explication

Aujourd'hui, pour beaucoup, la réussite, c'est préserver sa sécurité, ses acquis, et ne prendre surtout aucun risque. Une posture qui n'offre alors aucune fluidité pour saisir sa chance.

Le rêve de la fonction publique, le culte de la maison individuelle, tous ces idéaux viennent scléroser les gens et les limiter à des cases et à des carcans. Or, avec l'allongement de l'espérance de la vie, la mondialisation et les changements dans notre vie personnelle, il n'est plus question d'avoir des poids aux pieds, mais de savoir renégocier nos positionnements car nous avons désormais plusieurs vies en une.

Tout est toujours possible pour celui qui ne s'arrête pas aux limites que pose la société.

Illustration

Je me suis mariée très jeune, à l'âge de 20 ans. Parce que mon mari faisait ses études, il m'a fallu travailler pour subvenir aux besoins du ménage. Pendant 10 ans, j'ai été visiteuse médicale écumant tout un secteur géographique au volant d'une petite 4L. Un métier ingrat pour gagner 100 francs au-dessus du smic.

Après ces années passées sur les routes, j'aurais pu, comme de nombreuses femmes de cette époque, me retrancher derrière la situation financière désormais confortable de mon mari, mais j'ai préféré commencer des études et m'inscrire en pharmacie, j'avais alors 30 ans. C'était difficile car à l'époque j'avais un enfant, des charges de famille et une mémoire aussi plus fébrile, mais quand j'ai terminé mes études à 36 ans, je suis finalement sortie major de ma promotion. Cette même année, j'étais aussi élue pour la première fois conseillère générale. Danton disait : « *De l'audace, encore de l'audace, toujours de l'audace et la France est sauvé !* » J'ai eu l'audace de commencer mes études sur le tard, et ce diplôme est ce dont je suis aujourd'hui la plus fière.

2e Principe de vie : ne jamais se résigner

Explication

Pour s'offrir le choix du « tout est possible », il faut être libre. C'est effrayant de voir combien les gens s'assignent des limites et se laissent emprisonner au nom de diktats, en se disant : « ce n'est pas pour moi », « je n'y ai pas le droit ».

Refuser toute forme d'assignations, c'est libérer notre combativité, conquérir notre liberté, et révéler aussi toute notre potentialité.

Illustration

Mes parents ont fait la guerre, tous les deux étaient résistants, mon père comme Franc-Tireur, ma mère dans les Forces Françaises de l'Intérieur, j'ai reçu d'eux en héritage le goût de la liberté et de la combativité, et cela m'a permis d'assumer mon avenir et ma vie de femme.

Dans l'entreprise où j'ai exercé comme visiteuse médicale, le directeur qui nous avait promis une prime pour nous féliciter de nos résultats annuels, s'est finalement rétracté, et le jour où a eu lieu la réunion pour faire valoir nos revendications, il s'est tourné vers moi qui étais la seule femme de l'entreprise, et m'a asséné un : « *Vous madame Bachelot, vous n'avez pas à vous plaindre car pour une femme vous êtes très bien payée* ». Les revendications des hommes étaient justes, les miennes ne l'étaient pas. Toute ma vie, j'ai été confrontée professionnellement au machisme, au sexisme, aux humiliations, aux procès en incompétence, aux refus d'attribution de postes et à la difficulté d'exister en tant que femme dans un milieu d'hommes. Ces attaques n'ont jamais réussi à me résigner, bien au contraire, elles ont réveillé ma pugnacité, m'incitant à œuvrer dans le combat pour l'égalité des hommes et des femmes.

3e Principe de vie : les épreuves sont de formidables opportunités

Explication

Ce qui au démarrage peut sembler être une mésaventure, se révèle souvent être une chance. Il n'y a pas d'échecs, il n'y a que des épreuves qui, une fois traversées, se révèlent être de formidables opportunités. Derrière l'épreuve, il y a toujours un cadeau.

Illustration

Quand Jacques Chirac arrive au pouvoir en 1995, il décide d'intégrer des femmes dans son gouvernement. J'étais dans le pronostic des incontournables relayé par tous les médias. Jacques Chirac m'avait appelé pour me faire savoir que j'étais dans la short list, et son collaborateur m'avait même dit : « *Madame la Ministre* ». Le jour de l'annonce du gouvernement, sort sur le perron de l'Elysée le Secrétaire général adjoint, Philippe Bas, et je découvre que je n'en fais finalement pas partie. Personne ne m'avait prévenue en amont, c'était assez incroyable. Je ne l'ai pourtant pas vécu comme un échec car je n'en étais pas responsable, mais davantage comme une lâcheté, ce qui ne m'a pas vraiment étonnée, étant déjà bien rodée aux codes et à la violence des mondes de pouvoir.

Six mois après, les femmes ministres surnommées « les jupettes » ont été virées. Beaucoup ont sombré corps et biens alors qu'elles étaient des femmes de grande qualité. En politique, il faut savoir que lorsqu'un homme se relève d'un échec, c'est porté à son crédit, alors que pour une femme, c'est porté à son débit.

Sans doute ma carrière politique aurait-elle sombré sur un récif si j'avais fait partie de ce casting. Tout restait alors encore possible pour moi, car si le Titanic avait sombré, j'étais au moins dans la chaloupe.

4e Principe de vie : vivre jusqu'au dernier souffle

Explication

Nous devons mordre dans la vie comme dans un fruit, jusqu'à la dernière limite de notre vie. Ma sœur a une belle formule, elle dit : *« Tu cueilles les fruits de la vie les uns après les autres, et le suc des fruits coule le long de ta bouche »*.

Vivre, c'est continuer encore et toujours d'apprendre, de jouir de la vie, de voir des gens, de les regarder, de les savourer, de découvrir des mondes extraordinaires et de continuer à prendre des risques. Vivre, c'est investir sa vie.

Illustration

Je vais bientôt passer le cap des 70 ans, et quand je vois mes camarades de classe, j'ai l'impression d'avoir 50 ans de moins qu'elles, et lorsque je vois des jeunes femmes dont j'aurais l'âge d'être la grand-mère, j'ai l'impression que ce sont elles mes grands-mères.

Quand j'ai quitté la politique pour devenir chroniqueuse éditorialiste sur la chaîne D8, cela m'a été reproché au motif que je déshonorais la fonction de ministre que j'avais exercée. Depuis quand la profession de chroniqueur éditorialiste est-elle une profession déshonorante ?

Il y a 5 ans, avant de rejoindre l'équipe de Laurence Ferrari, je ne savais pas qui était le rappeur Nekfeu, moi qui n'écoute que du Wagner, et pourtant quel talent. A mon âge, je pourrais me reposer sur mes lauriers, mais je refuse l'assignation de l'âge ; c'est une chance de continuer à découvrir de nouveaux territoires jusqu'à la dernière minute de ma vie.

Quand je vois les jeunes sur des barricades dès qu'il y a une réforme sur les retraites, je me dit : *« mais ils sont fous ! Comment est-ce donc possible de penser si jeune à la retraite ? »*.

La vie est courte... Derniers conseils pour gagner en temps, sérénité et réactivité :

- Regarder la vie avec un certain amusement. Cultiver son sens de l'humour, il est un bouclier extraordinaire en cas de tourmente.

- L'autonomie est une chance, celle de vivre une vie sans dépendre et attendre passivement des autres. C'est nu que nous affrontons la mort, alors autant commencer tout de suite.

- Quand le célèbre ténor Roberto Alagna a quitté furieux la scène de la Scala de Milan car il avait été hué par le public lors de la représentation de Aïda, cela a fait scandale. Je lui ai adressé un message en lui disant : « *Roberto, dans la vie on regrette souvent d'être resté, on ne regrette jamais d'être parti* ». Quelques heures après, j'étais dans un taxi et je l'entendais sur Europe 1 qui faisait référence à mon message. Cette phrase a été très importante dans ma vie. Il y a un moment où il faut savoir partir, car si on regrette d'être resté pour les mauvaises raisons, on ne regrette jamais d'être parti.

PHILIPPE CROIZON

Amputé et sans limites

« Il y a toujours un cadeau derrière l'épreuve »

Touché par une ligne électrique de 20 000 volts alors qu'il démontait l'antenne de télévision sur son toit, Philippe Croizon, grièvement brûlé, est amputé des quatre membres à 26 ans. Commencent alors pour lui un lourd combat, des mois d'hospitalisation, des années de rééducation et de dépression pour surmonter l'insurmontable et accepter ce nouveau corps.

Connu désormais pour ses exploits sportifs et son courage hors du commun, il a réalisé à 42 ans son rêve de traverser la Manche à la nage, puis de relier trois ans plus tard les cinq continents.

Sollicité et médiatisé, Philippe Croizon accueille depuis sa notoriété avec enthousiasme, et prouve à ceux qui prenaient ses défis pour des folies irréalisables que tout est possible, et le courage, une ressource inépuisable.

Ancien ouvrier métallurgiste, cet accident a changé « sa vie en mieux », clame-t-il, faisant désormais de la sienne une grande et belle aventure.

TOUT EST POSSIBLE QUAND... ON EST DANS L'IGNORANCE DE L'IMPOSSIBLE.

« Je me suis lancé dans des aventures incroyables car j'ignorais tout d'elles. Jamais je n'aurais imaginé vivre 1/3 de tout ce que j'ai vécu. »

Sa devise :

« Ils ne savaient pas que c'était impossible, alors ils l'ont fait » - Mark Twain.

1er Principe de vie : ne pas se mettre de limites

Explication

Une étude menée par une infirmière australienne, Bronnie Ware, auprès de patients dans les dernières semaines de leur vie, rapporte que parmi les cinq plus grands regrets des mourants, le premier est de ne pas avoir eu le courage de vivre comme ils le souhaitaient, et de ne pas avoir réalisé les rêves qu'ils avaient.

Souvent, on préfère se plaindre et faire la liste de ce que nous n'avons pas, plutôt que de regarder autour de nous ce que nous avons et d'apprécier notre chance. On a souvent une chance inouïe dont nous ne profitons pas, alors qu'il suffirait de peu pour avoir le déclic et pour agir, et souvent d'un petit coup de pied au derrière.

Illustration

A 40 ans, j'étais gras comme un lardon, j'avais fait deux infarctus, je n'avais plus de bras ni de jambes, et j'ai décidé de me lancer dans un défi sportif inimaginable : faire la traversée de la Manche. Le taux de réussite chez les valides étant seulement de 10 %, je n'étais en rien prédestiné à réussir ce challenge, et j'ai pourtant consacré deux années de ma vie à manger, dormir et nager. 4 000 km de natation en deux ans, je nageais parfois même jusqu'à 9 heures d'affilées en une journée, avant d'arriver au jour J et de traverser la Manche à la nage, 38 km en 13h26.

Mon déclic, je le dois au médecin chef de mon centre de rééducation qui m'a interpelé un jour en me disant: *« Tu vois la porte là-bas où il y a marqué interdit, vas-y, va l'ouvrir »*, j'ai alors hésité, puis il a insisté en me disant: *« Va l'ouvrir car aujourd'hui pour toi rien n'est interdit »*. Avec cette phrase libératrice, il m'a fait accepter mon handicap en m'insufflant le goût du tout est possible.

Et après la traversée de la Manche et celle des cinq continents, puis après avoir fait du parapente, du saut en parachute, de la plongée sous-marine, je garde aujourd'hui l'espoir de relever un autre défi, celui d'être un jour le premier handicapé à aller dans l'espace.

2e Principe de vie : garder son cap malgré la résistance ambiante

Explication

La vraie audace est d'oser alors que personne n'y croit. Et quand une personne, même une seule, décide finalement de nous accorder sa confiance en dépit de la résistance ambiante, l'énergie est alors soudainement démultipliée par 10000. Nous sommes portés par l'envie de lui prouver qu'elle a eu raison de nous faire confiance, et aux autres qu'ils ont eu tort de nous dissuader et de nous déstabiliser. Dans les deux cas, la motivation est accentuée, et on a alors tout à gagner.

Illustration

Quand j'ai décidé de me lancer dans ce défi incroyable, 99 % des gens ne croyaient pas en moi, en mon projet, et me prenaient même pour un fou. Combien de fois ai-je entendu : *« Arrête Philippe, ce n'est pas possible »*. Cela aurait pu me faire renoncer, mais au contraire cela a renforcé ma motivation car j'ai eu envie de leur montrer que c'était possible. Puis, il y a eu 1 % de mon entourage qui y a cru, et c'est ce qui m'a emmené vers la victoire. Cela me rappelle l'épisode de l'équipe de France de football sacrée championne du monde en 1998, alors que personne n'y croyait et qu'aucun journal ne leur était favorable, cette défiance a été le moteur de leur entraîneur Aimé Jacquet pour les emmener vers la victoire.

Même si j'ai eu de terribles moments de doute, et qu'il m'a fallu du temps pour accepter ce nouveau schéma corporel, depuis que j'ai frôlé la mort, ma vie n'est aujourd'hui que du bonus, et je me réveille chaque matin avec le bonheur d'être en vie, entouré de ceux que j'aime.

3e Principe de vie : assumer qui on est

Explication

Assumer qui on est, s'aimer tel que l'on est, a comme immense avantage d'être aimé avec simplicité des autres, et d'éviter de perdre du temps en se mentant à soi-même et aux autres. Que peut-il y avoir de pire dans la vie que d'être une personne que nous n'estimons pas, de faire un boulot que nous n'apprécions pas, de vivre une vie que nous n'aimons pas, et de choisir pour autant de la mener ainsi jusqu'au bout ?

Assumer qui on est, passe toujours par un travail de deuil, celui d'un passé qui ne sera plus, mais permet aussi de reconquérir sa liberté en faisant d'une faiblesse une force.

Illustration

Pendant 14 ans, j'ai eu honte d'affronter le regard des autres car j'avais peur de mon handicap. J'ai perdu 14 ans de ma vie à pleurer mes bras, mes jambes, et à regretter ce qui ne se reconstruit jamais.

Après le départ de ma femme, sept ans après mon accident, j'ai vécu trois ans isolé car j'avais peur du rejet, peur d'aimer à nouveau. Je me demandais qui allait être capable d'aimer un homme handicapé sans bras, ni jambes.

Puis un jour, j'ai décidé de tenter ma chance sur internet via un site de rencontres. Au début, je taisais le fait que j'étais une personne handicapée car j'avais peur des réactions, jusqu'au jour où mes interlocutrices me disaient: *« Et si on se rencontrait? »*. J'étais alors pris au piège, et à partir du moment où je leur expliquais mon histoire, mon accident, mon handicap, je n'avais plus aucune nouvelle. Elles fuyaient l'homme sympathique, jovial qu'elles avaient pourtant apprécié et souhaité rencontrer. Comme j'en avais assez de ces échecs, j'ai alors décidé d'expliquer dès le premier message que j'avais eu un accident, et j'ai rencontré Suzanna, 8 mois après mon inscription sur le site. Son premier réflexe a été de me dire: *« De toute façon, je ne cherche pas l'amour, je cherche des amis »*. Et nous avons poursuivi nos échanges, nous nous sommes rencontrés à plusieurs reprises, et le lien amoureux s'est progressivement construit. Suzanna m'a redonné goût à la vie, c'est elle qui m'a donné les ailes pour traverser la Manche et relier les 5 continents à la nage. Et depuis dix ans, nous vivons ensemble cette très belle histoire d'amour.

4e Principe de vie: il y a toujours un cadeau derrière l'épreuve

Explication

La combativité est une ressource que nous avons tous en nous, mais qui reste en sommeil tant que nous n'avons pas eu besoin d'en actionner le ressort. C'est face à l'adversité que nous faisons sa connaissance, et que nous découvrons alors notre potentiel, souvent insoupçonné.

Au cœur de l'épreuve, le temps est aussi notre allié, un temps pour faire son deuil progressivement, par étapes : déni, négociation, deuil, colère, et enfin acceptation. Une fois que chacune de ces étapes est validée, tout redevient alors possible car les épreuves de la vie font de nous des êtres plus forts.

Illustration

S'il m'a fallu une fraction de seconde pour perdre mes bras et mes jambes, il m'a fallu 14 années pour revenir à la vie, me reconstruire et être la personne que je suis aujourd'hui. J'ai passé 14 années à végéter et à vouloir mettre fin à mes jours. Deux tentatives de suicide qui ont échoué.

Aujourd'hui, à cause de mon handicap, il y a certes des choses que je ne peux plus faire, mais grâce à lui, j'ai aussi vécu des choses incroyables, comme des conférences à travers le monde, des chroniques pour le magazine de la santé de France 5 (moi qui étais dyslexique enfant), j'ai même été invité par Jacques Chirac à la *Garden party* de l'Elysée.

A la question que l'on me pose régulièrement à savoir : si on me redonnait mes bras et mes jambes, est-ce que je retournerais à ma vie d'avant ? Je réponds : « *Surtout pas !* ». J'aime trop ma vie aujourd'hui car j'en ai fait quelque chose de vivant. Cette épreuve a été « l'électrochoc » de ma vie et lui a redonné du sens. Avant l'accident, j'avais un CAP charcutier parce que mes parents l'avaient décidé pour moi, puis en devenant père à 18 ans, j'ai finalement été ouvrier métallurgiste pour subvenir aux besoins de ma famille. Aujourd'hui, pour la première fois, j'ai le sentiment d'être acteur de ma vie, une vie plus intense depuis que je suis handicapé que lorsque j'étais valide.

La vie est courte… Derniers conseils pour gagner en temps, sérénité et réactivité :

- Combien de personnes disent : « C'est de la faute des autres, de la société, etc. » Faux ! C'est nous qui prenons la décision d'aller au bout de nos objectifs ou pas. L'impossible est dans la tête.

- L'humour et le sport : deux outils de résilience formidables !

- Aucun grand défi ne se réalise sans humilité, sans mettre son orgueil entre parenthèses. Seul, on n'est pas grand-chose, mais bien entouré, on peut alors déplacer des montagnes car l'énergie associée des autres crée alors l'émulation.

JEAN-PIERRE MOCKY

« L'anartiste »

« La liberté a l'effet d'un orgasme »

Il est le doyen du cinéma français, un monstre sacré, un indomptable, un inclassable qui à 83 ans totalise 92 films sans jamais renoncer au prochain. Sa passion pour le cinéma remonte à l'enfance. A dix ans, il savait qu'il serait un jour réalisateur, *« Je suis Jean-Pierre Mocky, j'ai dix ans et je veux devenir cinéaste »*.

Sa vie est à elle seule une source d'inspiration, digne d'une grande comédie romanesque. Acte de naissance falsifié pendant la guerre, père à treize ans, marié dans la foulée, il devient chauffeur de taxi à dix-huit ans alors qu'il en a en réalité quatorze. Puis au hasard d'une rencontre, Jean-Pierre Mocky découvre les coulisses du cinéma, devenant à dix-neuf ans l'assistant de Visconti et de Fellini, avant de passer derrière la caméra pour réaliser son premier film « Les dragueurs ». Il ne lâchera alors plus la réalisation, et fera tourner les plus grands, de Bourvil à Gérard Depardieu, en passant par Catherine Deneuve. Connu pour ses coups de colère homériques et pour ses combats menés pour financer ses films et les voir distribuer dans les salles de cinéma, il est un homme qui n'a jamais renoncé, puisant son énergie infatigable dans la vie, dans ses passions, mais aussi dans ses indignations.

TOUT EST POSSIBLE QUAND... ON A UN DESIR.

« Tout est possible pour ceux qui ont quelque chose dans la tête, une idée, et surtout une flamme dans le cœur. Il faut que le cœur soit animé. »

Sa devise :

« Le succès c'est d'avancer d'échec en échec sans perdre son enthousiasme » – Winston Churchill.

1er Principe de vie : seule la liberté rend les choses possibles

Explication

La liberté, c'est elle qui nous rend heureux car elle permet de rester honnête vis à vis de nous-même, sans jamais se « déculotter », sans tomber dans la soumission, ni dans la mendicité. Ne compter sur personne est la plus grande des forces. En partant du postulat qu'on est par essence seul, tout ce qui vient à nous n'est alors que du bonus.

La liberté, c'est comme la pastille qui vous dégage le nez quand vous êtes enrhumé, mieux, c'est comme un orgasme qui nous allège, et c'est pour cela qu'elle rend les choses possibles. Combien de personnes passent leur vie chez les psychiatres parce qu'elles ont vendu leur liberté et leur âme au diable...

Illustration

J'ai connu vingt-sept ministres de la culture, la majorité n'y connaissait rien. Seuls deux ont été de vrais ministres de la culture : André Malraux et Jacques Lang, deux personnes qui étaient dans le métier, l'un était écrivain, l'autre directeur de théâtre. Ils savaient, ils comprenaient. Quand j'ai écrit à Fleur Pellerin, elle m'a donné rendez-vous avec son assistant, je lui ai alors répondu que j'envoyais aussi le mien.

En cultivant ma liberté, mon indépendance de style et de parole, je n'ai jamais perdu le fil de ma vie, et c'est pour cela que je n'ai jamais eu besoin d'aller dépenser du « pognon » chez un psychiatre. Le psychiatre, c'est moi, et ma trajectoire, c'est une ligne droite que je poursuis sans dépendre des autres.

Je n'ai jamais fait les films pour les honneurs ou pour les autres, je fais les films pour moi, pour la satisfaction personnelle de l'aboutissement. L'avantage d'être libre, c'est de dormir tranquille. Je n'ai jamais eu d'insomnies, même à mon âge.

2e Principe de vie : avoir le désir de vivre « sa » vie

Explication

Ce qui rend les choses possibles, c'est l'intérêt qu'on a pour la vie, pour « sa » propre vie, et l'envie de devenir quelqu'un sans se soucier de ce que font les autres. Chacun fait ce qu'il veut.

Je ne compte plus les amis qui ont gâché leur vie car ils l'ont muselée en renonçant à leur passion par manque d'audace. Leur vie, c'est l'asphyxie, ça « pue » l'artifice, la mascarade à plein nez.

Aujourd'hui, beaucoup de jeunes pensent déjà à leur retraite, préférant rester pendant quarante ans dans le même bureau, alors qu'ils devraient surtout penser à faire quelque chose d'intéressant de leur vie.

Il ne faut pas craindre l'avenir, mais avoir l'envie de devenir.

Illustration

Jamais je n'aurais imaginé devenir réalisateur et faire 92 films. Ma famille était pauvre, je n'avais pas d'appui dans ce milieu, et à 13 ans je menais déjà une vie d'adulte, père et marié.

Mon acte de naissance ayant été falsifié par mon père d'origine juive pour me permettre de quitter la France et d'embarquer seul sur le bateau pour Oran quand les Allemands ont franchi la ligne de démarcation en 1942, j'ai alors été vieilli de quatre ans sur l'état civil, ce qui fait qu'à 13 ans, j'en avais officiellement 17. Lorsque ma voisine est tombée enceinte de moi, sa famille m'a convoqué pour la demander en mariage, persuadée que j'en avais 17. Je me suis donc marié, et comme il fallait que j'assume mes responsabilités, j'ai arrêté mes études de médecine, pour devenir chauffeur de taxi. A 14 ans je conduisais déjà des voitures. Pour l'administration française j'en avais 18. Et c'est ainsi que j'ai rencontré Pierre Fresnay, un acteur célèbre de l'époque. Cette rencontre a été l'élément déclencheur de ma carrière dans le cinéma, je suis devenu assistant auprès de Visconti, puis acteur, avant de passer derrière la caméra et de réaliser mon premier film *Les dragueurs*, qui m'a fait connaître dans le monde entier. A partir de là, et en partant de zéro, tout s'est enchaîné, et aujourd'hui, j'en suis à 92 films.

3e Principe de vie : aller d'échec en échec, c'est aller vers le succès

Explication

Ce qui est flagrant et désespérant aujourd'hui, c'est ce phénomène de renonciation. Sur 100 jeunes, vous en avez 90 qui renoncent à leurs rêves dès le premier échec, et qui bifurquent pour devenir employé de banque et rester derrière un guichet pendant 40 ans. Les jeunes ne savent plus accepter l'échec, et abandonnent au moindre « couac » alors qu'il ne faut pas renoncer, l'échec nous pousse vers le succès. Aller d'échec en échec, c'est aller vers le succès.

Le pire des dangers est de donner trop d'importance à l'échec, au point de miner son existence et de laisser des « vices » comme la drogue, l'alcool, ou les anxiolytiques nous détruire en nous faisant croire que c'est impossible.

Illustration

Tout a été possible pour moi dans la mesure où je n'ai jamais abandonné. Je me bats, c'est dans ma nature. Quand ma mère m'a mis dans une institution catholique à 7 ans et qu'un un prêtre a voulu me « toucher », je lui ai mis mon poing dans la figure. Quand on m'attaque, je réplique. J'ai gardé de mes années de boxe avec Jean-Paul Belmondo l'esprit de la « castagne ».

En revanche, quand mon film *Snob* n'a pas marché, j'ai vraiment eu envie de tout arrêter, je pensais que je n'y arriverais pas et que j'allais plonger. Mais un soir, en rentrant dans une épicerie pour acheter des œufs, l'épicier me regarde et me dit : *« Monsieur Mocky, je vous aime beaucoup et j'aime vos films, plus particulièrement celui que vous venez de sortir* – et qui justement ne marchait pas –, *alors les œufs je vous les offre ».* Ce jour-là, cet homme ne m'a pas seulement donné six œufs, il m'a donné l'envie de poursuivre, et l'élan pour repartir. Le film qui, à l'époque, n'avait pas marché, est devenu depuis un classique, racheté par Woody Allen.

Quand je vois Manoel de Oliveira, célèbre cinéaste portugais, mort en 2015, et qui tournait encore un film à l'âge de 106 ans, je me dis que tout est possible et qu'il n'y a aucune raison pour que je renonce maintenant.

4e Principe de vie : en action, quelles que soient les circonstances

- Explication

La volonté de faire, quelles que soient les circonstances, c'est ce qui rend les choses possibles. Réussir, c'est naviguer entre les récifs, c'est avancer en faisant au mieux, en dépit des circonstances. Être en permanence à la recherche de la quête d'absolu, nous rend prétentieux et passifs, or la liberté est conditionnée par la modestie.

- Illustration

Beaucoup de mes confrères ne font pas de films tant qu'ils n'ont pas deux millions d'euros, et passent parfois six années sans en réaliser un seul. Moi, quand je ne trouve pas l'argent, je fais quand même le film, même avec le peu que j'ai. J'ai une nature jusqu'auboutiste qui m'évite d'être frustré, jaloux et déprimé, ce qu'est souvent la majorité d'entre eux.

Même avec peu, on peut faire quelque chose de bien, l'essentiel étant le résultat, à savoir que le film existe.

Quand j'ai réalisé *les compagnons de la pomponnette*, un film sur le célibat des prêtres qui raconte l'histoire d'un jeune séminariste qui tombe amoureux d'une jeune religieuse, j'avais été très critiqué à l'époque, et voilà que j'ai prochainement une audience avec le Pape François qui a vu le film et qui s'interroge aujourd'hui sur le célibat des prêtres.

C'est amusant, maintenant que je suis vieux, on me remet des prix en disant que je suis une légende, je crois surtout que c'est parce que les autres sont tous morts. Plutôt que des prix, je préfèrerais qu'on me donne du « pognon » pour mon prochain film. A bon entendeur…

La vie est courte… Derniers conseils pour gagner en temps, sérénité et réactivité :

- Vivre est un art, l'art de faire ce qu'on a envie, et de faire quelque chose de sa vie.

- Seule la mort doit nous arrêter.

- L'histoire de Harry Truman est à mon sens l'illustration du « tout est possible ». A 10 ans, cet homme qui était marchand de journaux, avait dit à son père : « Un jour, je serai président de la République », et il est devenu quelques années plus tard le 33e président des Etats-Unis.

FLORENCE SERVAN-SCHREIBER

A la conquête du « far-west »

« A l'abri de rien, mais capable de tant »

En quelques années, elle est devenue « LE » professeur bonheur des Français avec ses « 3 kifs par jour » qui l'ont fait connaître du grand public et des entreprises.

Formée à la psychologie transpersonnelle en Californie, Françoise Servan-Schreiber est dans les années 80 parmi les premiers à enseigner en France la Programmation Neuro-Linguistique. Fille de Jean-Louis Servan-Schreiber, illustre patron de presse à qui Psychologies Magazine doit son succès incontesté, elle a fait du développement personnel son terrain de prédilection et d'exaltation pour aider chacun à révéler le meilleur de lui-même.

C'est une série d'événements douloureux, la perte de son emploi, le décès de son cousin, David Servan-Schreiber, qui vont alors l'inciter à s'intéresser à ce qui deviendra la grande aventure de sa vie : la psychologie positive. Une science du bonheur lucide et réaliste basée sur les découvertes scientifiques. Mais toute l'essence de son talent aura été de mettre sa fantaisie au service de cette science, et de parler avec légèreté d'une des choses les plus sérieuses au monde : le bonheur, sans jamais se prendre au sérieux.

TOUT EST POSSIBLE QUAND… ON SE DONNE LA CHANCE D'AVOIR PEUR.

« Nous avons tous des peurs. Mais décider pendant une journée de se donner la chance de sortir de sa zone de confort, est la meilleure des thérapies. A cet instant, tout peut alors arriver. »

Sa devise :

« Le bonheur, c'est être amoureux de sa propre vie » - Saint Augustin.

1er Principe de vie : oser le « far-west »

Explication :

Pratiquer le « Far West », c'est s'attaquer à de nouveaux territoires et exprimer sa curiosité en allant là où peu des gens décident d'aller.

Cela implique de briser ses chaînes, de sortir des sentiers battus pour aller au-delà de sa zone de confort, et même si cela attise nos peurs, le bénéfice secondaire de ce mode de fonctionnement est de n'avoir aucun regret.

Le plus angoissant dans la vie n'est pas d'avoir osé et de s'être trompé, mais de se reprocher de ne pas y être allé.

Illustration :

Quand Psychologies Magazine, dont mon père Jean-Louis était le propriétaire, a été vendu au Groupe Lagardère ; changement de conditions et de méthodes de travail, le groupe a décidé de licencier 20 personnes sur les 22 de mon équipe. Alors que je gérais tout le numérique de l'ancienne structure, je me suis vite retrouvée dépassée par les jeunes ultra-formés qui sortaient d'écoles de commerce avec des process qui ne m'intéressaient pas. Le revers de l'effet « Far-West », c'est qu'il y a un moment où le territoire en jachère, sujet d'expérimentation, devient le courant principal. J'ai alors choisi de m'orienter vers un autre domaine, « Far-West » à l'époque : le développement durable, devenant ainsi directrice des innovations développement durable. J'ai survécu 9 mois. 9 mois à oeuvrer dans le « placard » du développement durable dont personne n'avait rien à faire.

Puisque ma mission consistait à changer les imprimantes, et que je m'ennuyais royalement au bureau, j'ai commencé à suivre derrière mon écran d'ordinateur une formation américaine en ligne auprès de Tal ben-Shahar, professeur d'Harvard spécialisé dans le domaine de la psychologie positive et du leadership. Le jour où le groupe Lagardère m'a licenciée, j'ai alors décidé de m'investir dans la conquête du « Far-West » qu'était à l'époque la Psychologie positive, et qui est ma dernière aventure professionnelle car celle de ma vie.

2e Principe de vie : trouver sa place

Explication

Le bonheur, c'est d'être à « sa » place, car quand on la trouve, on ne ressent plus l'effort investi et on réussit alors tout ce qu'on fait.

Tous, nous avons un potentiel immense, bien plus grand qu'on ne l'imagine, à condition de détecter ce que j'appelle « ses » « supers pouvoirs ». Malheureusement, pour découvrir son élément naturel, nous partons trop souvent de l'inutile, et de ce que nous n'aimons pas faire, or tout l'enjeu est de partir du meilleur, ce qui nous rend heureux et nous intéresse pour faire émerger le meilleur de nous-même. Si corriger ses défauts utilise de l'énergie, réveiller ses qualités nous en donne.

Illustration

A partir du moment où j'ai décidé de suivre la voie de la psychologie positive, tout a été simple, comme si j'attendais cela depuis toujours. Simple mais pas sans efforts. Ma grand-mère disait toujours : « *L'effort ne se voit pas* », elle avait raison, mais il est pourtant bien là, même quand on trouve sa place et que l'énergie investie ne coûte pas.

Moi qui me suis vécue paresseuse les cinquante premières années de ma vie, j'abats depuis cinq ans une quantité de réalisations. On me perçoit comme une femme sérieuse et persévérante, mais de toutes mes qualités, celle qui me permet d'en faire autant aujourd'hui est la fantaisie.

M'astreindre à rester assise pour écrire un livre de psychologie positive appliquée était auparavant pour moi impensable, mais lorsque j'ai envisagé de l'appeler *3 kifs par jour*, tout est devenu possible et je l'ai écrit. En m'autorisant à exprimer ma créativité devenue désormais ma signature, cela m'a permis d'être pleinement heureuse et de gagner ma vie. Quand on prend le risque d'être soi, on en tire toujours de formidables bénéfices.

3e Principe de vie : ça va bien se passer…

Explication

La vie est parfois dure, et certaines situations sont difficiles à vivre, notamment quand nous peinons à imaginer et à définir les perspectives de notre devenir. Ce sont les pires moments d'une vie. Pour changer la donne et transformer la réalité, il faut déjà l'accueillir avec lucidité. Être heureux, c'est aussi accepter de ne pas l'être tout le temps, mais garder en tête que tout va bien se passer et se terminer car rien ne dure jamais, le bonheur comme le malheur.

Même si la courbe est parfois longue, la spirale profonde, on se remet toujours de tout. Et les chercheurs l'ont scientifiquement identifié : nous sommes « autonettoyants », « auto-réparables », tous sans exception.

Il n'y a donc aucun raccourci à la vie, aucun moyen d'éviter les difficultés, et ce serait d'ailleurs inintéressant, car sans apprentissages, ni évolution.

Illustration

Si j'aime autant la psychologie positive, c'est qu'elle m'a permis de me confronter à ma part la plus sombre : ma nature pessimiste. Elle a été ma thérapie, ma réparation.

Aujourd'hui, je gère les périodes de turbulence en souffrant, en grinçant des dents, mais je m'en accommode de mieux en mieux car j'ai compris que la roue tourne. A force d'être tombée et de m'être remise de douloureux chagrins, j'ai acquis la force de l'expérience et appris que je pouvais désormais compter sur moi.

Après mon premier licenciement, j'ai vécu à 30 ans le pire moment de ma vie. Je n'avais plus envie de rien. Absence de désir, de perspective, j'ai fait une dépression, et c'est ma créativité, que j'ai osé exprimer pour la première fois de ma vie, qui m'a sauvée. J'ai appris la couture, fabriqué des rideaux, je me suis même autoproclamée « ridologue », et quand j'ai demandé à mes parents féministes et intellectuels de m'offrir pour mes 30 ans une machine à coudre, ils m'ont regardée comme si j'avais contracté une maladie grave. Que mes difficultés aient été amoureuses, professionnelles, familiales ou parentales, mon meilleur antidote a toujours été la curiosité. Elle m'a permis d'apprendre autre chose, de regarder ailleurs, et de réorienter l'angle de mon regard.

Je dois beaucoup à ces périodes de transition « bousculantes », elles m'ont offert l'élan du renouveau.

4e Principe de vie : changer d'angle de vue

Explication

Dans la vie, nous n'avons pas la main sur tout, et nous ne sommes pas les pilotes de tous les événements. Mais, la manière dont nous les appréhendons et dont nous réagissons dépend de nous. 40 % de notre capacité à être heureux provient du filtre que nous posons sur les événements de notre vie. En faire une lecture avec gratitude en leur donnant un sens, et en leur trouvant un bénéfice car il y en a toujours un, change la donne et permet de poursuivre son cheminement avec sérénité.

Quand une personne nous piétine le cœur, notre peine est immense, mais la gratitude est de savoir remercier ce qui a eu le mérite d'exister. Si cela nous touche, c'est que nous avons aussi vécu de beaux moments avec cette personne, et cela est déjà précieux. Se brancher sur la chaîne de la gratitude, c'est sortir de son rôle de victime pour se responsabiliser et prendre sa vie par la main.

Illustration

L'expérience la plus symbolique, la plus métaphorique que j'ai vécue, et que je réactive en moi quand je doute, c'est ma marche sur le feu avec Tony Robbins, devenu depuis le coach « gourou » des stars. C'est une expérience qui m'a aidée intellectuellement à me remettre d'immenses chagrins et à me dire que tout est possible.

Avant de procéder à cette marche assez incroyable à expliquer, il y a une préparation mentale, un travail de visualisation et de programmation neuro-linguistique qui consiste à se voir, à se sentir, à s'entendre réussir, puis à mémoriser l'ancrage de la visualisation en fermant son poing. Quand on arrive au bout du parcours, une distance de 10 mètres, notre concentration est telle que des personnes sont obligées de nous arrêter et de nous faire essuyer nos pieds sur le gazon mouillé, pour éviter que la braise accrochée nous brûle dès le relâchement de notre concentration.

Depuis, lorsque je monte sur scène pour m'exprimer en public, je ferme toujours le poing pour réveiller en moi l'empreinte du souvenir. Ma petite voix intérieure me dit alors : *« Quoi ? Qu'est-ce que tu as dit ? Comment ça, c'est pas possible ? »*, et mon expérience de marche sur le feu prend alors tout son sens.

La vie est courte... Derniers conseils pour gagner en temps, sérénité et réactivité :

- Les scientifiques ont prouvé que pratiquer la gratitude permet de gagner jusqu'à 7 ans d'espérance de vie. La manifestation physiologique générée par ce ressenti renforce notre système immunitaire.

- 3 questions simples, mais dont les réponses veulent pourtant tout dire : Quand vous sentez-vous vivant ? Qu'attendez-vous avec impatience ? De quoi êtes-vous le plus fier ?

- Chaque soir, pensez aux 3 kifs du jour, les 3 instants heureux de votre journée.

ERIC-EMMANUEL SCHMITT

L'ogre de désirs

« Ce ne sont pas les occasions de s'émerveiller qui manquent, ce sont les émerveillés »

Il est l'un des auteurs francophones les plus lus et les plus représentés dans le monde. Dramaturge, romancier, nouvelliste, essayiste, cinéaste, ses livres sont traduits en 44 langues, et ses pièces, récompensées par les Molières et le Grand Prix du théâtre de l'Académie française, sont jouées régulièrement dans une cinquantaine de pays.

Normalien, agrégé de philosophie, son parcours scolaire est exemplaire, mais c'est une expérience mystique vécue à 28 ans dans le désert qui va bouleverser sa vie et lui donner l'élan de se consacrer à l'écriture, jusqu'à affiner au fil des années l'assurance de sa plume pour rejoindre en 2016 le jury de l'Académie Goncourt.

Outre son talent plébiscité par le public et la critique, Eric-Emmanuel Schmitt est un homme de désirs qui a su prendre des risques pour réinventer sa vie, s'offrant ainsi le privilège de plusieurs vies en une.

TOUT EST POSSIBLE QUAND... ON SE DIAGNOSTIQUE AVEC JUSTESSE.

« Se diagnostiquer, c'est savoir qui on est pour découvrir son potentiel.

Parce que je m'étais diagnostiqué, à tort, musicien, j'ai fait le conservatoire, mais je me suis vite rendu compte que j'aimais plus la musique qu'elle ne m'aimait. J'étais bon techniquement pour avoir mes diplômes, mais je n'avais aucune imagination musicale, alors que mon imagination littéraire était, elle, presque excessive. »

Sa devise :

« Vivre chaque jour comme si c'était la première fois » – Extrait du roman *Oscar et la Dame Rose* de Eric-Emmanuel Schmitt.

1er Principe de vie : développer la puissance du désir

Explication

Le plus important dans la vie, c'est le désir, car il donne la force de rallumer la flamme de l'énergie.

A un journaliste qui lui posait la question de savoir ce qu'il emporterait s'il y avait un incendie chez lui, Cocteau avait répondu : *« le feu »*. Le feu, c'est le désir.

La grande tragédie du XXe siècle, c'est que l'homme en vient à ne croire qu'en son intelligence, comme si c'était la seule manière de gouverner son existence, mais un esprit ne se limite pas à l'intellect. Un esprit c'est aussi du cœur, de la sensibilité, des émotions et de l'imagination.

Illustration

J'ai toujours été extrêmement créatif. Premier roman à 11 ans, première adaptation théâtrale à 16 ans. Même si parfois j'ai eu quelques hésitations, parce qu'on a toujours trop de désirs, je suis un être de désirs, un ogre de désirs, j'ai toujours su que je serais un jour écrivain.

S'il est plus facile de désirer ce qui est nouveau et inédit que ce qui dure, le plus grand sujet d'étonnement de ma vie est paradoxalement que je puisse vivre une histoire d'amour depuis 28 ans, et que l'attachement que j'ai pour certains êtres ne s'effrite pas. Chaque matin au réveil, j'ai l'impression d'être un « puceau », surpris que le continu puisse à ce point encore m'émerveiller. J'ai le culte de la première fois, et cela me permet de lutter contre la fatigue, le sentiment d'usure, l'illusion du savoir, et de pratiquer la fraîcheur, la naïveté, l'émerveillement.

2e Principe de vie : travailler pour mériter son don

Explication

Tout est possible à condition de travailler.

Avoir un don, faire spontanément ce que les autres doivent apprendre, ne suffit pas. Seul le travail permet d'acquérir le mérite d'avoir reçu ce don.

Travailler, c'est ne jamais se reposer sur ses acquis, c'est s'investir dans le maintenant et dans le demain. Hier et avant-hier ne sont jamais plus intéressants.

Illustration

Mes parents qui étaient des sportifs de haut niveau, ma mère, championne de course à pied, son record a mis 20 ans à être battu, et mon père, champion de France de boxe française, m'ont transmis la mentalité combative des sportifs, à la fois humble et orgueilleuse. L'humilité de se dire que tout passe par le travail, et l'orgueil de décrocher la victoire. Ils m'ont appris l'engagement de l'entraînement pour être prêt le jour J, et je me suis préparé à mon tour en tant qu'homme, en tant qu'intellectuel pour, le jour venu, accomplir le geste qui pour moi n'était pas de courir mais d'écrire.

A 16 ans, j'écrivais déjà depuis longtemps, j'avais même été reçu à l'Elysée par Valéry Giscard d'Estaing pour honorer mes résultats au Concours Général de français. Pour mes parents, mes professeurs, mes camarades de classe, c'était une évidence, ils avaient compris très tôt que je serais écrivain, mais je me suis vraiment donné rendez-vous à 30 ans, âge auquel j'ai mobilisé tous mes moyens et mon expérience pour être à la hauteur du rendez-vous que je m'étais fixé.

« *Tout est possible à condition de travailler* », cet adage que je dois à mon père a bercé toute mon enfance, faisant de moi aujourd'hui un apôtre du travail.

3e Principe de vie : habiter l'inconnu avec confiance

Explication

La vie est un équilibre constant entre habilité et peur. Si l'habilité est supérieure à la peur, on est juste un faiseur, mais si la peur est supérieure, elle inhibe alors toute créativité. C'est pourquoi, il faut veiller à se déplacer d'un registre à un autre et prendre le risque de se mettre en danger.

Pour se rassurer, nombreux sont ceux à préférer cadrer, maîtriser, dominer, au risque d'une usure et d'une fatigue de la vie, jusqu'à ne plus rien vivre. Larguer les amarres de l'illusion du savoir et de la maîtrise, c'est rester ouvert à ce qui arrive, c'est être surpris, bousculé, étonné, chagriné, déçu, mais à chaque fois intensément.

Illustration

A 28 ans, je suis parti dans le désert avec un groupe d'une dizaine de personnes pour faire l'ascension du

Mont Taha dans le Sahara. Arrivé au sommet, j'ai décidé de prendre la tête du groupe et de redescendre seul au bivouac. Mais, dans le silence dense et étouffant du désert, je me suis égaré sans avoir ni à boire ni à manger. La nuit est tombée, et j'ai cru que ma dernière heure était venue. Je me suis alors terré dans le sable pour me protéger du froid, et j'ai senti soudainement mon corps se dédoubler, une partie dans le sable, l'autre en apesanteur, puis la force qui m'avait extrait m'a reposé au sol. Le lendemain, quand le jour s'est levé, je me suis aperçu que j'étais du mauvais côté de la montagne, et je me suis remis en marche jusqu'à ce qu'on finisse par me retrouver.

Pendant ces 30 heures, seul dans le désert, au lieu d'éprouver de la peur, j'ai découvert le contraire absolu de la peur : la confiance, dont le nom religieux est la foi. Alors que j'habitais auparavant le mystère avec angoisse, je l'habite depuis avec confiance. J'ai confiance dans l'inconnu, l'inconnu du présent, l'inconnu de la mort, l'inconnu de demain. Je suis rentré dans le désert, j'étais athé, j'en suis ressorti croyant.

Ce que j'ai appris de cette expérience mystique « areligieuse » qui a changé ma vie, c'est de recevoir la confiance et de la pratiquer. La confiance n'est pas un capital qu'on « a », mais une action, une adhésion qui consiste à « faire » confiance.

4e Principe de vie : repousser les limites

Explication

Une vie est intéressante si on diagnostique ses dons, qu'on les accepte, qu'on les travaille, et si on repousse nos limites. Repousser ses limites, c'est une façon de se réinventer et d'avoir 1 000 vies plutôt qu'une seule.

La timidité derrière laquelle on se retranche souvent pour s'éviter toute déconvenue, cache souvent de l'orgueil, voire une immense vanité. Ce n'est pas de l'autre dont on a peur, mais de soi-même en craignant de ne pas être à la hauteur de ce qu'on aimerait projeter de soi. Quand on commence à s'apaiser et à se dire : *« Attends, toi ce n'est peut-être pas si important, écoute l'autre, et sois avec l'autre »*, ça va tout de suite mieux.

Illustration

Toute ma vie, j'ai eu le sentiment de repousser mes limites pour être aux rendez-vous. Je me suis inventé romancier, nouvelliste, essayiste, puis cinéaste, et à chaque fois j'ai pris un risque.

A 20 ans, j'avais diagnostiqué chez moi deux fragilités : la première, ma timidité, puis la seconde, ma maladresse à l'oral, ce qui explique que si je réussissais tout à l'écrit, j'étais quasi muet à l'oral. Quand on me posait une question, je répondais par un mot, car au-delà je « bafoullais », le public me paralysait.

Même si c'est difficile aujourd'hui à imaginer, j'ai beaucoup travaillé sur ma timidité. A mes débuts, le simple fait de monter sur scène le soir d'une première, juste pour saluer le public, était pour moi terrifiant et relevait du défi. Une de mes plus grandes mises en danger ces dernières années, a donc été de monter sur scène pour jouer la pièce adaptée de mon roman *Monsieur Ibrahim et les Fleurs du coran*. Cette prise de risque n'était pas indispensable, j'étais bien installé dans ce que je savais faire, mais j'ai eu envie à cet instant de ma vie de partager l'émotion avec le public de façon incarnée, et de sortir de la solitude de l'écriture. Aujourd'hui encore, je continue à jouer à l'étranger les douze personnages qui animent l'histoire, et je me dis que l'enfant que j'ai été, aurait été touché et content de voir l'homme que je suis devenu.

La vie est courte... Derniers conseils pour gagner en temps, sérénité et réactivité :

- Oser honorer les rendez-vous de sa vie.

- La France fait actuellement son deuil, celui de ne plus être une grande puissance. Qu'elle soit alors une sublime puissance moyenne, mais hyper dynamique !

ANDRE COMTE-SPONVILLE

Le Volontarisme Lucide

« La sagesse de l'action : espérer moins, agir plus »

Jusqu'à ce qu'il découvre la philosophie en terminale et qu'il y obtienne des notes remarquables, André Comte-Sponville était un élève médiocre. Une enfance « plutôt malheureuse », entre une mère dépressive et un père autoritaire.

Davantage doué pour l'angoisse et la mélancolie que pour la vie, c'est finalement la philosophie qui lui a donné le goût de vivre et la sagesse d'aimer la vie.

A sa sortie de l'École Normale Supérieure, il passe l'agrégation, enseigne la philosophie, d'abord en lycée, puis à la Sorbonne, tout en écrivant ses premiers livres. Il obtient le Prix La Bruyère de l'Académie française pour *Petit traité de grandes vertus*, vendu en France à 300 000 exemplaires et traduit en 24 langues.

Philosophe reconnu, membre du Comité Consultatif National d'Ethique de 2008 à 2016, André Comte-Sponville a fait de la philosophie un art de vivre et de penser. Il cherche le bonheur dans la vérité, ce qui revient à aimer la vie telle qu'elle est, douce ou amère ;

car s'il est impossible de supprimer l'amertume de la vie, il est en revanche toujours possible d'apprendre à l'apprécier et à la déguster.

TOUT EST POSSIBLE QUAND…

« Non, tout n'est pas possible ! Il y a toujours des choses qui ne dépendent pas de nous, des contraintes, des obstacles – de l'impossible. En revanche, on a presque toujours les moyens de changer la donne en agissant sur de ce qui dépend de nous. »

Sa devise :

« Tout à la fin de sa vie, le sage comprit que la sagesse non plus n'avait pas d'importance » - Extrait de *L'amour la solitude*, d'André Comte-Sponville.

1er Principe de vie : la lucidité, antidote à la déception

Explication

Beaucoup de personnes sont déçues car la vie ne correspond pas à leurs espérances. De fait, la vie ne correspond jamais à nos espoirs ! Mais ce n'est pas la vie qui a tort : ce sont nos espérances qui, dès le départ, sont vaines, illusoires, nous vouant ainsi à la déception ou au malheur. Le propre du raté, c'est de rêver et d'espérer, au lieu d'agir. C'est l'action qui mène au bonheur, non l'illusion.

La sagesse, c'est le maximum de bonheur dans le maximum de lucidité.

Illustration

J'ai grandi dans le malheur de ma mère, qui était dépressive. Elle était très aimante et je l'aimais passionnément, mais sa pathologie m'engageait dans une voie sans issue, qui était la sienne. Durant mon enfance, elle a fait plusieurs tentatives de suicide avant d'en mourir des années plus tard, j'avais alors 30 ans. Quand j'ai appris son suicide, ma première réaction a été de me dire que tout était faux en elle, sauf le malheur. Quand elle était gaie, ça sonnait faux, il y avait une part de théâtre, d'histrionisme, comme disent nos psychiatres ; alors qu'à l'inverse, quand elle était malheureuse et qu'elle pleurait dans mes bras, elle était tragiquement vraie. J'ai donc longtemps pensé que la vérité se trouvait du côté de la tristesse, et la joie du côté de l'illusion, jusqu'à ce que je découvre la philosophie, qui m'a fait comprendre le contraire : c'est l'illusion qui rend malheureux, c'est la vérité qui libère ! En m'aidant à vivre mieux, la philosophie a été ma bonne mère.

Après la parution de mon premier livre, *Le mythe d'Icare*, dans lequel je dénonçais les pièges de l'espoir, j'ai reçu de nombreuses lettres dont celle d'un psychanalyste. « En tant que thérapeute, m'écrivait-il, je constate chaque jour que l'espoir est la principale cause de suicide : on ne se tue que par déception ». Cela m'avait éclairé sur la condition humaine en général, et sur le cas de ma mère en particulier...

2e Principe de vie : apprécier l'amertume de la vérité

Explication

Lucrèce, un des disciples d'Épicure, disait que la vérité est trop amère pour que les gens puissent l'accepter. Il expliquait que pour faire avaler la « détestable absinthe » dont on faisait des décoctions médicinales très amères, les médecins enduisaient le bord du verre « d'un peu de miel blond et sucré », afin que les enfants, « dupes mais non victimes », avalent l'amer et salutaire breuvage. C'est pourquoi Lucrèce a choisi la versification : il se sert du « doux miel poétique » pour faire passer l'amertume de l'épicurisme.

Aujourd'hui, nombreux sont les auteurs contemporains à mettre du miel dans leurs récits, mais en oubliant d'y mettre aussi l'amère vérité. Ils exagèrent la vie, l'enjolivent, ils mentent aux lecteurs qui perdent le fil de leur vie sur l'autel de l'illusion. Par exemple dans les romans d'amour : « Ils sont amoureux depuis 40 ans comme au premier jour ». Qui peut y croire ? Nos histoires d'amour réelles sont plus difficiles et plus intéressantes. Aimer la vie, c'est aimer l'amertume de la vérité !

Illustration

Un jour, mon meilleur ami, que j'ai connu en hypokhâgne, m'a demandé pourquoi, parmi nos condisciples, c'était moi qui avais percé. « Tu n'étais pas le plus doué », me disait-il… Je lui ai répondu que j'étais sans doute celui qui mentait le moins. Il n'y a pas d'esbroufe dans mes livres, et je crois que cela explique une part de leur succès.

Des personnes talentueuses, il y en a beaucoup ; mais ce qui est plus rare, c'est de mettre son talent au service d'une sincérité.

La vie est comme la bière, amère et bonne, à la fois décevante et délectable, et je préfère l'amertume du vrai aux douceurs de l'illusion. De mon enfance, j'ai gardé un dégoût du mensonge, et un goût profond pour la vérité, fût-elle triste et désagréable.

3e Principe de vie : espérer moins, agir plus

Explication

Vouloir c'est agir. Seule l'action dépend de nous, ouvre le champ de la transformation du réel et permet de changer la donne. Il ne suffit pas de rêver d'un monde de justice. La vraie question à se poser est: Qu'est-ce que je fais, moi, pour qu'il y ait un peu plus de justice, ou en tout cas un peu moins d'injustice, dans ce monde?

Une volonté qui ne s'inscrit pas dans l'action n'est pas une volonté, c'est un rêve. Et quand on n'agit plus, le risque est que les choses restent en l'état, dans le meilleur des cas, ou se dégradent, dans le pire et le plus probable, ce que les physiciens appellent l'entropie, à savoir que dans un système clos le désordre tend toujours vers un maximum.

Sagesse de l'action plutôt que de l'espérance! Il ne s'agit pas de s'interdire d'espérer. Il s'agit d'espérer un peu moins, et surtout de connaître, d'agir et d'aimer un peu plus!

Illustration

Je crois à la volonté, au pouvoir déterminé de se déterminer soi-même. Lorsque les gens me parlent de leurs rêves, je suis toujours un peu inquiet et dubitatif, car ce ne sont pas les rêves qui font avancer les choses: c'est l'action.

Quand François Hollande, pour lequel j'ai par ailleurs de l'estime, a pris comme mot d'ordre, dans sa campagne électorale, « réenchanter le rêve français », je me suis dit *« oh là là, ça craint! »* La France n'est pas un rêve. Il ne s'agit pas de rêver mais d'agir.

L'homme politique doit être un homme d'action. Le problème c'est que depuis des décennies, il nous vend du rêve au lieu de nous proposer des programmes réalistes d'action, ce qui fait que les Français sont malheureux et déçus.

Une des décisions qui a changé ma vie: à 23 ans, j'ai décidé de me lever tous les jours à 7 heures du matin, y compris le week-end ou pendant les vacances, et d'écrire presque aussitôt, au réveil. Je suis alors passé du rêve d'être écrivain à l'acte d'écrire. Comme toute mise en action, cela suppose à la fois de l'ambition, celle de croire en quelque chose qui vaille la peine, et de l'humilité, pour poursuivre au-delà de ses propres imperfections et insatisfactions.

4e Principe de vie : être heureux de ne pas être malheureux

Explication

Deux idées sont à la mode mais fausses : la première consiste à croire, avec un optimisme niais, que le bonheur peut être absolu et immuable ; la seconde consiste à penser, dans un pessimisme nihiliste, que le bonheur n'existe pas.

Le discours : *« Va au bout de tes rêves, et tu seras complètement heureux »* est absurde. Le bonheur ce n'est pas la félicité (une joie constante), ni la satiété (la satisfaction de tous nos désirs). La joie est passage, fluctuation, changement : comment serait-elle immuable ? Quant à nos désirs, étant ouverts à l'infini, ils ne seront par définition jamais tous satisfaits.

Quant à ceux qui prétendent que le bonheur n'existe pas, ils me donnent le sentiment qu'ils n'ont sans doute jamais été vraiment malheureux ; car ceux qui l'ont été, ne serait-ce qu'une fois, savent, au moins par différence, que le bonheur aussi existe. Le bonheur, c'est quand on n'est pas malheureux !

A force de se raconter des histoires sur le bonheur, les gens deviennent malheureux de ne pas être heureux. Gustave Flaubert l'écrivait déjà à son ami Poittevin : *« cet horrible petit mot, "bonheur", qui fait couler tant de larmes… »* Le malheur, c'est quand toute joie paraît impossible. Le bonheur, c'est le contraire : le sentiment que la joie est possible, pas toujours réelle, ne rêvons pas, mais continûment possible. Au lieu d'être malheureux de n'être pas heureux, soyons plutôt heureux de n'être pas malheureux !

Illustration

Ce que j'ai vécu de plus important, c'est la paternité. La naissance de mes enfants a tout changé. J'ai cessé d'être le plus important à mes yeux. Leur bonheur m'importait bien plus que le mien, et leur vie était bien plus importante que l'idée d'aller au bout de mes rêves ! Le premier de mes quatre enfants, une petite fille, mourut à 6 semaines. J'en suis resté définitivement fragilisé. Je sais comme la vie est fragile. Mais je ne l'en aime que davantage.

Pour coller à cette mode du bonheur (*« Que du bonheur ! »* comme certains disent maintenant), beaucoup font semblant d'être heureux ou en rajoutent perpétuellement dans les signes du bonheur. J'ai du mal à y croire !

J'ai fait le choix du bonheur dans la vérité, et non dans l'illusion. C'est pourquoi, en philosophe matérialiste, j'apprécie les plaisirs matériels : manger, boire, y compris un peu trop, faire l'amour... Mais je sais, comme Épicure, que les plaisirs spirituels (l'amitié, la philosophie, l'art...) sont encore supérieurs !

La vie est courte... Derniers conseils pour gagner en temps, sérénité et réactivité :

- La vraie sagesse, ce n'est pas d'aimer le bonheur ; la vraie sagesse, c'est d'aimer la vie, heureuse ou malheureuse, sage ou pas, et bien sûr aucune vie n'est heureuse ou sage dans son entier.

- On n'espère que ce qu'on n'a pas. Tant qu'on court après le bonheur, c'est qu'on n'est pas heureux. Occupons-nous plutôt de ce qui compte vraiment : l'amour, le plaisir, l'action, le travail, la justice, la vérité... Le bonheur viendra par surcroît, avec un peu de chance, et nous manquera moins, s'il ne vient pas. Alain a dit l'essentiel en une phrase : « Le bonheur est une récompense qui vient à ceux qui ne l'ont pas cherché. »

ZAZ

Authentique et éthique

« Ne pas expérimenter, c'est refuser de vivre »

Avec 4 millions d'albums vendus dans plus de 50 pays, Zaz est l'une des artistes françaises qui a vendu le plus de disques à travers le monde ces dernières années. Sa voix rauque et jazzy a séduit le grand public. Sa fraîcheur et sa joie de vivre ont fait d'elle une artiste populaire. Chanteuse passionnée, ses chansons sont à son image : des hymnes à la vie, optimistes et engagées, qui font écho à une société en quête d'authenticité et de vérité.

En 2010, son single *Je veux* dont le texte dénonce le mépris de la société de consommation, la fait connaître et la propulse en tête des hit-parades et sur les plus grandes scènes internationales, des Etats-Unis au Japon en passant par la Russie et l'Europe.

Si la musique a été le tremplin de sa réussite, elle a aussi été son échappatoire, l'exutoire d'une adolescence rebelle qui lui a permis d'exprimer en paroles sa rage, son désespoir, et son rêve d'un monde meilleur.

Zaz a vécu, elle connaît la chanson. Immergée dans la musique dès l'âge de 5 ans, elle entre au conservatoire de Tours et étudie jusqu'à l'âge de 11 ans le solfège, le violon, le piano, la guitare et le chant, puis enchaîne les radio crochets avant d'intégrer des groupes locaux et de « monter » à Paris où elle chante dans le métro, puis dans les cabarets de la capitale. Mais c'est une annonce internet : *« Compositeur recherche voix grave et cassée »* qui va changer la donne et définitivement sa vie.

TOUT EST POSSIBLE QUAND... ON Y CROIT.

« Pour que les choses deviennent possibles, il faut non seulement y croire, mais aussi agir. Et s'il nous arrive parfois de perdre confiance en nous, de baisser les bras, il ne faut en revanche jamais perdre confiance en la vie. »

Sa devise :

« Ce à quoi tu résistes, persiste. »

1er Principe de vie : expérimenter, c'est accepter de vivre

Explication

Là où nos peurs sont cristallisées, il faut aller, car c'est là que se trouve notre plus belle réalisation. Ne pas expérimenter, en attendant passivement que tout nous « tombe dans le bec », c'est refuser de vivre.

La vie est passionnante à partir du moment où nous osons sortir de nos peurs, elle devient alors un terrain de jeu pour expérimenter et réaliser nos envies, nos projets. Parfois, ça marche, d'autres fois pas, et on apprend alors pour ne plus reproduire les mêmes erreurs.

Le problème, c'est que nous voudrions uniquement ce qui est bon et évincer ce qui est mauvais, sauf qu'on ne peut pas faire le tri et choisir. Parfois c'est difficile, et tout semble aller contre nous, mais c'est la vie. Rien n'est jamais facile, pour personne, mais accepter d'être confronté aux difficultés, c'est accepter de vivre. Avec ou sans nous, la vie continue, alors autant que ce soit avec nous.

Illustration

Quand je suis arrivée à Paris, je ne connaissais personne, je n'avais aucun repère, aucune sécurité. J'ai commencé à chanter dans le métro, puis j'ai passé une audition dans un cabaret, *Aux Trois Mailletz*, je n'ai pas laissé aux gens la possibilité d'hésiter, j'y suis allée au culot, et j'ai été embauchée.

Après un an et demi à chanter sans micro 5 heures par jour, j'avais l'impression d'être devenu fonctionnaire de la musique, j'étais rassasiée, j'avais expérimenté, j'ai décidé de partir, et j'ai alors répondu pour la première fois de ma vie à deux annonces trouvées sur internet.

La première s'est soldée par un non. Plutôt que de le prendre contre moi : *« Ils ne veulent pas de moi »*, je me suis dit : *« Ce n'est pas pour moi »*, et j'ai continué ma route. Parfois j'ai eu terriblement peur, mais je me suis bougée pour aller chercher ce dont j'avais besoin, et ces moments de galère qui m'ont formée sont devenus des forces.

Puis, la deuxième annonce : *« Cherche voix rauque un peu cassée »*, à laquelle j'ai répondu : *« ça c'est tout moi »*, a été pour moi un tremplin. J'ai été choisie parmi 300 candidates Le producteur Kerredine Soltani m'a immédiatement proposé de faire un album et m'a écrit la chanson *je veux* qui m'a fait connaître auprès du grand public. Au démarrage, je n'aimais pas le texte que je trouvais trop simple, mais aujourd'hui avec l'expérience, cette chanson a d'autant plus de sens pour moi car j'ai appris que les choses les plus essentielles demande de la simplicité.

2e *Principe de vie : apprivoiser sa nature profonde*

Explication

Pour aller dans sa lumière, il faut être capable de se connecter à son obscurité. Plus on fuit ce qui nous malmène, plus cela se renforce en nous et autour de nous. En revanche, plus on regarde nos blessures en face en les acceptant et en prenant soin d'elles avec bienveillance, plus elles se dissolvent.

En osant retirer nos carapaces de protection pour nous confronter à notre fragilité, on apprend à apprivoiser notre nature profonde et on rencontre alors notre force.

Puis avec le temps, en découvrant aussi que les moments sombres de notre histoire ne durent qu'un temps, et que tout est amené à évoluer, à se transformer, la vie devient plus facile, plus douce, et on fait progressivement tomber l'armure pour laisser exprimer notre vraie nature.

Illustration

A l'adolescence, j'étais d'une nature émotive et asociale. J'ai fait deux quatrièmes, deux troisièmes dont une par correspondance. J'étais révoltée contre tout et n'importe quoi. Puis à 20 ans, j'ai décidé d'arrêter de « faire la gueule » et de « gueuler », car non seulement je n'étais pas heureuse, mais cela ne faisait pas avancer les choses.

Alors, quand un éducateur de la mission locale de Libourne m'a dit un jour : *« Tu nous casses les oreilles à chanter tout le temps dans les couloirs, tu ne veux pas faire un truc »*, j'ai décidé de prendre ma vie en mains et de changer le monde avec le chant. J'ai alors obtenu une bourse du Conseil Régional d'Aquitaine qui m'a permis d'intégrer le C.I.A.M – Centre d'Information et d'Activités Musicale – de Bordeaux.

Les premières scènes que je faisais, je tombais dans les pommes. J'avais terriblement peur de la scène, du public, et paradoxalement, j'avais besoin de m'exprimer, d'être écoutée et entendue.

Me débarrasser de ma carapace m'a demandé du courage car j'avais de fait moins de force, mais à partir du moment où j'ai commencé à comprendre comment je fonctionnais et à me regarder avec bienveillance, j'ai pu être en paix avec moi-même et aller à la rencontre des autres et du public. Moi qui tombais dans les pommes devant 20 personnes au C.I.A.M, quelques années plus tard je chantais à Samara, en plein milieu de la Russie, devant 230 000 personnes.

3e Principe de vie : se conditionner au meilleur

Explication

Tout ce que nous faisons a un impact dans notre vie, la manière dont nous consommons, dont nous nous comportons, dont nous parlons aux gens. La pensée est créatrice, c'est pourquoi, ce à quoi nous pensons, nous le projetons dans la réalité. Alors autant conditionner notre vie à de bonnes choses et à ce qui nous rend heureux.

Nous sommes « bourrés » de paradoxes, nous voulons le changement, mais en même temps nous le redoutons et trouvons alors toutes les excuses possibles : les enfants, les crédits, la maison pour rester paralysés dans une sécurité « enfermante ». Le changement est certe toujours un peu effrayant, mais il faut apprendre à être un peu fou et à avoir le courage de reconnaître que là nous ne sommes pas heureux, et agir en conséquence au risque de laisser la place à l'aigreur et d'en crever. Nous sommes là sur terre pour être épanoui, heureux, et pour donner du sens à notre existence, sinon la vie ne sert à rien.

Illustration

Le directeur de l'Alliance française de Vladivostok, présent un soir dans un piano bar dans lequel je chantais, m'a proposé de venir en Russie chanter un répertoire de chansons françaises. Instinctivement, je lui ai répondu que je n'irai pas seule dans la mesure où je ne le connaissais pas, à moins d'être accompagnée d'un pianiste. Je suis alors allée demander à celui qui m'accompagnait ce soir-là, et que je venais de rencontrer, s'il était partant. Un mois plus tard, nous partions ensemble à l'autre bout du monde, dans le froid glacial de la Russie, pour une tournée de 13 dates.

Ça a été un tel succès que nous sommes repartis par la suite en Sibérie.

J'ai passé ma vie à prendre des risques en quittant des endroits où je gagnais bien ma vie, mais où je m'ennuyais. Je voulais de l'extraordinaire, de l'exceptionnel. Je visualisais alors les situations susceptibles de me rendre heureuse, et je les écrivais dans un cahier. J'écrivais ce qui manquait à ma vie, et ce dont j'avais besoin pour être pleinement épanouie. Aujourd'hui, quand je relis ce que j'avais écrit en l'an 2000, ça semble surréaliste, mais tout ce que j'ai écrit est en train de se réaliser. Je chante désormais à travers le monde, en Turquie, en Pologne, au Japon, et même en Amérique Latine. Alors soyez fous, osez y croire, allez-y, foncez, essayez !

4e Principe de vie : laisser aux autres la responsabilité de leur ressenti

Explication

Ce que les gens jugent de nous, c'est une partie d'eux-mêmes. Ce que nous voyons de la vie, c'est nous. Quand des personnes nous énervent ou nous blessent, elles font ressortir une part de nous ou de notre histoire, et touchent alors un point sensible à régler, à réparer.

C'est le principe de « l'effet miroir ». C'est pourquoi, il faut apprendre à se remettre en question et à assumer sa part de responsabilité plutôt que de se poser en victime en reportant systématiquement la problématique sur l'autre. Même face à la maladie, à nous aussi de nous poser les bonnes questions : *« Ai-je contribué en partie à créer ma maladie dans ma manière d'être, de penser, d'agir en refusant d'écouter les signes antérieurs ? »*. Etre lucide, c'est participer à sa guérison, c'est être co-acteur de sa guérison.

Le regard que nous posons sur les événements en faisant d'eux une expérience ou une fatalité, en conditionne l'issue. La meilleure des options est, en dépit des circonstances, de focaliser son attention, son énergie sur le positif et sur ce qui fait du bien. Il ne s'agit pas d'occulter la problématique mais de la dépasser. Se fixer sur le négatif, c'est le renforcer.

Illustration

La notoriété a été pour moi une formation accélérée pour apprendre à lâcher prise ; la médiatisation ne donne pas le droit à l'erreur, et laisse souvent la place à des attaques très violentes. Je l'ai vécu.

Des journalistes m'ont un jour reproché d'avoir accepté 40 000 euros pour un concert de 30 minutes pour une entreprise, au motif que je chante des titres qui vantent une philosophie désintéressée. On m'a alors fait passer pour un produit marketing, un chèque ambulant. Les médias fantasment beaucoup sur l'argent que gagnent les stars. Ils m'ont attribué des revenus qui ne sont pas les miens, mais ceux que mes concerts génèrent et qui servent à payer toutes les personnes que j'emploie sur les tournées. Et pour la petite histoire, je fais des concerts privés pour financer mes projets, qui eux sont bien à but non lucratifs.

En France, il y a un problème avec l'argent, comme

si en gagner était mal et condamnable, mais l'argent est une énergie vertueuse qui permet de créer des projets et d'œuvrer pour une société meilleure. Je reverse par exemple l'ensemble des bénéfices de la vente de mes produits dérivés au projet *Zazimut* qui vise, entre autres, à promouvoir et animer un réseau d'associations, d'ONG locales auxquelles nous nous associons dans les villes où je me produis. Je m'implique aussi dans l'évolution du système éducatif à travers des projets ou encore en participant au mouvement "Le Printemps de l'Education" qui a pour but de permettre à tous les enfants d'avoir accès à différents modèles pédagogiques. Mon but à travers *Zazimut* est de permettre à chacun de s'épanouir pour mieux prendre soin de lui, et donc du monde qui l'entoure.

Ces critiques non constructives me faisaient auparavant du mal, puis j'ai appris que ce que ressentaient les autres ne m'appartenait pas, et que je ne pouvais pas me justifier tout le temps, sur tout. Mon objectif, aujourd'hui, est de valoriser les bons sentiments, et quand il m'arrive parfois de râler, je me ressaisis pour mettre mon énergie exclusivement sur ce qui est bon.

La vie est courte... Derniers conseils pour gagner en temps, sérénité et réactivité :

- Ce qui nous manque et qu'on voudrait que l'autre nous apporte, c'est à nous de nous l'offrir.

- Quand on lâche prise et qu'on arrête de vouloir tout contrôler, on permet alors aux choses de s'enclencher.

- Savoir prendre le recul du temps. Arrêtons de vouloir tout, tout de suite, et d'avoir constamment peur de rater quelque chose. On ne ratera rien, à part soi-même.

- Etre heureux est un acte politique.

THIERRY MARX

Terrien tout terrain

« Seule la mort est irréversible »

Etiqueté délinquant à la scolarité défaillante par ses professeurs, Thierry Marx a quitté l'école à 14 ans pour rejoindre les compagnons du devoir, avant de s'engager dans l'armée française auprès des casques bleus. Si sa passion de la cuisine l'a sauvé en lui permettant de s'extraire de la cité, c'est le judo qui lui a transmis les valeurs qui ont contribué à guider son cheminement avec combativité et loyauté.

Issu d'une famille d'immigrés polonais, Thierry Marx qui ne voulait pas s'emmurer dans les barres HLM de la cité de son enfance, ni dans les lianes de son extraction sociale familiale, n'a eu de cesse de nourrir sa vie d'actions et de projets pour s'en émanciper. Réorienté vers la mécanique par une conseillère d'orientation lui ayant refusé l'accès à l'école hôtelière, il est devenu depuis un chef étoilé reconnu, spécialiste de la gastronomie moléculaire, qui œuvre désormais au Mandarin Oriental, un palace parisien situé dans une des rues les plus chics de la capitale.

Mais Thierry Marx n'a pas oublié les valeurs de ses origines, le sens du militantisme et de la fraternité, et accompagne aujourd'hui ceux qui sont en quête de repères, en leur offrant la seconde chance qui a changé la trajectoire de son destin.

TOUT EST POSSIBLE QUAND… ON A UN PROJET.

« La notion de projet est ce qui nous fait avancer et regarder devant, au-delà des épreuves. Si devenir pilote de ligne est impossible quand on est mauvais en mathématiques, trouver d'autres métiers dans l'aéronautique reste toujours possible. Personne n'est habilité à nous dire que c'est impossible, nous seuls le décidons ».

Sa devise :

« Savoir être pour durer » – inspirée de la devise créée par le Général Bigeard : « être et durer ».

1er Principe de vie : dépasser l'extraction sociale familiale

Explication

Refuser l'extraction sociale, c'est faire mentir le système qui voudrait que par mimétisme nous imitions l'environnement social de notre naissance, en croyant que c'est impossible pour « des gens comme nous ».

Si le passé nous construit, il est caduc, et se retourner sur lui n'est jamais aussi utile que de regarder devant soi.

Savoir être, c'est dire non au postulat de départ, c'est se projeter dans sa réalisation, dans sa réussite, et même quand le système doute de nous, c'est continuer à croire en soi en activant sa « veilleuse interne » pour se battre sans jamais renoncer, sans jamais reculer.

Illustration

J'étais un enfant issu d'un milieu social très modeste, auquel on avait prédit l'avenir d'une « petite frappe » de quartier plutôt que celui d'un chef étoilé. Mais très jeune, j'ai refusé d'être cantonné au rôle de masse prolétarienne et au registre de la cité, je ne voulais pas de ces barres de 300 logements de la cité des bois l'abbé de Champigny où j'habitais. Cette rébellion a été mon moteur.

Ma grand-mère me disait : « *Les riches ils ont le savoir donc ils ont le pouvoir* ». Etant mauvais à l'école, j'ai décidé de la quitter à 14 ans pour un autre cadre éducationnel, celui des compagnons du devoir. En rejoignant l'élite de l'artisanat, j'ai ressenti pour la première fois la fierté d'appartenir au monde ouvrier, alors que dans mon quartier, je le vivais comme un complexe d'infériorité.

Formé à la pâtisserie auprès d'hommes exemplaires qui m'ont donné l'envie d'apprendre, je me suis épanoui comme apprenti, et en partant à leurs côtés à travers la France, cela m'a permis de m'émanciper de la cité. C'était la première fois que je quittais la banlieue, et c'était aussi la première fois qu'on me reconnaissait du talent, qu'on m'accordait de la valeur, et que je décrochais un diplôme, un CAP en pâtisserie. Cette première expérience, hors de mon extraction sociale, m'a fait reprendre confiance en moi, me donnant l'élan de poursuivre au-delà.

2e Principe de vie : le « R.E.R » comme philosophie de vie

Explication

R.E.R : Rigueur, Engagement, Régularité. Ces trois piliers permettent de donner réalité à un projet. La rigueur, en atteignant progressivement chacune des étapes du projet. L'engagement, celui du corps et de l'esprit, ce que le Général Alexis l'Hotte illustre par cette devise : « *Calme, en avant et droit* », puis la régularité, avec la détermination d'assurer le suivi pour ne pas lâcher.

Si la rigueur est souvent perçue en France comme une discipline ennuyeuse, transposée à la culture japonaise, le « Shitzuké », elle est un art qui permet de formaliser son projet. Le « Shitsuke » fait partie de la théorie japonaise des 5S : « Seiri » : supprimer l'inutile, « Seiton » : situer les choses, « Seiso » : (faire) scintiller, « Seiketsu » : standardiser les règles, « Shitsuke » : suivre et progresser.

Illustration

Comme je n'apprenais rien à l'école, j'ai trouvé dans le judo un cadre éducationnel sain, clair et facile, qui m'a structuré et appris la volonté, celle de savoir chuter pour retomber sur ses pieds et relever la tête. Si l'art culinaire m'a épanoui, c'est le judo qui m'a construit et ouvert aux arts martiaux, au bouddhisme et au shintoïsme. Aujourd'hui, double ceinture noire de judo, je continue à 55 ans à le pratiquer.

L'armée française dans laquelle je me suis engagé après mes années auprès des compagnons du devoir, de peur de retourner à la case départ de mon extraction sociale, m'a appris, elle, le sens de l'engagement, de la fraternité et de la loyauté.

Je me souviens d'un sous-officier qui lors d'une de mes premières interventions au Liban m'avait dit : « *Ce n'est pas bien grave, on connaîtra des jours meilleurs* ». Lorsque j'ai eu à traverser par la suite des épreuves, ce que j'appelle la « mer des incertitudes », cette phrase m'a toujours accompagné au cœur de la tourmente.

3e Principe de vie : seule la mort est irréversible

Explication

Connu pour ses facilités à désarmer ses partenaires, Okada Sensei, un des maîtres de référence de kendo, un art martial japonais, avait choisi comme armoirie, la libellule. L'animal paraît fragile et insignifiant aux premiers abords, mais il a comme particularité de ne jamais reculer face à l'obstacle. La libellule change d'axe cognitif, allant de gauche à droite, de bas en haut, mais ne recule jamais. Ainsi, en vivant le présent sans y renoncer, sans éviter la vie dans toutes ses nuances, la libellule sait « être », et cela fait d'elle, au-delà des apparences, un grand sabreur et un grand manageur.

Illustration

Je viens d'une famille de soldats, de combattants et de militants qui a toujours franchi l'obstacle, ou du moins affronté l'obstacle. Mon grand-père qui avait connu la mort de près pendant la guerre de 14, me disait souvent : *« Rien n'est grave, il n'y a que la mort qui est irréversible »*. J'ai été éduqué dans cette virilité masculine, avec une analyse froide, logique et pragmatique de la vie. On ne pleure pas, on ne montre pas qu'on a mal, on se bat.

De cette atmosphère familiale militante, j'ai retenu que dès lors qu'on est en vie, tout reste possible. A la maison, on parlait peu, mais on agissait, c'était le combat ou la mort, et ma mère a été pour moi un bel exemple. Issue de l'assistance publique, elle s'est construite seule, d'abord vendeuse en crèmerie, elle est devenue, à force de courage, laborantine en suivant des cours du soir.

Très jeune, j'ai compris que la vie était un combat, et qu'il n'y avait pas d'autres alternatives.

4e Principe de vie : avoir un projet pour regarder droit devant

Explication

Ce qui nous fait avancer dans la vie, c'est la notion de projet. Lui seul donne la direction d'une trajectoire. La question à se poser n'est donc pas : « comment faire ? », mais « pour quoi faire ? » ; c'est dans le « pour quoi ? » que se trouvent la solution et l'idée du projet. Le général Douglas MacArtur disait : *« Celui qui n'a pas de projet, regarde la terre qui va l'ensevelir »*. Ne pas avoir de projet, c'est devenir un ennemi pour soi-même. Le meilleur moyen d'aider une personne n'est donc pas de l'assister, mais de lui donner l'idée d'un projet pour lui ouvrir les perspectives et le champ des opportunités. Quand on entretient un projet, on entretient la flamme. Quand on ne croit plus au projet, à son travail ou à son couple, il faut accepter de regarder la vérité en face, celle de ne plus être dans le bon projet et alors d'en changer.

Illustration

Quand je suis revenu de l'armée, j'avais « perdu la main » comme pâtissier, j'ai donc été convoyeur de fonds sur le marché de Rungis. Je gagnais bien ma vie, mais j'avais perdu le sommeil en travaillant la nuit et en vivant en solitaire à l'envers des autres. Un jour, on m'a demandé de faire un gâteau d'anniversaire pour un enfant, et les parents m'ont proposé lors de la livraison d'être de la fête. Après avoir partagé mon parcours, mon tour de France avec les compagnons du devoir, mon engagement dans l'armée française, ces personnes m'ont dit : *« Reprenez votre métier pâtissier, on a un boulot pour vous »*, et elles m'ont aidé à reprendre mon travail de pâtissier dans un club privé. La direction m'a m'offert toutes les formations professionnelles possibles, et m'a inscrit aux cours du soir au lycée Hélène Boucher à

Paris pour passer mon brevet des collèges, puis le baccalauréat à 24 ans.

Jamais je n'aurais pensé que cela soit à ma portée. Franchir ce cap m'a permis de prendre conscience une nouvelle fois de ma capacité à sortir de mon extraction sociale en me donnant l'élan de m'impliquer dans un nouveau projet.

Parce que la France n'avait pas de projet pour moi, j'ai décidé de partir en Australie suite à une annonce parue dans France Soir. Je ne parlais pas un mot d'anglais, mais un chef autrichien m'a quand même embauché comme boulanger-pâtissier. Un soir, alors que je travaillais au service des banquets du *Regency Hotel* pour arrondir mes fins de mois, un de mes collègues m'interpelle en me disant : *« Mais qu'est-ce que tu fous là ? Il faut être fêlé pour venir en Australie quand les meilleurs de ton métier sont en France »*. Cette phrase a fait office de déclic, et je suis alors rentré en France. A cet instant, tout s'est accéléré et j'ai tracé ma voie jusqu'à décrocher le sésame des étoiles, quelques années plus tard.

La vie est courte... Derniers conseils pour gagner en temps, sérénité et réactivité :

- Méfiez-vous de votre zone de confort. *« Si rien n'est sacrifié, rien n'est obtenu »* : dixit le commandant Helie Denoix de Saint Marc.

- Dans la culture japonaise et dans le droit japonais, chacun a une part de responsabilité dans ce qui lui arrive de bien ou de moins bien. La victime assume aussi sa part de responsabilité.

- Pour traverser une épreuve, « la mer de l'incertitude », il faut être disponible physiquement et mentalement, le corps et l'esprit. Si vous êtes déjà abattu, tout devient plus compliqué. Mon grand-père qui a fait de la boxe française jusqu'à 76 ans, me disait souvent que s'entretenir est essentiel car c'est notre seul patrimoine.

MAUD FONTENOY

Contre vents et marée

« Ne laissez personne vous dire que c'est impossible »

Première femme à réaliser l'exploit de traverser à la rame l'Océan Atlantique Nord et l'Océan Pacifique d'est en ouest, Maud Fontenoy navigue depuis toujours. Sept jours après sa naissance, ses parents embarquent sur un voilier pour un tour de monde qui durera quinze ans. Une école de la vie dont elle a gardé les valeurs de simplicité, d'ouverture et de persévérance, et qui est à l'origine du combat de sa vie en faveur de la préservation des océans.

En pleine mer ou sur terre, des tempêtes, des épreuves, Maud Fontenoy en a traversées, elle a même cru parfois qu'elle allait en mourir, mais ce n'est pas sans compter sur sa ténacité à garder le cap pour rester reliée à la vie et à ses envies. Chacune de ses épreuves, que ce soit la maladie, ses défis sportifs ou la médisance médiatique, elle les a vécues comme une étape, comme une vague à surmonter.

Depuis, celle qui a prouvé son goût pour l'aventure, relève désormais un nouveau défi, politique, en s'engageant au côté des Républicains pour faire avancer sa cause et réconcilier écologie et économie. Un choix qui lui a valu critiques et commentaires acerbes, mais peu importe le sens du vent, fidèle à son engagement et à sa devise : « *Agir plutôt que subir* », elle fait de son combat environnemental une cause ambitieuse qui vaut bien ce sacrifice.

TOUT EST POSSIBLE QUAND... ON EN A VRAIMENT ENVIE.

« Un des problèmes de notre société, c'est le manque d'envies, de désirs et de rêves. Pourtant, dans la vie, tout part d'une étincelle, d'une envie, d'une volonté ».

Sa devise :

« Fais de ta vie un rêve, et d'un rêve une réalité » - Antoine de Saint-Exupéry.

1er Principe de vie : être digne de la chance de vivre

Explication

Même si la vie est parfois semée d'embûches, restons-en dignes en avançant toujours avec courage. Certains décèdent prématurément de maladies ou tombent sous les bombes, et n'ont pas la chance de nourrir leur existence. Etre digne de la chance de vivre, c'est se donner les moyens chaque jour de faire de son mieux.

Ne nous leurrons pas, le bonheur n'est pas confortable, il implique sa part d'effort et de sacrifices, et il faut même parfois passer par des moments difficiles pour vivre de grands moments de bonheur.

Au cœur de la tourmente, quand on a le sentiment que c'est la fin du monde, impuissant face à l'immense montagne dont le sommet est dans les nuages, le meilleur réflexe est de couper la montagne en petits morceaux, et de procéder avec sérénité par étapes, petits morceaux par petits morceaux pour rendre chacun d'eux plus digeste, plus accessible, et continuer ainsi à honorer la vie.

Illustration

Durant ma traversée à la rame de l'Atlantique Nord, j'ai été confrontée à une tempête très violente avec des vents de près de 120 km/h et des vagues jusqu'à 12 mètres de creux. Pour me protéger, je m'étais enfermée dans le petit habitacle qui me servait de lieu pour dormir, et j'ai alors compris à cet instant ce que signifiait mourir de peur, le fait d'avoir tellement peur que tu préférerais mourir. En manque d'oxygène dans cet espace clos, je me suis retrouvée comme dans un tambour de machine à laver; mon bateau à rame s'est retourné cette nuit-là 17 fois. Je me griffais tellement je souffrais. J'ai prié de toutes mes forces pour rester en vie, promettant au grand univers de ne plus jamais me plaindre et d'être courageuse, exemplaire pour le remercier de me laisser vivre en me donnant une deuxième chance.

Je n'ai pas de témérité à avoir surmonté cette épreuve. Je savais que mon envie de traverser l'océan à la rame ne serait pas balisée de petites fleurs, mais en ayant trouvé la persévérance d'affronter mes peurs et mes doutes, cela a aussi contribué à rendre mon aventure encore plus belle.

2e Principe de vie : ne laissez personne vous dire que c'est impossible

Explication

La force, c'est nous qui l'avons à l'intérieur de nous-même. L'important est de savoir ce qu'on veut pour soi et de se poser les bonnes questions : qu'est-ce que je veux pour moi, pour ma vie ? Quel est mon projet ?

Qu'est-ce qui m'habite et me met en joie ? Définir suffisamment les contours de nos envies permet de couler une chape de béton et d'ancrer nos motivations, ce qui fait que lorsqu'une personne nous dit : *« Ce n'est pas pour toi, tu n'y arriveras jamais »*, nous n'avons qu'à puiser dans cette chape, dans nos fondamentaux, pour surmonter les moments de doute et dépasser la posture négative de ceux qui transposent leurs peurs sur nos envies. Pour se réaliser, il faut l'avoir décidé.

Illustration

En étant la première femme à traverser à la rame l'Océan Atlantique Nord et l'Océan Pacifique Sud, je souhaitais prouver que relever un tel exploit est une affaire de la volonté, autant accessible aux femmes qu'aux hommes. J'avais envie de valoriser le goût de l'effort et l'aptitude au dépassement de soi en montrant combien une seule volonté peut nous mener à réaliser un projet même démentiel.

Trois jours avant de partir pour mon tour du monde que je préparais depuis dix-huit mois, un cancer du col de l'utérus m'a été diagnostiqué. Je me suis faite opérer en urgence à la Réunion dans le plus grand secret, et malgré les mises en garde du chirurgien sur le risque d'hémorragie durant ma traversée, j'ai finalement décidé de larguer les amarres pour agir plutôt que subir. J'ai pris ce cancer comme une vague à surmonter, et quand la peur de mourir me hantait au plus fort des tempêtes, je trouvais la force de me relier à la vie dans l'espoir d'avoir un jour un enfant. Depuis, je suis maman de trois enfants, des grossesses inespérées après mon opération du col de l'utérus ; là est mon plus bel exploit et mon plus grand bonheur.

3e Principe de vie : l'adaptabilité, c'est l'habilité au bonheur

Explication

L'adaptabilité est une des conditions qui mène au bonheur car elle permet d'être bien partout, dans tous les lieux, dans tous les milieux, et d'accueillir le changement avec sang froid sans jamais tomber dans la panique. La problématique actuelle, c'est que l'humain est tellement cadré dans des règles, des normes, des croyances, et le clonage commence dès l'école, que nous en perdons une part de notre autonomie au profit de l'infantilisation et de la victimisation, ce qui fait que beaucoup ne supportent plus le changement et se sentent rapidement en détresse quand ils y sont confrontés.

A trop regarder son nombril et à limiter son périmètre de sécurité, on perd en adaptabilité et en sérénité.

Illustration

Sept jours après ma naissance, j'ai été « embarquée » par mes parents pour une navigation de quinze ans autour du monde. Ils aimaient le bateau et voulaient nous faire découvrir le monde en nous élevant avec des valeurs simples mais fortes.

Avec mes deux frères, nous suivions l'école par correspondance, et le reste du temps nous découvrions la planète, la nature, le monde dans son intégralité. De ces années de navigation, j'ai appris l'adaptabilité, la capacité à apprivoiser le changement et à être bien partout.

Parce que ce tour du monde, c'était le rêve de mes parents, ils m'ont aussi ouvert la voie, ancrant en moi l'idée qu'un rêve est fait pour être réalisé.

4e Principe de vie : s'engager pour donner sens à son existence

Explication

S'engager, c'est se retrousser les manches pour donner du sens à son existence. Nous sommes là sur terre pour une durée limitée, ne gaspillons donc pas ce temps et nourrissons-le de convictions et d'actions nobles, notre vie le mérite.

Un engagement noble, c'est un engagement fort, honnête, un engagement qui vient du cœur, pour les bonnes raisons et après s'être posé les bonnes questions, car face aux difficultés, aux tempêtes et aux choix, nous sommes et serons seuls, en face-à-face avec nous-même, alors autant faire le choix juste, celui qui vient du cœur.

Illustration

J'ai décidé de m'engager politiquement car le combat politique est à mon sens la meilleure façon de faire bouger les lignes et de faire avancer ma cause. Si mon engagement politique auprès des Républicains a parfois été incompris, j'ai assumé ce choix car le combat pour préserver des océans que je mène depuis près de quinze ans dans les écoles, dans les universités, au travers de mes livres et de mes films, mérite cet engagement. J'avais tout intérêt à rester en retrait, dans une vie bien rangée, mais j'ai considéré que mon engagement méritait le courage d'affronter les critiques et la médisance de ceux qui m'ont fait passer en 24 heures de la gentille navigatrice à la méchante politicienne pour me déstabiliser et me décrédibiliser.

Quand je me suis engagée politiquement, comme lorsque je suis partie en mer, je savais que la mer ne serait pas tout le temps plate, que les éléments extérieurs ne seraient pas toujours bienveillants, c'est la règle du jeu, mais l'enjeu de mon combat, préserver nos océans des quatre millions de tonnes de déchets rejetés chaque année, vaut ce sacrifice. Et entre nous, des tempêtes j'en ai vues d'autres.

La vie est courte… Derniers conseils pour gagner en temps, sérénité et réactivité :

- Apprenons à pardonner. Sur le sujet, Nelson Mandela est une personnalité inspirante pour l'humanité. Et nous ? Sommes-nous capables de pardonner ?

- Ayons des rêves plus grands que nous !
La vie est fragile, des maladies nous emportent, des accidents changent le cours de notre vie, mais, et c'est tout le paradoxe de la vie, notre force est immense et c'est elle qui nous permet de réaliser des rêves plus grands que nous.

PHILIPPE BOUVARD

L'ambition thérapeutique

« Culot et opportunisme »

L'homme des « Grosses Têtes » de RTL est un autodidacte revendiqué et assumé qui a accumulé dans sa jeunesse les échecs scolaires, trois échecs au baccalauréat, puis un renvoi de l'école de journalisme avec comme appréciation : *« N'est pas doué pour le journalisme mais réussira dans les professions commerciales »*, la direction de l'école ayant découvert qu'il rédigeait les devoirs de ses camarades, contre rémunération.

Sans bac, ni diplôme, ni école de journalisme, ni piston, Philippe Bouvard rentre alors dans le métier du journalisme par la petite porte, comme garçon de course au Figaro, pour devenir quelques années plus tard un patron de presse respecté et un cumulard du multimédia. Complexé par son physique, sa petite taille et par son manque de culture, Philippe Bouvard a mis sa force de travail et le talent des autres au service de ses insuffisances pour mieux occulter ses lacunes. Mais, derrière cette ambition boulimique et sous le vernis trompeur de la dérision, se cachent un besoin de reconnaissance sociale, familiale et une blessure d'abandon, celle d'un père disparu le jour de sa naissance.

TOUT EST POSSIBLE QUAND... ON A DU COURAGE.

« Le courage est une valeur en voie de disparition, une qualité devenue rare, et pourtant c'est lui qui rend les choses possibles. Encore faut-il avoir certains dons pour honorer ses choix ».

Sa devise :

« Ni dupe, ni complice ».

1er Principe de vie : la vertu du travail

Explication

Le sésame absolu, c'est : travail, passion, vocation. Rares sont ceux à s'être investis avec passion et qui n'ont pas réussi. Je crois aux vertus du travail et à la puissance de la vocation, tout le reste n'est que littérature.

Le problème actuel, c'est que la notion de travail n'est plus à la mode dans notre civilisation ; dire d'une personne qu'elle est travailleuse n'est plus autant un compliment qu'avant, et la loi sur les 35 heures n'a rien arrangé et a même fait beaucoup de dégâts.

Illustration

Je ne fais pas partie des 52 % de français satisfaits de leur physique, ni des 83 % d'adolescents à avoir décroché le bac, mais j'ai en revanche le privilège de figurer parmi les 5 % qui ont bénéficié d'une vocation dès le plus jeune âge. J'ai su très tôt que je serais un jour journaliste, parce que j'aimais écrire et parce que je savais que je ne saurais rien faire d'autre. A 6 ans, je publiais mon premier petit journal, *l'Epatant*, qui paraissait tous les six mois grâce à un vieil oncle imprimeur, et avec comme lectorat exclusif : ma famille. Comme je n'ai pas été capable d'avoir mon bac, ni de poursuivre mes études de journalisme, j'ai eu toute ma vie la frénésie du travail jusqu'à cumuler 17 collaborations simultanément. 55 années au Figaro, 22 à France Soir, 20 à Paris-Match, 15 à Antenne 2, et bientôt 50 années à RTL. Je suis un boulimique de travail, je n'ai jamais pris de vacances, ni de week-end, et à 86 ans, je travaille encore parce que je ne sais pas faire autre chose, et parce qu'on me propose toujours du travail. Je viens d'ailleurs de signer mon nouveau contrat avec RTL et je « sors » mon 66e livre. Aujourd'hui, je touche les dividendes d'une longue occupation du terrain.

2e Principe de vie : culot et opportunisme

Explication

Le culot est moins noble que l'audace, mais quand on a ni diplôme ni piston, il rend les choses possibles en permettant de faire savoir à son interlocuteur sa pleine disponibilité. C'est une forme d'opportunisme, c'est être dans la place quand les autres ne le sont pas. Si c'est souvent mal perçu car rattaché à de l'arrivisme, cela revient en fait à ne manquer aucune occasion et à savoir tirer profit d'une situation en étant au bon moment, au bon endroit, avec les bonnes personnes, et en sachant saisir sa chance quand elle se présente.

Illustration

Sans aucun diplôme, je suis rentré au Figaro comme garçon de course. A l'époque, il n'y avait pas de cloisons étanches entre les différents services et j'ai pu rapidement être affecté au service photo. Plusieurs soirs par semaine, je dormais sur place dans un sac de couchage que j'avais acheté pour être présent et réactif si une dépêche tombait. Un jour, l'actualité m'a donné raison quand un incendie ravagea un cinéma marseillais, provoquant la mort d'une cinquantaine de personnes. Seul dans le service, j'ai contacté un ami, chef des informations à La Provence, pour qu'il m'envoie une photo du lieu incendié. Le lendemain, Le Figaro était le seul quotidien national à publier le cliché en Une, et deux jours plus tard, j'étais promu sous-chef du service.

Comme j'avais aussi repéré que le grand patron du Figaro de l'époque, Pierre Brisson, un homme discret et timide, allait tous les soirs satisfaire un besoin naturel à la même heure et au même endroit, je me suis arrangé pour m'y retrouver à chaque fois en même temps que lui, ce qui fait qu'au bout de deux semaines, un lien que je n'aurais jamais pu avoir autrement s'est créé entre nous, et nous avons un jour poursuivi notre échange dans son bureau. Mon avancement a alors commencé, me permettant de passer du poste de rédacteur à celui de reporter, puis à celui directeur général adjoint, 22 ans plus tard. C'est à lui que je dois mon parcours, et aussi à mon culot.

3e Principe de vie : un modèle comme source d'inspiration

Explication

Quand tout est échec au départ, et que rien ne nous donne droit à la vie à laquelle nous aspirons, ni notre intelligence, ni notre physique, ni nos diplômes, ni nos relations familiales, c'est très incapacitant. Reste alors l'espoir de trouver un modèle au parcours similaire devenu depuis exemplaire, et de suivre ce modèle pour se construire et s'ouvrir une perspective enviable et atteignable.

Illustration

Pierre Lazareff, grand patron de presse (France Soir, Télé 7 jours, Journal du dimanche…) et producteur d'émissions TV, notamment l'illustre *Cinq colonnes à la Une*, a été pour moi un modèle. Son parcours est incroyable. Petit bonhomme malingre, rouquin, pas très soigné, sans diplôme, et secrétaire un temps de Mistinguett, vedette de music-hall, il est devenu un des hommes les plus puissants du pays et le numéro 1 des médias français. Il avait une vivacité d'esprit exemplaire.

Quelques années plus tôt, après mes échecs scolaires à répétition, ma mère s'était adressée à lui comme à l'homme des causes perdues car nous habitions dans le même immeuble que lui. En constatant que j'avais tout raté, il avait dit à ma mère : *« Tu ferais mieux de le diriger vers le commerce »*. Je suis finalement entré au Figaro comme garçon de course, puis j'ai gravi progressivement les échelons ; une réussite assez exemplaire dont il a eu un jour connaissance, et il s'est alors repenti de ne pas m'avoir aidé. Durant les cinq dernières années de sa vie, nous avons été très proches, et j'ai fini par lui succéder à sa mort à la direction de France Soir.

4e Principe de vie : reconnaître ses faiblesses, les transformer en forces

Explication

Tout nous pousse à afficher assurance, fermeté, et à cacher notre vulnérabilité, mais le génie, c'est d'avoir du talent tout le temps, et le talent, c'est d'avoir du génie de temps à autre, puis l'intelligence, c'est de savoir que l'on n'a ni génie ni talent, et de savoir s'entourer des gens qui en ont pour dissimuler ses carences.

Illustration

Comme je n'avais aucun talent, je me suis efforcé toute ma vie de découvrir celui des autres et de transformer mes défauts caractériels graves en qualités professionnelles. J'étais futile, on m'a trouvé léger. J'étais impatient, on m'a trouvé rapide. J'étais indiscret, on m'a trouvé curieux. Parce que les bases indispensables m'ont manqué et me manquent encore parfois, je me suis entouré de livres, de dictionnaires, d'anthologies, et même si je ne les ai pas tous lus, leur présence dans ma grande bibliothèque me rassure. Si on me reconnaît souvent le talent d'avoir déniché et révélé certains artistes, je crois honnêtement l'avoir davantage fait dans mon intérêt personnel que par altruisme, même si j'ai permis à certains de gagner une ou deux années dans leur carrière. Je me suis servi du talent des autres pour occulter mes lacunes et transformer le roi des cancres que j'étais en monsieur « je sais tout ». Là a été sans doute mon talent.

La vie est courte... Derniers conseils pour gagner en temps, sérénité et réactivité :

- J'ai envie de dire aux élèves médiocres : accrochez-vous et obtenez au moins le diplôme de base.

- Donner le temps au temps et la priorité à son essentiel.
Plutôt que de publier 66 livres, j'aurais préféré écrire un grand roman et laisser une belle œuvre derrière moi. Un jour j'ai dit : *« J'étais persuadé que je mourrais jeune et que je laisserais un grand roman. J'ai tout raté »*. Sous forme de boutade, cette phrase est plus subtile qu'elle n'en a l'air.

- Ne pas perdre ses valeurs sur l'autel de ses ambitions.
Je ne suis pas convaincu d'avoir toujours été un homme bien. Egoïste forcené, j'ai sacrifié ma vie privée et je me suis aussi moqué de gens qui n'avaient pas toujours de la défense. En fonçant vers la réussite et vers l'argent, j'ai fait ma thérapie, mais j'ai aussi perdu de vue certaines valeurs. Je regrette de ne pas mettre assez préoccupé des autres.

FREDERIC LENOIR

Partisan de la joie active

« Exister est un fait, vivre est un art »

Elève turbulent au parcours scolaire chaotique, Fréderic Lenoir change trois fois de lycée, puis se révèle à l'adolescence en découvrant la philosophie qui l'éveille aux questions existentielles. A 13 ans, il lit Platon et se passionne à 16 ans pour les spiritualités orientales dont le bouddhisme tibétain, jusqu'à s'inscrire en faculté de philosophie. Mais à l'âge 20 ans, il fait le choix de rentrer au monastère, il y restera 3 années tout en poursuivant ses études de philosophie, avant de se lancer dans des études doctorales à l'Ecole des hautes Etudes en Sciences Sociales et de soutenir une thèse sur le bouddhisme en Occident.

Fréderic Lenoir s'est cherché, a réorienté son cheminement, jusqu'à trouver sa voie le jour où il a soigné ses peurs pour se libérer de ce qui l'inhibait et l'entravait. A partir de cet instant, la fluidité s'est installée dans sa vie et il a alors enchaîné les succès en librairie. Auteur d'une quarantaine d'ouvrages alliant philosophie, spiritualité et psychologie, traduits dans une vingtaine de langues et vendus à cinq millions d'exemplaires, il est aujourd'hui le philosophe qui parle à l'oreille des Français pour leur souffler des pistes d'épanouissement et éclairer leur chemin. Son dernier acte de militantisme en faveur de la joie, célèbre la puissance de la vie en faisant de la joie active un sujet d'actualité dans une société en crise, et une compagnie vitale au cœur de nos vies.

TOUT EST POSSIBLE QUAND... ON DIT OUI A LA VIE.

« Dire oui à la Vie, c'est la prendre comme elle est, et non pas uniquement comme on voudrait qu'elle soit ».

Sa devise :

« Il n'y a pas de vent favorable pour celui qui ne sait pas où il va » - Sénèque.

1er Principe de vie : aimer la vie de manière inconditionnelle

Explication

Notre bonheur vient du regard que nous portons sur le monde et de la manière dont nous accueillons les événements, y compris les épreuves. Si nous voyons le bon côté des choses, nous pouvons être très heureux avec peu. En revanche, si nous restons figés sur l'aspect négatif d'une situation, nous avons beau tout avoir et demeurer pour autant malheureux. Le bonheur est donc essentiellement en nous, lorsque nous aimons la vie comme elle est, et pas uniquement comme on voudrait qu'elle soit, selon nos critères et nos besoins. Plus on aime la vie de manière inconditionnelle, dans les moments agréables comme dans la tourmente, plus elle nous offre de merveilleux cadeaux, dont celui de la joie. C'est une loi de la vie, il n'y a pas besoin d'être croyant pour l'observer. Comme le disait Nietzsche: « *La joie suprême vient du consentement à la vie* ».

Illustration

La France est le peuple le plus individualiste au monde. Un individualisme que je qualifierai d'utilitariste, centré sur l'individu narcissique qui utilise la société pour ses besoins personnels. Nous avons aussi un esprit critique très développé et avons tendance à toujours souligner le côté négatif des choses. Cette attitude a ses limites puisqu'elle rend aujourd'hui les gens malheureux, faisant de la France le pays européen le plus grand consommateur d'anxiolytiques et d'antidépresseurs.

Notre pays est extraordinaire, principale destination touristique du monde, nourriture et culture appréciées, libertés individuelles et systèmes de protection enviés, sécurité sociale, allocations familiales, chômage, mais les Français se rendent malheureux en se focalisant sur ce qui ne va pas, sur la perte de leurs acquis. C'est le mal français, mais je reste optimiste car je pense que la solution passera par une prise de conscience individuelle. C'est parce que chaque individu changera en étant plus éveillé, plus responsable, plus positif, que le monde s'améliorera.

2e Principe de vie : accueillir les courants de la vie

Explication

Dans la sagesse taoïste, la principale qualité qui favorise la joie est la souplesse, la flexibilité, on dirait aujourd'hui le « lâcher-prise ». Se laisser guider par les courants de la vie, c'est s'offrir le privilège de grandir, de rebondir et de s'élever vers le bonheur.

En revanche, quand nous organisons notre vie dans le contrôle, à la recherche de la sécurité maximale, on en vient à se rigidifier dans des habitudes, dans des certitudes, et à figer notre vie au diapason de nos peurs et de notre mental. Nous perdons alors en fluidité au risque de passer à côté de potentialités susceptibles de nous déstabiliser car ne faisant pas partie de notre plan, mais susceptibles aussi de nous épanouir et de nous faire grandir. Donnons-nous des objectifs, même ambitieux, tout en acceptant le fait d'avoir à les réorienter au fil de notre cheminement.

Illustration

A un moment de ma vie, beaucoup de portes se sont fermées devant moi. D'abord au CNRS où j'avais demandé à travailler après ma thèse de doctorat, une demande soldée par une fin de non recevoir au motif principal que j'étais trop présent dans les médias. J'ai alors souhaité être intégré comme salarié dans le groupe de presse du magazine pour lequel je travaillais comme pigiste, mais on m'a opposé un refus au motif que j'étais trop universitaire ! Puisque j'étais trop ceci ou pas assez cela et que je n'arrivais pas à intégrer de structure, malgré ma persévérance, j'ai décidé d'écouter les messages que la vie m'envoyait au travers de ces portes qui se fermaient tour à tour, puis de renoncer à la sécurité que je recherchais pour donner corps à mes aspirations les plus profondes.

J'ai alors choisi de vivre de l'écriture. Les débuts ont été difficiles, mais dès lors que j'ai commencé à lâcher prise, tout a basculé en mieux pour moi, ce qui m'amène à penser qu'il y a toujours de l'espoir même quand un chemin est semé d'embûches car il reste toujours une voie de guérison possible, celle de sa réalisation.

3e Principe de vie : la joie est souvent liée à l'effort surmonté

Explication

Pour le philosophe Henri Bergson : *« Une grande joie vient d'un effort surmonté »*, car seul l'effort permet de réunir les moyens pour ancrer un objectif dans la réalité et l'incarner dans la matière. Tout comme un compositeur va devoir passer à l'action de l'écriture, le sportif qui convoite une compétition va devoir s'entraîner des années durant, pour accomplir sa quête. Il suffit de voir la joie immense que l'on a de réussir un examen pour lequel on a « bûché comme un malade », pour comprendre combien la joie est liée au dépassement de soi. Spinoza l'analyse d'ailleurs très bien lorsqu'il définit la joie comme un progrès, celui d'un passage du moindre à une plus grande perfection. C'est aussi valable pour la vie de l'esprit. Accepter une difficulté lorsqu'elle se présente, être dans une posture d'accueil, refuser d'être sous l'emprise de la peur et de la colère, permet non seulement de se libérer du gouffre de la négativité sclérosante, mais aussi de vivre de grandes joies parce que notre conscience progresse et s'élargit à de nouveaux horizons.

Illustration

Le projet dont je suis peut-être le plus fier, c'est un roman de 700 pages publié en 2006, *L'Oracle de la Luna*. J'ai mis 15 ans à le penser et à l'écrire, et c'est sans doute l'œuvre la plus aboutie que j'ai faite. Après 15 années d'effort, le jour où je l'ai fini, j'avais 40 ans, je me suis alors dit : *« je peux mourir, j'ai fait ce que je devais faire sur terre » !* En fait je dirai aujourd'hui avec plus de recul que ce livre a été un tournant dans ma vie car il m'a permis de me libérer des archétypes, des croyances, des paradoxes que je portais en moi, et de les exorciser pour passer à d'autres écrits, ceux-là même qui m'ont porté ensuite vers la réussite. Je dois aussi à ce livre un souvenir touchant. Alors que faisais une randonnée en montagne, je me suis arrêté dans un chalet d'alpage, et en rentrant dans les toilettes, j'ai découvert écrits sur le mur plusieurs extraits de mon livre, dont celui-ci : *« tout le chemin de la vie c'est de passer de la peur à l'amour »*. La propriétaire des lieux m'a alors expliqué que c'était l'oeuvre de sa petite fille de 15 ans qui avait ainsi semé les passages d'un livre qui avait changé son regard sur la vie. J'en ai été profondément ému, davantage sans doute que si j'avais eu le prix Goncourt !

4e Principe de vie : rester fidèle à soi et à sa joie active

Explication

Le bonheur durable est le fruit d'un travail d'individuation, en thérapie ou seul, car c'est en passant par la profondeur de notre être, en sachant qui on est, et ce pour quoi on est fait, qu'on accède à notre singularité, à nos désirs profonds et à notre accomplissement. Et le meilleur des critères pour faire le choix juste et amorcer le bon chemin, est incontestablement la joie, la joie active, celle liée à la vérité.

Si quitter un lieu, une personne, une sécurité pour une voie plus juste, plus vraie, est difficile – la transition nous plongeant dans l'inconnu –, la vie sait toujours accompagner les choix justes, ceux faits pour les bonnes raisons, en nous procurant de la joie.

Illustration

A 20 ans, je suis rentré au Monastère pour deux raisons principales, d'abord parce que je venais d'être bouleversé par la lecture de l'Evangile et la rencontre avec le Christ, mais aussi parce que j'avais une problématique inconsciente avec mon père qui m'avait adressé cette injonction paradoxale : *« Sois quelqu'un d'important dont je sois fier, mais ne me dépasse pas »*. Comme il était haut fonctionnaire, secrétaire d'État à l'action sociale sous la présidence de Valéry Giscard d'Estaing, j'ai fait de manière non consciente le choix de devenir moine afin qu'il soit fier de moi sans que je rentre en concurrence avec lui dans le domaine professionnel. Heureux de mon choix et de cet abandon à la vie, j'ai néanmoins rapidement ressenti un désaccord intellectuel avec la communauté dans laquelle j'étais, mal à l'aise de découvrir le poids de la dogmatique catholique alors que j'étais tout aussi passionné par la philosophie et la méditation bouddhiste. Je suis alors tombé malade, j'ai fait une dépression, et un jour alors que Jean Vanier, le fondateur des communautés de l'Arche, était de passage au monastère pour faire une conférence, il dit : *« J'ai rencontré dans les monastères un tas de gens qui sont là car ils n'ont pas réglé leurs problèmes d'ego et sont en train de vouloir être des supers héros, des saints, mais c'est encore une forme d'ego mal placée, une quête de reconnaissance »*. En quelques mots, il avait fait l'analyse psychologique de ce que j'étais en train de vivre, je n'étais pas sur ma voie, mais sur celle que j'avais choisie pour des raisons névrotiques. J'ai alors décidé de quitter la communauté et une grande joie m'a envahi lorsque j'ai pris cette décision très difficile.

La vie est courte... Derniers conseils pour gagner en temps, sérénité et réactivité :

- Se libérer du regard des autres.
Umberto Ecco a hésité à publier son roman *Au nom de la rose*, alors que c'est l'oeuvre qui lui a apporté le plus de joies et qui

l'a même rendu mondialement célèbre. Son éditeur français historique, les éditions du Seuil, avait refusé le manuscrit au motif qu'il y avait un problème d'image et que les lecteurs attendaient autre chose de la part d'un grand universitaire, sémiologue. Combien d'écrivains n'écrivent pas le livre qui leur ferait plaisir de peur d'être jugés par leurs pairs.

- St Augustin disait : *« Le bonheur c'est de continuer à désirer ce qu'on possède déjà »*. Le bonheur, c'est déjà savoir se satisfaire de ce qu'on a, car rêver toujours d'autre chose, c'est prendre le risque de ne jamais être heureux.

- La joie de vivre nous est donnée dès la naissance. Mais, à partir de l'âge de 7 ans, cette joie innée décline au fil des années au profit de l'ego et du mental qui se développent. Redécouvrons la joie de vivre de notre cœur d'enfant qui ne cesse de s'émerveiller et de dire oui à la vie !

FADELA AMARA

Insoumise à l'ordre établi

« *Transformer sa colère en objectifs positifs* »

Insoumise à l'ordre établi, rebelle dans l'âme au franc-parler assumé, elle s'est faite connaître pour ses combats contre le racisme et contre les violences faites aux femmes en portant médiatiquement le mouvement *Ni putes, ni soumises.*

Ce tempérament « atypique » qu'elle revendique, elle l'a façonné durant son enfance, où confrontée à l'injustice, elle a choisi de mettre au cœur de sa vie son idéal de justice et les valeurs républicaines, égalité, liberté, fraternité, qui font d'elle aujourd'hui une des belles illustrations de l'intégration positive.

Mais avant de mener les combats pour les autres, Fadela Amara s'est déjà battue pour elle-même, pour pouvoir choisir la vie qu'elle convoitait et non celle à laquelle les canevas traditionnels familiaux la destinaient et la limitaient.

Née dans une famille algérienne d'origine kabyle de onze enfants, avec un père ouvrier en bâtiment et une mère au foyer, Fadela Amara a grandi dans la cité et dans la pauvreté. Enfant timide, elle s'est battue contre le « tribunal communautaire » pour s'émanciper et s'élever, une révolte intime qu'elle a nourrie pour s'affranchir d'une culture arabe et d'une éducation patriarcale où les filles et les garçons ne sont pas élevés sur un pied d'égalité, et le statut des garçons privilégié à celui des filles. Depuis, celle qui a été nommée Secrétaire d'Etat chargée de la politique de la ville sous la présidence de Nicolas Sarkozy ne croit plus au déterminisme social et en a même fait le combat de sa vie.

TOUT EST POSSIBLE QUAND... ON EST DETERMINE.

« La détermination, c'est avoir la conviction profonde d'être dans une forme de vérité et se mouvoir pour l'honorer ».

Sa devise :

« Là où il y a une volonté, il y a un chemin » - Lénine.

1er Principe de vie : s'émanciper pour se transcender

Explication

Quels que soient notre condition sociale et nos handicaps, nous avons tous la capacité de nous émanciper et la force de nous transcender pour transformer notre vie. C'est inhérent à l'être humain et inscrit dans nos gènes. Dès sa naissance, l'homme aspire à beaucoup, et sa curiosité participe à le confronter à son environnement et à le faire évoluer. Le déterminisme social n'existe donc pas. Ce n'est donc pas parce qu'on naît dans une famille pauvre qu'on le reste toute sa vie financièrement, intellectuellement, socialement. Nous avons la chance extraordinaire de vivre dans un pays qui est un Etat de droit dans lequel on ne peut pas mourir de faim, il y a toujours un colis du « secours pop' » pour nous aider. On ne peut pas non plus être analphabètes grâce à l'école publique gratuite qui permet à chacun d'étudier. Alors même si les conditions de vie sont parfois difficiles dans certains endroits, et qu'il faut se battre pour atteindre cet idéal de liberté, d'égalité et de fraternité, on ne démarre pas sans rien dans la vie, on a tout dès le départ pour faire en sorte que la promotion sociale bénéficie à tout le monde.

Illustration

Personne n'aurait imaginé que je rentre un jour dans un gouvernement, c'était impensable, je n'avais ni les outils ni les moyens d'arriver là où je suis arrivée. Je venais d'un milieu très pauvre, d'une banlieue d'immigrés, mes parents étaient analphabètes, et j'avais comme seul bagage un CAP d'employée de bureau et des années de militantisme.

Jean-Louis Borloo m'a dit un jour : « *Tu sais Fadela, toi et moi, on est rentrés par effraction* ».

Je dois ma progression à ma curiosité et à mes convictions, mais ce dont je suis la plus fière, c'est d'avoir vu mes parents à l'Elysée le jour de ma nomination, leur présence a donné du sens à leur immigration. C'était une forme de reconnaissance pour ces immigrés de la première génération qui ont beaucoup donné pour construire la France et participer à son rayonnement, faisant le maximum sans jamais se faire remarquer. Le jour où j'ai été nommé, mon père a prononcé cette parole : « *Regardez jusqu'où elle a été la fille du pauvre* ».

2e Principe de vie : transformer sa colère en combat

Explication

Quand des portes se ferment devant nous, nous avons tendance à nous laisser submerger par des sentiments négatifs, mais cette frustration emmagasinée, cette rage qui nous habite, plutôt que de la retourner contre les autres et contre soi, nous devons la transformer et la mettre au service d'objectifs positifs. Vouloir le meilleur pour sa vie donne la force de passer les murs, de survoler les obstacles et d'avancer envers et contre tout.

Illustration

Mon moteur c'est la colère. J'ai une « détestation formidable » pour toutes formes d'injustice. Cette rage, je l'ai depuis la mort de mon petit frère Malik, renversé à l'âge de 5 ans par un chauffard alcoolique. C'était le cinquième enfant de la cité à décéder dans cette rue. Les habitants du quartier demandaient depuis des années l'installation d'un passage piéton, mais parce que mon quartier était excentré et que les gens de ma cité ne votaient pas, ils n'étaient pas écoutés.

J'avais 14 ans, j'étais en pleine crise d'adolescence, et ce drame a bouleversé ma vie et influencé ma trajectoire en réveillant ma combativité. Je n'oublierai jamais l'attitude d'un des policiers présents le jour de l'accident qui a traité ma famille de « bougnoule » alors que nous étions tous plongés dans la douleur la plus extrême.

Moi qui étais une enfant très introvertie, le violent sentiment d'injustice que j'ai ressenti ce jour-là a endurci mon caractère et éveillé en moi une rage que j'ai transformée en combat anti-raciste et en militantisme avec mon engagement auprès de SOS racisme. Parce que j'ai eu à cœur de défendre les valeurs républicaines de liberté, d'égalité et de fraternité, ce combat m'a obligé à dépasser ma timidité pour porter mes revendications et prendre la parole en public. Si je n'avais pas été touchée par la disparition si brutale de mon petit frère, sans doute aurais-je eu une petite vie tranquille. C'est la détermination à combattre l'injustice qui m'a portée et m'a permis de me transcender.

3e Principe de vie : ne pas se soumettre à l'ordre établi

Explication

Pour conquérir sa liberté, il faut se faire confiance, elle seule permet d'entreprendre et d'être audacieux sans avoir à se soumettre à l'ordre établi ou à se formater aux règles dictées. En se faisant confiance, non seulement on s'ouvre aux autres, mais on « s'abandonne » aussi à la vie, et même si cela peut faire peur, c'est toujours très constructif, et dans tous les domaines, y compris en amour et en amitié.

Illustration

Issue d'une famille maghrébine où le statut des femmes est traditionnellement un « sous-statut », j'ai dû me battre pour conquérir ma liberté. Mon père était un vrai patriarche, conservateur et autoritaire, pour qui les hommes et les femmes étaient égaux mais les femmes à la maison à élever les enfants et les hommes dehors à travailler.

Ma mère a été formidable. Produit de la société patriarcale, elle m'a beaucoup aidé à conquérir la liberté qu'elle n'a pas eue, par crainte du regard des autres, ce que j'appelle le « tribunal communautaire ». Je l'appelais le « casque bleu », car entre mon père et moi, c'était « la guerre du Liban », et elle négociait souvent quitte à se fâcher avec lui pour que je puisse sortir, aller au cinéma, à la danse ou aux réunions militantes qui avaient lieu le soir à 18 heures. Pour lui, c'était inimaginable que je sois encore dehors à cette heure-ci. J'ai beaucoup échangé avec mon père, étapes par étapes, au rythme de discussions et de négociations. Pour lui tout était une question d'honneur : *« Qu'allait penser les gens du quartier ? »*. De mon côté, j'ai fait entendre mes arguments, à savoir que nous vivions en France, dans un Etat de droit où les femmes sont libres. Cela n'a pas été facile, il y a eu beaucoup de désaccords, de disputes, de cris, d'interdictions et de désobéissances, mais je me suis affranchie peu à peu, et c'est en militant que j'ai gagné ma liberté. J'ai alors inversé le schéma familial de mon enfance dans lequel les garçons étaient mis en avant et les filles en retrait. Aujourd'hui mon père est très fier de mon parcours et me dit que je vaux dix hommes, et moi de lui répondre : *« Et pourquoi pas dix femmes ? »*.

4e Principe de vie : donner du sens à sa vie

Explication

Donner du sens à sa vie, ce n'est pas amasser des richesses, avoir de l'argent, une maison, être propriétaire, tout cela relève des conditions de vie. Donner du sens à sa vie, c'est se rendre utile en étant dans une forme d'humanité et de solidarité pour être capable le jour où on arrive au crépuscule de sa vie de répondre à cette question : Qu'est-ce que j'ai fait d'utile ?

La plus belle mission d'un être humain, c'est être utile à un autre, cela donne du sens à sa vie et contribue à son épanouissement personnel, même en temps de galères.

L'histoire de Gandhi est à ce titre formidable. Avocat, il venait d'une famille bourgeoise et aurait pu se contenter de ce statut en poursuivant sa vie en Angleterre après ses études. Mais parce que les injustices liées à la colonisation lui étaient insupportables, il a décidé de tout lâcher pour émanciper un peuple. La force de cet homme a été d'entraîner des millions d'individus autour de l'idéal de justice qu'il portait.

Illustration

Du fait de mon éducation très stricte et différenciée par rapport à mes frères qui avaient plus de liberté, j'ai fait de l'égalité ma quête, accompagnant alors tous les projets qui portaient l'idée de justice. Ce fut le cas de *Ni Putes, Ni soumises*.

Catastrophées par la situation des filles dans les quartiers et par l'oppression à laquelle elles étaient confrontées, nous avons commencé avec mes acolytes à rédiger les textes du projet dans un petit local de la cité. Trois années de travail à œuvrer dans l'anonymat pour émanciper les femmes dans les banlieues, jusqu'à la marche des femmes le 8 mars 2003 qui a réuni 30 000 personnes à Paris. Jamais je n'aurais imaginé une telle médiatisation, nous avons même été reçues par le Président de la République de l'époque, Jacques Chirac, et par son Premier Ministre Jean-Pierre Raffarin.

A l'époque où j'étais présidente de *Ni Putes, Ni soumises*, j'ai vécu sur le terrain des moments très forts, car en partageant la souffrance des femmes des cités, nous avons rencontré d'autres femmes qui n'étaient pas de notre milieu, mais de la bourgeoisie, et qui venaient partager avec nous les violences qu'elles subissaient aussi. En ouvrant le débat et en libérant la parole, *Ni Putes, Ni soumises* a permis à beaucoup de femmes de s'émanciper, au-delà de nos espérances, toutes classes sociales confondues.

La vie est courte... Derniers conseils pour gagner en temps, sérénité et réactivité :

- Si nous sommes parfois tentés de rompre avec notre famille, ces ruptures se transforment avec le temps en prison quand on prend conscience de l'absence.

- La seule peur à avoir est d'arriver à la fin de sa vie sans lui avoir donné un sens, sans avoir réussi à construire avec d'autres un environnement dans lequel l'être humain puisse se sentir mieux.

YANN ARTHUS-BERTRAND

L'Eveilleur de conscience

« Aller vers la facilité du plaisir »

Depuis 40 ans, il parcourt le globe pour photographier la planète et témoigner de sa beauté, de ses ressources et de sa fragilité. Avec le succès en librairie de son livre best-seller *La Terre vue du Ciel* vendu à près de 4 millions d'exemplaires, ses photographies aériennes ont depuis fait le tour du monde, et son engagement désormais connu de tous.

Enfant, il savait déjà faire valoir ses envies et ses idéaux. En confrontation avec l'autorité, celle du système scolaire, « *viré de partout* », puis celle de sa famille, « *milieu petit bourgeois, étriqué* », Yann Arthus-Bertrand qui a vécu une adolescence difficile, n'a eu de cesse de vouloir déverrouiller les carcans limitatifs pour vivre et jouir de la vie.

Aujourd'hui, celui qui se présente comme 1 homme parmi 7 milliards s'est trouvé d'autres combats, environnementaux et humanistes, et signe à presque 70 ans une de ses œuvres les plus accomplies avec le film *Human,* une succession de témoignages pour répondre aux questions essentielles sur le sens de la vie. Un portrait de l'humanité pour recréer un lien de fraternité universelle, et inviter chacun à s'engager là où il veut et comme il peut.

TOUT EST POSSIBLE QUAND... ON VA VERS SON PLAISIR.

« Aller vers son plaisir, c'est aller vers la facilité et la fluidité. Quand on aime ce qu'on fait, même si cela demande du travail et de la persévérance, on ne ressent pas l'effort ».

Sa devise :

« Les Hommes perdent la santé pour accumuler de l'argent, et ensuite ils perdent de l'argent pour retrouver la santé. Et à penser anxieusement au futur, ils oublient le présent, de telle sorte qu'ils finissent par vivre ni le présent, ni le futur. Ils vivent comme s'ils ne mouraient jamais et meurent comme s'ils n'avaient jamais vécus » - Dalaï Lama.

1er Principe de vie : aller vers la facilité du plaisir

Explication

La grande question existentielle et essentielle au cœur de mon exposition *6 milliards d'autres* était : *« Qu'est-ce que c'est qu'être heureux ? »* Une question qu'on devrait tous se poser tous les jours car aller vers son plaisir, c'est aller vers son bonheur en refusant ce qui nous ennuie, même un travail qui ne nous plaît pas. On y passe trop de temps dans notre vie pour être dans l'acceptation, au risque de devenir malheureux, frustré, et de vivre une vie « chiante ».

Les gens ont peur la plupart du temps, peur de perdre leur emploi, peur de se planter, or il ne faut pas avoir peur de la vie, il y a tellement de choses à faire. Osons passer du rêve à l'action car si nous n'essayons pas, nous ne connaîtrons alors jamais la voie qui est la nôtre.

Illustration

Ma vie a été dirigée par le plaisir, c'est la raison pour laquelle je ne me suis jamais entendu avec mes parents qui étaient bourgeois, « catho », coincés, et pour qui la vie allait dans le sens du devoir. Or le devoir, ce n'est pas le plaisir. Un jour, ma mère m'a dit : *« Tu sais, on n'est pas sur terre pour être heureux »*, cette phrase m'a marqué, elle était à leur image, triste. Mes parents n'ont pas su profiter de la vie, c'est pourquoi j'ai quitté ma famille à l'âge de 17 ans, j'avais envie de vivre. Ma mère avait rêvé pour moi de l'ENA, de Polythechnique, mais je n'étais pas fait pour ça, j'étais trop mauvais à l'école, insolent et dans la confrontation permanente. Renvoyé de partout, j'ai fréquenté 14 écoles.

Entre 17 et 20 ans, j'aurais pu très mal tourner, je vivais dans la rue, dormais dans les cinémas et disparaissais quand les femmes de ménage arrivaient le matin. J'ai aussi vécu pendant une année avec une prostituée. Puis, l'amour m'a sauvé, je suis tombé amoureux de la mère de mon meilleur ami qui avait 20 ans de plus que moi. A cette époque, cette différence d'âge était mal perçue, mais nous avons vécu heureux ensemble pendant 10 ans. Je dois beaucoup à cette femme qui m'a offert une stabilité et donné le goût de la nature et des animaux. Je l'ai quitté à l'âge de 30 ans pour partir au Kenya et faire une thèse sur les comportements des lions. Quand je suis arrivé là-bas, je n'avais pas un sou et je suis devenu guide pour Africa tour, puis pilote de montgolfières ; les propriétaires, ravis d'avoir trouvé un homme prêt à rester 3 ans dans une réserve isolée de tout, m'ont payé la formation, ce qui m'a permis de passer 3 années à regarder les lions tous les jours. Quel bonheur d'avoir vécu cela.

2e Principe de vie : être utile au monde

Explication

Aujourd'hui, on vit tellement dans un monde de divertissement, un monde futile, que se sentir utile permet de revenir à l'essentiel. Et quelle plus grande satisfaction que de se sentir investi et utile au monde qui nous entoure ?

Comme un médecin est utile au monde, comme un boulanger l'est tout autant, ce qui est formidable, c'est de se sentir humain et de faire partie intégrante de ce monde, car en étant utile, on donne véritablement du sens à sa vie.

Illustration

Le succès du livre *La Terre vue du ciel* vendu à 4 millions d'exemplaires a changé ma vie. En travaillant pendant 10 ans sur ce projet avec des scientifiques qui ont pu donner du sens à mes photos, ce projet m'a offert une vision globale du monde et m'a permis de nourrir d'autres ambitions.

Le film *Human* sorti en 2015 et pour lequel nous avons mené avec mon équipe environ 2 000 interviews et visité 72 pays, est ce que j'ai fait de mieux. Quand on voit le nombre de bêtises qui défilent à la télévision et qui n'ont aucun sens, un film comme *Human* ouvre la tête, extirpe des émotions et fait grandir, encore faut-il être capable d'ouvrir son cœur pour accueillir les témoignages de ceux qui partagent avec tant d'humanité leur vision du monde et de la vie.

Avec mon équipe, nous avons reçu beaucoup de messages, dont celui d'une jeune fille de 17 ans, un message incroyable, intelligent et construit, qu'elle avait conclu ainsi : « *J'ai plus compris le monde grâce à votre film qu'en 17 ans de vie* ». Dans mon bureau, mon équipe et moi avions tous les larmes aux yeux, c'est un film qui nous dépasse. Regarder un film comme *Human* change un homme.

3e Principe de vie : cultiver l'empathie naturelle

Explication

Ce qui manque aujourd'hui à l'humanité, c'est de l'empathie, une empathie naturelle permettant de regarder le monde avec moins de cynisme et de scepticisme pour rentrer en lien et partager ensemble sans retenue.

Parce que notre pays ne fonctionne pas bien, les gens sont devenus durs, sans gentillesse, ni bienveillance. L'empathie est vraiment à réintégrer dans notre société car la vie est clairement plus facile quand on aime les gens que lorsqu'on les déteste.

On ne réussit jamais seul, c'est au contact des autres qu'on s'enrichit, et plus on donne, plus on reçoit. Savoir donner pour savoir recevoir, c'est une des lois qui doit servir de base à nos vies.

Illustration

Ma vieille tante de 97 ans vit dans une maison de retraite de religieuses avec des personnes handicapées, et malgré le fait d'être toute « tordue », elle est toujours contente. La dernière fois que je l'ai vue, j'en ai profité pour lui demander : « *Mais, comment fais-tu pour toujours garder le sourire ?* », et elle de me répondre : « *C'est tellement facile, tu penses aux autres* ». Elle a raison, on pense beaucoup trop à soi et pas assez aux autres. Elle a cette générosité naturelle des grandes âmes qui comme Gandhi ou Nelson Mandela ont dépassé le niveau primaire matérialiste pour s'élever vers plus d'humanité. Alors quand j'entends le patron de Peugeot, Carlos

Talvares, dire que son salaire de 5 millions d'euros versé en 2015 est normal, je pense qu'il devrait avoir honte de dire cela étant donné le monde dans lequel on vit. C'est vraiment se moquer des autres, il y a une forme de cynisme qui me met mal à l'aise.

Dans *Human*, le président de la République d'Uruguay, José Mujica, que nous avons interviewé et qui a passé 10 ans en prison dont 7 ans sans lire un livre, dit qu'on a créé une civilisation de consommation dans laquelle nous travaillons pour consommer, pour payer notre appartement, les études de nos enfants, notre nourriture, nos voyages, et qu'à être installés dans ces relations mercantiles, on en perd les relations humaines. Si on dépense notre vie à acheter, on ne peut en revanche jamais racheter notre vie.

4e Principe de vie : l'honnêteté d'assumer ses imperfections

Explication

On vit actuellement dans un déni général, que ce soit sur un plan environnemental ou politique, on ne veut pas croire ce qu'on sait, et c'est un manque d'honnêteté que de vivre dans le déni.

La vraie honnêteté, c'est être dans l'authenticité vis-à-vis de soi-même et des autres, ce n'est pas toujours facile, mais quand on avance dans l'âge, on va inéluctablement vers cela car on s'aperçoit que la vie est plus facile ainsi. Etre honnête, c'est assumer de ne pas être tout le temps parfait, c'est assumer ce que nous sommes, avec nos défauts.

Illustration

J'avais une assistante que j'adorais, qui a voulu partir à un moment où on ne s'entendait plus très bien. Les circonstances de son départ se sont mal passées et je regrette de ne pas l'avoir retenue. Je ne me suis pas rendu compte qu'elle attendait que je lui dise : « *Reste* », or je lui ai dit tout l'inverse : « *Si tu veux partir, pars* ». Je n'ai pas été correct et je le regrette, car elle m'a beaucoup donné et m'a aidé à réussir le projet *La Terre vue du ciel*. J'ai essayé de reprendre contact avec elle, mais elle ne me répond pas.

Si réussir sa vie professionnelle n'est pas très difficile, réussir sa vie d'homme, de grand-père, de père, de mari, de frère est en revanche beaucoup plus compliqué.

En avançant dans l'âge, l'éthique et la morale deviennent pour moi une obsession car j'aimerais réussir ma mort, non pas que j'en ai peur, mais je suis à un âge, 70 ans, où j'y pense car j'ai des personnes autour de moi qui disparaissent. J'aimerais pouvoir dire « au revoir » en accueillant ce que j'ai fait de bien et en ayant arrangé les choses qui ne l'ont pas été.

La vie est courte... Derniers conseils pour gagner en temps, sérénité et réactivité :

- Tout le monde a de la chance. La différence se fait entre ceux qui saisissent la leur et les autres qui ne savent pas la saisir. Moi la chance je ne la laisse pas passer.

- Cultiver la confiance en soi, c'est avoir conscience que ce que l'on fait est juste et que l'on va y arriver.

- La force, c'est d'être passionné, suffisamment pour emmener les gens dans notre sillon et faire aboutir un projet.

MARIANNE JAMES

La démesure assumée

« On ne peut pas changer, mais évoluer »

Elle n'est pas du genre à s'enfermer dans une norme. Eprise de liberté, gourmande de la vie, les excès sont chez elle une seconde nature. Personnalité excentrique, elle met sa folie dans les personnages qu'elle campe sur scène, des personnalités féminines déjantées, de Maria Ulrika Von Glott, une cantatrice caractérielle, à Miss Carpenter, une diva octogénaire décadente, exubérante, et pour lesquelles les mots « femme » et « fade » ne s'accordent pas.

Après avoir longtemps hésité entre une carrière dans la pâtisserie, comme son père, et être religieuse, c'est finalement la musique qui l'a séduite à l'âge de 11 ans. Elle prend alors des cours de guitare avec Antoine Petruciani, père du célèbre pianiste Michel Petruciani, puis suit des études de musicologie à la Sorbonne avant d'obtenir le premier prix de chant au conservatoire national de Paris.

En échouant de justesse au concours d'entrée à l'Opéra de Paris, elle trouve finalement sa voie à l'école du théâtre de rue en dépoussiérant le classique.

Après avoir été un bébé anorexique, celle qui a perdu 140 kilos au fil de sa vie, au tempo de régimes successifs, a désormais décidé d'assumer sa nature et ses rondeurs ; des formes qui ont fait sa singularité, sa différence et qui servent aujourd'hui sa carrière. Une trajectoire en cohérence avec la femme qu'elle est, une femme entière, généreuse et sincère.

TOUT EST POSSIBLE QUAND... LA SANTE EST BONNE.

« C'est un basique mais un essentiel. Elle seule rend les choses possibles. Quand on a la santé, on a tout, l'énergie et l'envie.

J'ai une bonne santé, c'est dans mon ADN, ce qui fait que lorsque je suis malade, je ne comprends pas et je deviens insupportable ».

Sa devise :

« La beauté intérieure, ça finit par se voir ».

1er Principe de vie : l'alchimie de la liberté et de la rigueur

Explication

Liberté et rigueur peuvent sembler antinomiques, pourtant associées entre elles, elles ouvrent la voie à « notre » réalisation. La liberté en permettant de faire les bons choix, ceux du plaisir et de la nouveauté, puis la rigueur en permettant de toucher l'excellence par la discipline et le travail, mais sans pour autant perdre sa joie, car si on travaille trop, qu'on cadre trop, on devient scolaire et on perd en plaisir, au risque de s'étouffer.

Illustration

Mon parcours est étonnamment libre et rigoureux. Je suis à la fois très disciplinée et j'ai un côté électron libre totalement sauvage. Quand on voit mes spectacles, ils ont l'air fous. On imagine souvent que je suis volatile, dans l'improvisation, dans une apparente facilité, mais l'ensemble de cet éparpillement artistique est tenu par une grande rigueur de travail. Tout est tiré au cordeau, et c'est parce que la mécanique est verrouillée qu'elle offre la jouissance de toutes les libertés. La rigueur ne doit pas guinder, elle doit au contraire libérer.

Mes parents m'ont transmis la rigueur du travail, ils étaient tous les deux de gros travailleurs. Pâtissiers, ils passaient les fêtes de Noël à faire des bûches glacées car ils faisaient une grande partie de leur chiffre d'affaires à cette période de l'année, si bien que le premier Noël et les premières vacances que j'ai passés avec eux, j'avais 13 ans.

Mais mon goût de la liberté, je le dois aux femmes de ma famille. Ma grand-mère était cuisinière pâtissière, ma tante était couturière, elles étaient indépendantes et ont ainsi favorisé mon autonomie et ma liberté artistique. Je ne compte plus le nombre de fois où elles m'ont dit : *« Fais-toi une situation, fais-toi une situation, fais-toi une situation »*.

2e Principe de vie : être gentil avec soi

Explication

Se découvrir, se connaître et s'aimer, c'est le travail d'une vie, et le meilleur moyen d'y accéder, c'est d'être gentil avec soi en assumant sa nature, sa singularité. A l'inverse, aller à contre-courant, c'est se condamner à l'épuisement car si on peut évoluer, on ne change en revanche jamais. Et que nous sommes durs parfois avec nous-mêmes ! Au cas où quelqu'un serait plus méchant que nous avec nous, on préfère s'en charger et ne pas s'épargner.

La première personne à qui nous devons plaire, c'est nous-même. « *Connais-toi toi-même* », tout part de là, car en retrouvant l'estime de soi, on sort du cercle vicieux pour rentrer dans le cercle vertueux.

Illustration

Il m'a fallu attendre d'avoir 42 ans pour savoir exactement qui j'étais artistiquement, intimement, et pour savoir où je voulais aller et faire de vrais choix. 42 années pour déconstruire et construire.

Parce que je ne me respectais pas, j'ai cassé ma voix à 36 ans lorsque je jouais le personnage de Ulrika Von Glott, une diva déjantée dans mon spectacle Ultima recital. Trop de travail, trop de fatigue, je n'ai pas su dire non. J'avais besoin de faire mes preuves, de convaincre, j'avais besoin de ma voix pour vivre, mais en la sollicitant de trop, je l'ai brisée et perdue. J'ai dû être opérée et il m'a fallu deux années de reconstruction pour la retrouver intacte. J'ai eu très peur, tellement peur que c'est à partir de là que j'ai appris à me respecter et à dire non. Depuis, ma voix a non seulement retrouvé son amplitude, mais en apprenant à dire non, je suis aussi allée vers des propositions à ma mesure qui m'ont permis d'éclore, passant de Ulrika Von Glott à Marianne James.

Dernièrement, j'ai recroisé un agent qui avait été très dur avec moi et qui pleurait son chien disparu, un chien que tout le monde trouvait vilain, sans poil, museau écrasé, gueule rentrée, et pour lequel il avait un amour inconditionnel. Je lui ai alors dit : « *Tu vois l'amour que tu avais pour ton chien alors que tout le monde le trouvait vilain, eh bien pour mon corps, c'est pareil, il est vilain et quand je suis en maillot de bain, ce n'est pas mon moment favori, mais j'ai beaucoup d'amour pour ce corps qui m'accompagne tous les jours et que je remercie chaque soir. Merci mes chevilles, merci les filles d'avoir porté 125 kilos* ». A 50 ans, on m'aime finalement aujourd'hui pour les choses pour lesquelles j'avais le sentiment qu'on me détestait quand j'avais 20 ans.

3e Principe de vie : canaliser son énergie

Explication

Quand on a beaucoup d'énergie, il faut apprendre à la canaliser et à avoir l'intelligence de la souplesse en sachant passer d'une nature brute « peinture à l'huile » à une tonalité plus « aquarelle » pour laisser de l'oxygène aux autres et leur permettre aussi d'exister.

Faire « aquarelle » ne revient pas à être dans une sous-tonalité, mais dans une mélodie qui laisse résonner la profondeur de ce qui n'est pas couvert.

Quand je donne des cours de chant, j'explique aux élèves que ce n'est pas la peine de faire vibrer et de prendre tout l'espace. Quand on part de l'intérieur avec une vibration trop forte, on se sent vite engoncé et on sort un petit son qui ne s'installe pas dans la durée, alors que lorsqu'on part d'une vibration intérieure petite, l'effet extérieur peut devenir grand et ample.

Illustration

Ce qui a rendu les choses possibles pour moi, c'est l'énergie que j'ai héritée des femmes de ma famille, du côté maternel comme du côté paternel. Chez nous, pas de demi-mesure, les femmes sont flamboyantes, les colères sont épiques, et quand on fait la fête, on fait vraiment la fête. On rigolait beaucoup à la maison, mes parents se déguisaient et ma mère savait mettre de l'ambiance, elle mettait le feu dans les soirées.

Une femme comme moi d'1m80, d'une nature généreuse, ronde, ébouriffante, au rire sonore, peut parfois faire peur à certaines personnes et les effaroucher, il m'a fallu de longues années pour comprendre qu'on peut être soi tout en canalisant son énergie pour éviter de respirer tout l'air et d'étouffer l'entourage.

Déjà enfant, je ne faisais jamais les choses à moitié, quand je construisais une cabane, c'était un duplex avec vue sur mer. Je me donnais vraiment de la peine, mon grand-père me voyait partir avec de l'argile, des cailloux, la pioche et la bêche pour creuser et monter des murs en bois et des toits. J'avais déjà une énergie débordante.

Puis, au fil du temps, j'ai découvert la balade naturelle d'un artiste, une balade ponctuée de périodes de pauses. J'en ai vécu cinq au fil de ma carrière, des périodes moins exposées, plus calmes, pendant lesquelles on vous dit dans la rue : « *Oh mais on ne vous voit plus* », or c'est durant ces périodes que j'ai vraiment vécu ma vie, que je maigrissais, que je me sentais mieux et que j'ai pu faire un travail personnel. Quand on grimpe vers son ascension professionnelle, cela relève de la varappe et de la performance, et c'est souvent le désert côté vie privée. Il est parfois bon de redescendre rejoindre la douceur des collines.

4e Principe de vie : un « non » peut se transformer un jour en « oui »

Explication

Quand on a la gourmandise de la vie et qu'on aime goûter à ses saveurs, il faut nourrir sa curiosité sans jamais se laisser freiner par un « non » qui pourrait nous être opposé. Il faut apprendre à savoir poursuivre son cheminement en le réorientant, et oser se laisser séduire par la nouveauté.

Illustration

J'ai raté deux fois, de justesse, le concours d'entrée à l'Opéra de Paris. J'étais pourtant faite pour ça, mais le jury n'ayant pas voulu de moi, et les ors de l'Opéra ne s'étant pas ouverts à moi, je me suis alors dit : « *Tant pis pour eux* », et j'ai commencé à chanter dans la rue avec une copine chanteuse lyrique. Nous faisions ensemble la manche, on gagnait jusqu'à 600 francs par jour, ce qui était beaucoup à l'époque, l'équivalent aujourd'hui de 500 euros. Le théâtre de rue est une formidable école, et chanter du lyrique dans la rue est en soi une performance. De là, est né mon premier personnage, Ulrika Von Glott d'Ultima Recital, qui m'a fait connaître du grand public.

J'ai appris très jeune que rien n'est jamais figé et perdu, et cela dès ma naissance car j'étais un bébé anorexique qui refusait toute nourriture, le sein comme la cuillère. J'ai alors dû être placée pendant deux mois dans une pouponnière, hors de mon milieu familial, pour être nourrie car je maigrissais à vue d'œil. Enfant, je pleurais beaucoup, jusqu'à ce qu'on m'opère des amygdales, une opération qui m'a fait passer du tout au tout, de l'ombre à la lumière, de la souffrance à la vie, de la tristesse à la joie. Le premier souvenir que j'ai d'ailleurs de mon enfance, c'est mon père présent dans ma chambre d'hôpital avec une glace à la fraise, le froid permettant de désenfler l'inflammation. Ma naissance, la vraie, elle a eu lieu ce jour-là, j'avais 5 ans.

La vie est courte... Derniers conseils pour gagner en temps, sérénité et réactivité :

- S'éviter des rêves inaccessibles qui créent la frustration et rendent malheureux.

- Comme la lymphe de notre corps qui est parfois retenue, certains de nos projets restent un temps en suspens, retenus, oubliés, enterrés, et nous nous sentons alors impuissants jusqu'au jour où tout se débloque d'un coup, d'un seul. La porte s'ouvre et tout devient possible, un projet en amenant un autre.

- Rester toute sa vie animé par l'idée du « jeu ». Quel verbe magnifique nous utilisons dans notre métier quand nous allons travailler. *« Ce soir ? Je vais jouer au théâtre »*.

Conclusion

Ceux qui pensent que c'est impossible sont priés de ne pas déranger ceux qui essaient.

A vous désormais d'essayer, d'œuvrer, d'oser...
La vie vous attend !

Crédits photos

Fadela Amara : MEDEF
Yann Arthus-Bertrand : Erwan Sourget
Philippe Bouvard : S. Ruet
Philippe Croizon : Matsas
Mercedes Erra : Jacqueline Roche
Maud Fontenoy : Ricardo Tinelli
Jacques-Antoine Granjon : Ollivier Roller
Marianne James : Stéphane Bertelot
Véronique Jannot : M. Despiau
Guy Laliberté : Véronique Vial
Frédéric Lenoir : Radio France/Christophe Abramowitz
Thierry Marx : Mopar
Eric-Emmanuel Schmitt : Catherine Cabrol
Florence Servan-Schreiber : Tim Perceval
Zaz : Yann Orhan

Table

Composition et mise en pages réalisées par
Jacques Motllo – Sainte-Marie-la-Mer
910/2016

Dépôt légal : novembre 2016
IMPRIMÉ EN FRANCE

Achevé d'imprimer le 10 novembre 2016
sur les presses de l'imprimerie « La Source d'Or »
63039 Clermont-Ferrand
Imprimeur n° 19131

PEFC/10-31-2008

Dans le cadre de sa politique de développement durable,
La Source d'Or a été référencée IMPRIM'VERT®
par son organisme consulaire de tutelle.
Cet ouvrage est imprimé - pour l'intérieur -
sur papier bouffant (main 1,8) 80 g
provenant de la gestion durable des forêts.